東京帝国大学の真実

日本近代大学形成の検証と洞察

舘　昭

東信堂

緒　言

漢語として歴史は、順を追った（歴）変遷の記録（史）という意味しか、もともとからして持ってはいない。一方、その英語の対応語とさせるヒストリー（history）は、ほぼ同じ意味で用いられはするものの、語源はギリシャ語のἱστορία（historia）にあり、その意味するところは探求によって獲得される知識、あるいは探求そのものにある。つまり、ヒストリーとしての歴史は、サイエンスと並びその元でもあったヒューマニティの中核的存在として、人間の知的探求の根源的な形態なのである。

しかし、その歴史が、現在は、なんと軽く扱われていることか。学会からマスコミ、教育界に渡っての多くの分野で。知的探求とは無縁な思い込みや、時には捏造と言っても良いものまでもがまかりとおり、人々の思考や感情を規定してしまっている。それは、今、声高に叫ばれ、その実践が日常化さえしてきて大学改革においてもしかりである。いったい全体、自国の大学の、そして自身の大学の、真の歴史を知ることなしに、改革などということができるのか。

筆者は、近年執筆の論稿を集めて、昨年の一月に、昨今の大仰ではあっても場当たり的な大学改革を批判して、大学が貫くべき原理原則を示した著作、『原理原則を踏まえた大学改革を』を上梓した。また、以前に、『原点に立ち返っての大学改革』（二〇〇六年）及び『改めて「大学制度とは何か」を問う』（二〇〇七年）によって、弥縫策を排した、大学改革への指針を示してきた（いずれも東信堂刊）。

今般、ここに編んだ本書は、実に古い論考の集積である。左記の初出一覧にあるように、一九七五年から一九八三年まで、現在齢六〇代後半に至った著者が二〇代後半から三〇代前半に執筆したもので、三〇年から四〇年も前の代物である。しかし、そんなものでも、それが人間の理性にのみ立脚した認識というヒューマニティの原則に従ってのヒストリーとしての歴史叙述である限り、今日の状況下では、その一編一編が意義を失っていない。その上、集積はおのずと、全体を通してのストーリーを滲み出させ、広範なメッセージ性が生まれる。そうした意義を信じて、あえて当時の論稿を集めてみた。

では、集めてみた結果のストーリーはなんだったのか。それは、一言で表すならば、東京帝国大学がなにものであったのか、ということであった。第一章の論考ではそれはどこから出発したのかを、第二章ではその日本の高等技術教育の形成にとっての意味を、第三・四章のではその発足時の事実を、第五章のではそれが徹底的に欠けているものが何かを、第六・七・八章のではその展開期の様相を、第九・一〇・一一章のではそれをも包みこむ大きなうねりを、そして第一二・一三章ではその世界の大学史上での位置づけをより広範な視野のもとに叙述したものになっているのである。

こうして広範なはずの日本近代大学史の諸相に、東京帝国大学という一個の大学の叙述が主題として浮かび上がった。しかし、それは恣意の結果ではなく、一八七八年に出発した東京大学が、当時は並び存在していた司法省法学校、工部省大学校、内務省の農学校・山林学校を飲み込んで、本邦唯一の大学としての帝国大学となり、それが個体としての東京帝国大学になる、他は、その展開を軸としてのみ存在した、という歴史の事実に由来するものなのだと、改めて知るのである。そして、それが、本書の題名を「東京帝国大学の真実」とし、副題を「日本近代大学形成の検証と洞察」とした所以である。

本書の刊行にあたって、謝辞を記すべき方々はあまたである。しかし、あえて特段中の特段の方だけを挙げさせてもらえば、本邦大学史研究の泰斗寺﨑昌男氏と出版界の義人下田勝司氏ということになる。寺﨑氏は、若き日の小生を東京大学百年史編集室に招き入れて現資料へ触れる機会を作ってくださったばかりか、歴史の学会に属さない小生の歴史研究を終始評価し、支えて下さった。下田氏は、大勢には属さない小生の著述を励まし、世に送り続けてくださっており、この書物にいたってはほぼ二〇年前にすでに初校段階まできていたにもかかわらず筆者の力不足からフィニッシュできずにいたものを、今回、こうして刊行まで導いて下さったのである。深く、感謝の意を表する次第である。

二〇一四年九月

舘　昭

初出一覧

第一章　「文部省設立以前の大学」、『大学史研究』1、一九七九年
第二章　「日本における高等技術教育の形成」、『教育学研究』43‐1、一九七六年
　付　「高等技術教育成立の歴史的意義」『大学史研究通信』9、一九七五年
第三章　「帝国大学令と帝国大学の矛盾」、『大学史研究』2、一九八一年
第四章　「帝国大学形成期の保守と革新」、『大学史研究』3、一九八三年

第五章　「確立期の高等教育と大西祝」、『講座日本教育史』3、第一法規、一九八三年
第六章　「大正三年の帝国大学令改正案と東京帝国大学」、『東京大学史紀要』1、一九七八年
第七章　「帝国大学制度調査委員会に関する一考察」、『東京大学史紀要』2、一九七九年
第八章　「連合工業調査委員会『工業教育刷新案』と東京帝国大学工学部『学制改革』」『大学史研究通信』11、一九七八年
第九章　「日本における大学学年暦の変遷」『ＩＤＥ現代の高等教育』213、一九八〇年
第一〇章　「企業と大学—戦前の素描」『ＩＤＥ現代の高等教育』244、一九八三年
第一一章　「日本高等技術教育政策史試論—戦前編」、『季刊現代技術評論』8、一九七六年
第一二章　「Ｉ　近代大学の形成」、『講座日本の大学改革』1、青木書店、一九八二年
第一三章　「Ⅱ　戦前日本の大学改革」、『講座日本の大学改革』1、青木書店、一九八二年

※本書では、初出での論稿の背景を考慮して、各論稿を本書の各章としたことに伴っての節番号表記の整理以外は、引用文献記載様式も含め、原則として当時の記述のままとしている。また、第九章と一二・一三章の論稿については、一九九七年刊行の拙書『大学改革日本とアメリカ』（玉川大学出版部）において一度再録しているが、今回、本書編纂の趣旨から、再再録している。

目　次／東京帝国大学の真実―日本近代大学形成の検証と洞察

東京帝国大学の真実——日本近代大学形成の検証と洞察

第一章　文部省設立以前の大学——明治初年の大学と教育行政

1　はじめに——問題の所在と本章の課題

明治二（一八六九）年七月八日の官制大改正において、集議院の次、弾正台の上に大学校が置かれた。大学校は後に大学と改称され、明治四（一八七一）年七月一八日に至って廃止となるが、この大学（校）こそ、日本の近代教育行政機関および大学の淵源とされるのである。

これまでも、この明治初年の大学制度に論及した研究は少なくない(1)。しかし、それらは以下の二点において根本的な誤りを犯している。第一の誤りは、昌平黌の後身である教育研究機関としての（昌平）学校＝大学校＝大学（本校）を、教育行政機関である学校＝大学校＝大学と同一視している点である。この視点から、例えば明治三（一八七〇）年七月一三日の大学本校閉鎖をもって大学そのものの崩壊ととらえる見解が生れ、通説化しているのである。しかし、本章で詳説するように教育研究機関としての大学本校と、教育行政機関としての大学とは制度上明確に区別できるものである。そして、この行政部門の形成は昌平学校の管理部門が発展したものではなく、一般行政機関たる行政官より分化したものである。従って、本校閉鎖以降も、行政機関としての大学は制度上存続し、直接に文部省設置へと接続する。

第二に、これまでの研究は、大学別当（大学校長官）の職務権限の一つに「総判府藩県学政」とある点をとらえて、これを中央教育行政機関であったとしている。しかし、本章において明らかにするように、この規定はいわば理念と言ってよく、実際の権限は府県にさえも及び切ってはいなかったのである。

本章は、上記の二視点から、明治初年の大学と教育行政の関連構造を制度面から明らかにすることを通じて、近代日本大学史の実像に迫ろうとするものである。

2　諸学校の復興と教育行政機関の成立

明治初年の教育行政は、固有の教育行政機関を持たずに出発する。そもそも新政府の中央行政機関がまがりなりにもその形を整えたのは、王制復古の大号令に続く、鳥羽、伏見の戦勝によって全国統治への足がかりをつかんだ後の、慶応四（一八六八）年一～二月の官制整備によってであった。ここで生れたいわゆる三職八局制の中には、文部省に相当する部局は存在しない。

しかし、それは、この政府機構中に教育行政機関が含まれていなかったことを意味するものではない。新政府はまず、慶応四年三月一二日、京都に学習院を復興し、さらに一九日より開校の指示を下しているが、これは内国事務局によってなされている(2)。教育行政権限は内国事務局にあったことになる。もっとも、これを中央教育行政機関とするに問題がある。それは、内国事務局の職権が「京畿庶務及諸国水陸運輸駅逓関市都城港口鎮台市尹ノ事ヲ督ス」(3)

とされ、この学習院に対する指示が、「京畿庶務」、つまり地方的行政としてなされたと考えられるからである。

当時、新政府の行政権そのものも、関東までは及んでおらず、それが現実のものとなるのは同年四月一一日の江戸開城以後のことである。しかしその場合でも、旧幕府諸学校の再興は鎮台府の手によって行なわれる。つまり鎮台府こそ、江戸における教育行政機関だったことになる。さらに旧幕領たる府県中、大坂府、長崎府（県）はそれぞれ旧幕府開成所、広運館等を復興しており、当時の教育行政権は分権化したものだったのである。

さて、京都においては、四月一五日に学習院を大学寮代と改称、九月一六日にはそれを廃して皇学所、漢学所を設置、さらにはその開講へとこぎつけるのであるが、新政府はすでに閏四月二一日の官制大改正で、いわゆる七官両局の制をとっている。そして、それ以降のこうした皇・漢学所等への指示は、行政官より出されている。そして、この行政官の行政権限は、やがて東京に及ぶ。さらに、この間、政治の中心は京都から東京（慶応四年七月一七日改称）へと移りつつあった。中央政府の東京移転は、正式には大政官を東京へ移す旨の達が下った翌明治二年二月二四日のことであるが、この時期から、政治の中心としての東京の比重は日増であった。従って、中央教育行政機関と国家人材養成機関としての大学の形成に注目する本章では、これ以降、東京におけるその形成過程を追跡することにする。事実、京都では東京と並立する大学校設立の運動があり、大学校代開設にまでこぎつけたものの、明治三（一八七〇）年一月には留守官支配に移され、これは京都府立中学校の濫觴となるにとどまったのである。

さて、東京の場合、昌平黌は、慶応四（明治元）年六月二九日、まず鎮台府の手によって復興され、同年八月二日東京府の所轄に移り、九月一三日再び鎮将府（七月鎮台府を改組）の所轄に転じたが、結局、一〇月一八日、行政官の管轄に落ち着いている。一方、開成所は、明治元（一八六八）年九月一二日に、同じく鎮将府の手によって復興されたが、一旦行政官の所管となり、さらに東京府の所轄に移ったものの、一一月一三日には再び行政官の管轄下にはいっている。

こうして、東京における旧幕校の運営が本格化した明治元年一二月(4)、議政山内豊信に知学事兼勤、公議院議長秋月種樹に判学事兼勤の命がそれぞれ下る。秋月は、八局制時代は教育行政を司った内国事務局権補であり、行政官判事をへて、公議院議長の地位にあったわけである(5)。ここに、行政宮内部から教育行政機関が分化する。当時、新政府の行政組織は、九月一九日に議政官を廃し、議定、参与を行政官に編入して肥大化しており、一一月一九日の議事体裁取調所に続いて学校を、いわば外局的存在として設置したのである(6)(7)。

ここに行政機関としての学校が、昌平学校の内部管理機関の発達によって生じたものではなく、行政官の職権の分化によって生じたものであることを示す資料がある。

行政官軍務官支配附等ノ朝臣触頭被設置御布告ノ度ニ触流シ或ハ御扶助ノ手形取扱ヒ仕諸事簡便ノ御趣意ニ候処触頭触下ノ面々ヲ己カ支配ト相心得剰自身不致面接用人ヲ以為応対旧幕府ノ幣風ヲ不改倨傲ノ者モ有之哉ニ候右ハ全ク王政御恤ノ本意ヲ取失候訳ニ付テハ廟議可有之候ヘ共指当リ朝臣ニテ官職拝命ノ者共触頭ノ手ヲ不離候ニヨリ一身両属ノ如ク相成候間向後ハ当局ニ於テ知官事ノ配下ニ属シ触流シ始御扶助手形等ニ至ル迄局ノ書記ヨリ致取扱候ヘハ一身両属簡便ノ筋ト奉存候ニ付不取敢学校職員ノ朝臣孰モ知学事ノ配下ニ被仰付度別項規則ノ通宜御評議奉竢候以上

昌平
開成 学校

巳二月

規則

一 行政官軍務官支配附等ノ朝臣ニテ官職拝命ノ者ハ在職中ハ其局ノ知官事ニ配属シ一切ソノ指揮ヲ受ケ免官ノ

時ハ元ノ如ク行政官軍務官ノ支配附ヘ被差還候事

（『公文録』昌平学校・開成学校両学校之部　自戊辰十月至己巳五月　十一）

こうした、行政官、軍務官支配で局（学校）の官職についた職員が、一元的に知官（学）事の指揮下にはいることを求める昌平・開成両学校連名の伺書の存在は、外局的存在の学校の過渡的性格を表わすものと言えよう(8)。

こうして、行政機関としての学校が萌芽したが、その権限範囲については明確な規定が見当らない。しかし、その実際の権限は昌平、開成の両校にのみ及ぶものであったことは、下記の資料から明らかであろう。

覚

一　学校需用ノ器物用度司ヨリ受取候事
　但瑣細ノ品々時トシテ需用ノ分ハ学校雑費金ヲ以弁置候事
一　学校日用ノ炭油筆墨等ノ類用度司ヨリ受取候事
一　書籍及学業必用ノ器ハ其価会計官ヘ申出置右品々ハ於学校致吟味買上候事
　但価壱両以下ノ品ハ大概開成所昌平学校ニ於テ一箇月相束五六拾両ツ、ニ不過候ハ、雑費金ニテ弁置候事
一　官板擢出或ハ活版ノ費ハ其時々大概ノ見込ヲ以会計官ヘ申出其手宛金受取追而遂算計候事
一　学校雑費金イマタ見込不相立ニ付毎月通帳ヲ以会計官ヨリ受取月終ニ遣払夫々遂算計候事
　但開館後五六箇月ヲ歴月費ノ積相立候時ハ毎月定額ヲ以学校ヘ引請候事
一　生徒ノ賞賜云々

右通相定候間宜御評議可被仰付候以上

辰十二月

判　学　事

（『公文録』同上　六、傍点は引用者）

つまり、ここで学校とは昌平学校と開成所を一括して呼んでいることになる。このことは一方で行政機関としての学校の権限範囲が両校へのみ及ぶものであることを示すとともに、他方、昌平学校が行政機関として開成所を管轄しているわけではなく、両者は並立関係にあることも示している(9)。ここで、学校という名称について触れておかねばならない。まず開成学校に関しては、『東京帝国大学五十年史』（上冊一一九頁）で「当時の名称に関しては或は開成所と称し、或は開成学校と称し、記録に於て一致を欠くも、医学所が復興せらるゝと共に医学校と改称せられたる例に徴すれば、本所復興と共に開成学校と改称せられたるにはあらざるか」とされ、「今暫く疑を存す」と付されているにもかかわらず、これが定説化してきた。

しかし、明治元（一八六八）年末に同校が、行政官管轄に移された時点の達においてさえも、その名称は開成所であった。

開　成　所

以来行政官管轄ニ被仰付候事

十一月十三日

行　政　官

（『公文録』同上　二）

ところが、行政機関としての学校が設立されて以降の『公文録』中の諸達は、開成学校で統一されている。つまり、『公文録』で見る限り、同校の名称はこの時改称されたことになるのである。

昌平学校については、事態はさらに複雑である。なぜなら、昌平学校の場合は、行政機関としての学校の設置以前には、単に学校と呼ばれていたからである。例えば、行政官へ移管の際の達は、以下のようなものであった。

学　校

今般鎮将府被廃候ニ付以降可為行政官支配事

十月十九日

行　政　官

（『公文録』同上　一）

しかし、これも行政機関としての学校の設立以降は、諸達あるいは伺では、学校、昌平学校、開成学校に明確に区別されており、教育研究機関としての昌平学校と、行政機関としての学校とが、明らかに区別されていたことを示している。教育研究機関としては、昌平、開成学校がともに学校であり、両者が並立するものであることは、以下の達を例にとってもわかる。

学　校

諸学校ヨリ公儀人一名ツヽ、相選公議所へ可差出旨御沙汰候事

二月八日

行　政　官

（『公文録』同上　八、明治二年の記事）

この結果、昌平、開成両校より各一名が公議所へ出頭しているのである。

明治元（一八六九）年一二月、以下の達によって医学校が、学校の所轄となる。

医　学　所(10)

以来学校可為管轄旨御沙汰候事

十二月廿五日

行　政　官

（『公文録』同上　四）

ここに言われている学校が、昌平学校をさす(11)のではなく、行政機関としての学校の意であることは、もはや明らかであろう。

3　大学（校）の制度構造

明治二（一八六九）年六月一五日、行政官より学校に対して、下記の規則が付達された。

学　校

別紙之通御規則被相定候間此旨相違候事

六月十五日　　　　　　　　　　　　　行政官

学校規則

道ノ体タルヤ物トシテ在ラサルナク時トシテ存セサルナシ其大外ナク其少内ナシ乃チ天地自然ノ理ニシテ人々ノ得テ具ル所其要ハ則チ三綱五常其事ハ則チ政刑教化其詳ナルハ則チ如漢西洋諸書ノ載スル所学校ハ乃チ斯道ヲ講シ知識ヲ広メ方徳ヲ成シ以テ天下国家ニ実用ヲ奏スル所ノ者ナリ蓋シ神典国典ノ要ハ皇道ヲ尊ミ国体ノ弁スルニ在リ乃チ皇国ノ目的学者ノ先務ト謂フ可シ漢上ノ孝悌彝倫ノ教治国平天下ノ道西洋ノ格物窮理開化日新ノ学亦皆是斯道ノ在ル所学校ノ宜シク講究採択スヘキ所ナリ且兵学医学ノ如キ国ノ興敗民ノ死生ノ繫ル所政務中ニ於テ最重スヘキノ事ニシテ外国ト雖モ其長スル所ハ亦皆採テ以テ我国ノ有トスルコト勿論ノミ如此ナレハ旧来ノ陋習ヲ破リ天地ノ公道ニ基キ知識ヲ世界ニ求メ大ニ皇基ヲ振起スル御誓文ノ旨趣ニ不悖是レ乃チ大学校ノ規模ナリ

大　学　校

一　神典国典ニ依テ国体ヲ弁ヘ兼テ漢籍ヲ講明シ実学実用ヲ成ヲ以テ要トス

大学校分局ノ所

大学校区域未広悉ク三校ヲ設ケ難シ姑ク其名ヲ殊ニシテ分局トス然ニ大学校ノ名ハ三校ヲ総テ是レヲ称スルナリ

開成学校

一　普通学ヨリ専門学科ニ至ル迄其理ヲ究メ其技ヲ精フスルヲ要トス

兵学校

一　今此局ヲ設ケス姑ク是レヲ軍務官ニ付ス

医学校

一　医理ヲ明ラカニシ薬性ヲ審ニシ以テ健康ヲ保全シ病院ヲ設ケ諸患ヲ療シ実験ノ究ルヲ要トス

（『公文録』大学校之部　己巳自六月至十二月　二）

従来、この達は、昌平学校に下ったとされている(12)が、第一章で考察したように、これは行政機関としての学校に下ったものと考えるのが至当である。

これによれば、昌平学校は大学校と校名を改称されたことがわかるが、開成、医学の二校は「大学校ノ名ハ三校総テ是レヲ称スルナリ」とされながらも、旧名を留めている。しかし、だからと言って昌平学校のみが大学校になったという見解は当らない。以下の資料はそれを示している。

詔文聖旨ノ如ク皇漢洋三学ノ名目アリト雖モ之ヲ取テ我国ニ用ユル上ハ盡ク皇国ノ学ナリ仍テ皇漢洋三学ヲ小石川水戸邸へ合併シ総シテ之ヲ称メ大学トスルノ建議アリト雖モ当時東西御巡幸且箱館出兵等廟務多端ニテ其事未タ行ハレス旧幕府ノ旧地ニ仍リ今ノ昌平校開成所ヲ以テ略修理ヲ加ヘ仮リニ可為大学校ノ命アリ然リト雖モ地分ルレハ生徒講習ニ便ナラス気脈不通ニメ不都合ノ事ノミ多シ今ヤ朝廷漸ク御閑暇政教一致ノ御大基本被為立候折柄断然水戸邸ヲ以テ大学校ト定メ各分課ヲ以テ寮ヲ分チ皇漢洋雅名ヲ以テ寮号ヲ置記シ己来皇漢洋ノ称呼相廃シ候ハ、始テ大学校ノ大規模相立チ人才可輩出ト奉存候尤今ノ昌平校ハ今病院土地下湿瘴気多ク療養ノ為メニ不宜故高燥ノ地ニ相移シ度旨申聞候間右場所ニ相成候テモ宜敷欺開成所ハ外国教師居留地ト相成其稽古場ハ句読所ト相成可然奉存候此段至急奉仰官裁候也

十月

松平大学別当

豊岡大学少監

秋月大学少監

（『公文録』同上廿四、明治二〔一八六九〕年の記事、傍点は引用者）

次に説明するように、別当、少監は大学校、開成、医学両校を監督する教育行政機関であるが、その口から昌平校、開成所がともに大学校と呼ばれているのである。（医学校の位置づけは、はっきりしない。）

しかし、この名称にまつわる不明確さは、同年七月八日の官制大改正でより複雑なものに化した。この官制改革では、行政官が太政官に変じ、その上に神祇官が置かれ、民部官等五官が廃され、新たに民部省以下六官が置かれ、開拓使、集議院等と並んで大学校が付された。つまり、行政機関としての学校が、またここで大学校と命名されたのである。当時の職員令中、大学校の部分は下記のようなものであった。

職員令（八月二〇日改正）(13)

大学校

別当　一人

掌監督大学校及開成医学二校病院。監修国史。総判府藩県学政。

大監　一人　少監　一人
　掌同別当。
大丞　三人　権大丞
少丞　三人　権少丞
　掌糺判校事。
大主簿　三人　少主簿　九人
　掌同余大少録大少主典。（法規令類大全に拠ると掌勘置文案、検出稽失）
大博士　八人　中博士　十人
少博士
　掌教試生徒。修撰国史。翻訳洋書。知病院治療。
大助教　中助教　少助教
　掌同博士
大寮長　中寮長　少寮長
　掌監督学寮生徒
大得業生　中得業生　少得業生
　掌授句読。翻訳。治療等事。
史生
　掌繕写公文。謄録書史。

大写学生　中写学生　少写学生
　掌同史生
校掌
使部

上記のように、この職員令では、行政機関も、旧昌平学校、開成学校、医学校に相当する部分も一括して、大学校としているわけである。しかし、これを子細に見れば、「大学別当は文部大臣であると同時に大学総長であった」(14)とする説が、誤りであることが判明する。まず別当の職掌に「監督大学校……」とある点に注目したい。すなわち、大学校に対して監督権を有する機関は、大学校の内部機関としての「大学総長」ではなく、その上位機関としての「文部大臣」のものである。つまり、別当と同じ職掌を持つ大、少監までは、この意味での大学校（つまり昌平学校の後身の上位機関である。別当が「文部大臣」にのみ相当するとすると、「大学総長」は何に当るのか。それは、三人いて、昌平学校の後身としての大学校と、開成、医学に各一人分属し、「校事」の「糺判」を職掌とする大丞がこれに当る。（もっとも、この場合総長ではなく単に学長であろう）。ちなみに、帝国大学令（明治一九（一八八六）年）による帝国大学総長の職掌は「文部大臣ノ命ヲ承ケ」「帝国大学ヲ総轄」するものであって、帝国大学を「監督」するものでないことは勿論である。また5節で問題とする、「総判府藩県学政」、すなわち、「中央教育行政権」の所在は、別当、大、少監の職権であって、昌平学校の後身としての大学校の長である大丞のものでないことは言うまでもない。

　大学校あるいは大学（明治二（一八六九）年一二月一七日改称）という呼称のあいまいさ、また行政機関としての大学（校）が、昌平学校の後身である教育行政機関としての大学校と同一の場所に置かれていた事実にもかかわらず、行政機関と教育研究機関の区別は厳に存在していた。以下の資料はそれを裏付ける。

官員各其職ヲ奉シ令条ヲ遵守イタシ候儀緊要ニ可有之ニ付大少丞ハ校事糺判ヲ専務イタシ生徒教試ノ事ニ係ラス博士助教ハ生徒教試ヲ専務トシ校事糺判ノ事ニ係ラス一ニ其任スル所ニ注心鋭意有之度目今官ノ中其器ニ随ヒ其用ヲ異ニシ学政吏務ニ長シ候者ハ大少丞ニ被　仰有付業術教官ニ堪候者ハ博士助教ニ被　仰付尤大少丞ハ何レモ本校ヘ参仕致シ且別当以下大少丞ニ至ル迄監督糺判ノ為折々分局ヲ巡視候儀当然ニ存候事

十一月十二日

〔本文ノ通相成大少丞ヨリ博士兼勤被相止度候事伺之通被　仰付候事〕

（『公文録』同上　廿八）

なお、次の資料は、大学（校）の行政部門の組織を示す、興味有る資料である。

大学庁規則

一　毎朝十字出仕二字退出ノ事

但節朔一六休暇ノ事

一　毎月二七四九ノ日第十二字ヨリ別当大少監宮中へ参朝ノ事

一　別当大少監東南二校へ折々視学ノ事

一　表講釈四ノ日又定日ト致シ別当以下泣席有之講書目録ノ通候事

一　願何届都而可乞官裁書類大少丞ニテ見込相添連印イタシ別当大少監ヘ差出夫々検査ノ上大学ノ印ヲ押シ弁官ヘ可指出候事
但裁断ノ事件別当不参ノ節ハ大少監ニ於テ可施行候事
一　別当大少監東南校視学ノ日トイヘトモ其内一人ハ必参学諸務可取扱候事
一　判任官黜陟進退ノ儀ハ別当以下大少丞ニイタルマテ合議ノ上可取扱候事
一　寮生ヨリ寮長被申達候節予メ其藩ヘ不遂応接可被申達候事
一　判任官以下ノ拝授ハ大少丞ニテ可申達候事
但奏任以上トイヘトモ事柄ニヨリ大少丞ニテ申達侯儀モ可有之候事
一　官裁ヲ乞ヘキ事件ハ別当以下大少丞ニテ参朝ノ上分課ノ弁官ヘ可差出候事
但事柄ニヨリ書面ニテ指出候儀モ可有之候事
一　当学職員ノ輩上言建議イタシ度者都而大少監ヘ向ケ可差出候事
一　諸布告回達類都而不差急事件ハ取束子二七ノ日ヲ定日トイタシ主簿ニテ回達可取計候事
但差急候事件ハ定日ニ不拘迅ニ回達取計勿論ノ事
一　弁官並各省ヘ懸合等ノ節ハ証トシテ相用候印鑑ハ大学二寸三分印可相用候事
但入学開板其余細務ニハ大学円印相用候事
庚午正月
（『公文録』大学校之部己巳自六月至十二月の冒頭に記載されているが、庚午の年号からわかるとおり、明治三（一八七〇）年、大学改称後のものである。）

以上の資料には、判任官あるいは奉任官人事権など、興味深い規定が多く含まれているが、本章の論旨からはずれるので、ここでは論及しない。

4　大学本校廃止後の大学

明治三（一八七〇）年七月一三日、突如、大字本校閉鎖の達が下った。

太政官

大　学

学制御改正ニ付当分本校被止候事

庚午七月十三日

（『公文録』大学之部　庚午自五月至八月　廿六）

この本校閉鎖については、皇・漢学派の対立、あるいは皇・漢学派と洋学派との対立が云々されるが、その真相は謎につつまれている。しかし、本章で問題とすべきなのは、本校閉鎖後の大学の制度構造である。昌平学校＝大学校＝大学本校をもって、「官庁と学校とが……一個の機関で、この一個の機関が行政・学校等の二つの機能を持っている」(15)とする旧来の史観からすれば、本校の閉鎖は、即、行政機関としての大学の閉鎖でなければならない。事実、この史観に立った場合、この事件は「大学の崩壊」を意味し、大学南校（開成学校を改称）、大学東校（医学校を改称）は、「大学本校が閉鎖となったので、再び独立の形」(16)をとったと説明される。

しかし、これは明らかに事実に反している。大学本校閉鎖後も、大学は制度上存続したし、これが制度上大学南・東校の上部機関であった。従って両校が「独立」したと言うのは当らない。また、それが昌平学校の後身としての本校からの独立を意味するのならば、それはもともと独立していたのであり、「再び」と言うには当らないのである。

確かに、本校閉鎖とともに山内、秋月らがそれぞれ別当、少監等の任を解かれている。そして、このことが行政機関としての大学の崩壊と受け取られ、また教育研究機関としての本校との一体性観を生んだと言えよう。しかし、これは別当以下の官職の廃止を意味するものではなく、単に欠員を生じたものにすぎない。以下の資料は、長官に欠員の生じた大学が、どのように運営されたかを示す。

学制御改正ニ付本学当分被止儀ニハ有之候へ共東西二校之事務却テ是迄本学ノ事務ヨリハ多端有之何分ニモ長官次官無之候テハ都テ御不都合ノ儀ト奉存候間右至急御治定相成候様仕度此段奉申上候也

庚午七月

相良大学権大丞

加藤大学大丞

弁官御中

大学本校一旦被止候後長官次官等無之ニ付南東両校判任以下賞罰黜陟等之処置難施其外都テ長官ノ決ヲ不取候テハ不相成事件多端有之頗ル困却ノ至リニ御座候右ハ如何相心得可然哉此段相伺候事

庚午八月七日

弁官御中

別当大少監免職後御用掛無之候テハ万端不都合ノ旨再三申上候ヘ共今以　御沙汰無之然ル処南東二校ノ事務瑣細ノ儀ニ無之且ハ外国教師モ有之候儀故何分ニモ総判之職無之候テハ相成間敷私共ニ於テハ大ニ心配仕候何卒早々右御用掛被　仰付候様仕度此段申上候也

庚午八月廿七日

相良大学権大丞
岩佐大学棒大丞
加藤大学大丞

弁官御中

（『公文録』大学之部　庚午自三月至八月　四十六）

上記、一連の大学長官、次官の欠員補充を求める（権）大丞から、あるいは大学名での願出は、制度としての大学の存在を明確に示すものと言えよう。

この矢継早の要請に、太政官は八月二八日になって、ようやく徳太寺（実則）大納言と副嶋（種臣）参議を大学御用掛に任じた。

徳大寺大納言副嶋参議儀大学御用掛被　仰付候間為御心得相違候也

庚午八月廿八日　　　　　　　　　　　　弁　官

大学御中

（『公文録』同上）

これ以降、大学は徳大寺あるいは副嶋を長官として、変則的ながら、運営されたのである。

もっとも、こうした仮の体制は、種々の不都合を惹起したようである。例えば、明治四年三月の伺書も、そうした事態を示す一例である。

先般大学別当欠員相成候後判任官員宣紙何レモ仮宣紙相渡置候へ共爾来本宣紙相渡候ニハ徳大寺大納言殿御名前書加候テ可然哉又ハ副嶋参議殿御名前書加へ可然哉此段伺候也

但今度東校官員ノ内支那行ノ者ハ宣紙相渡度候間至急御沙汰有之度候也

辛未三月廿四日　　　　　　　　　　　　大　学

弁官御中

（『公文録』大学之部　辛未自正月至四月　五十九）

つまり、一年近くもの間、判任官に対する命令は、長官名を欠いたまま出されていたわけである。

さらに困難は、財政面でも起っていた。

大学諸入費一ケ月金八百両ニテ相弁尤書籍買入活字仕立賃且臨時ノ入費共相束子一ケ年九千六百両ノ御賄ニ相成居候処去庚午七月学制御改正ニ付当分本校ヲ被止候以来定額金受取不申庚午六月迄ノ定額有金三千百五十両余ヲ以辛未五月迄月々遣払猶残金五百五十六両余有之候ヘ共当六月ヨリハ伺済ノ通訳局取設候間右官員ノ俸金且又語彙開板モ伺済ニ付右彫刻入費共都テ月々定額金八百両ノ内ヲ以取賄可申ニ付テハ七月分ヨリハ従前ノ通告額金八百両於大蔵省被相渡度候尤右ノ内当分ハ月々凡入用丈ツヽ受取会計ヲ遂ケ残金ハ同省ニ留メ置往々入費相嵩候節ノ流用ニ相備ヘ申度存候此段兼テ申上候也

辛未六月九日　　大学

弁官御中

（『公文録』大学之部　辛未自五月至七月　五十八）

つまり、本校閉鎖後も、大学としての仕事は残った。ところが、本校閉鎖とともに、大学宛の定額金（月額八〇〇両）も止ってしまった。しかし、大学としての業務が残っており、今までは残余金をあててきたが、残りがいくばくも無く、また大学としての業務も増える（通訳局、語彙開板）ため、これまで通り、定額金を支給してほしいと言うのである。これは、結局、三五〇両だけを受けるところに落ち着くのであるが、その変則運営による混乱の一面を伝える事件である。

5　むすび――「中央教育行政権」の実体

以上、第2～4節においては、1節で提示した第一の論点を中心に、新政府による旧幕府諸学校の復興時から、大学の廃止＝文部省設立までの学校、大学（校）の制度構造を論述してきた。本節では、第二の論点である、行政機関としての大学が担ったとされる、「中央教育行政権」の実態を明らかにすることによって、本章の締め括りとしたい。

それは、大学別当および大・少監の職掌とされた「掌監督大学校及開成医学二校病院」、「総判府藩県学政」の内実を究明することになるのであるが、新政府における教育行政機関の成立を知学事および判学事職の成立、すなわち行政機関としての学校の行政官よりの分化にみる本章では、まずこの学校の行政権限の分析から出発しなければならない。

まず、明治元（一八六九）年一二月一三日に成立した学校の管下には、当初昌平、開成の二校のみあり、続いて同月二五日には医学校が加わったことはすでに第2節で述べた。さらに、翌二（一八六九）年五月一〇日には病院が、東京府から移管されている。大学校への改組時の職掌である「掌監督大学校及開成医学二校病院」は、この状態を引き継いだものである。

では、学校時代に府藩県学政への権限行使はあったのであろうか。結論的に言って、それは否である。ただ、明治二年三月二三日、下記の達が行政官より下った。

行政官

庠序ノ教不備候テハ政教難被行候ニ付今般諸道府県ニ於テ小学校被設人民教育ノ道洽ク御施被為在度　思召ニ候間東北府県速ニ学校ヲ設ケ御趣意貫徹候様盡力可致旨被仰出候事

但学校取調トシテ東京学校ヨリ人撰ヲ以差向候間商議可致事

三月

（『公文録』昌平学校・開成学校両学校之部　自戊辰十月至己巳五月　十四）

これは東北経営にかかわって、治政のための府県小学校設立調査の企画であるが、この人選は昌平学校で行なわれた(17)。その行き先きは、越後府、甲府、下野日光県、下総葛飾県、上総宮谷県の諸府県で、同年四月八日に出発している(18)。しかし、これは行政官から委嘱された調査のみの権限であり、それも政府直轄地である府県に対してのみのものであり、それも政府直轄地である府県に対してのみのもので、藩には及んでいない。その上この調査そのものも、六月一四日には、民部省設置にともない、府藩県事務はすべてそれに属するとされ、取り止めの沙汰が下っている(19)。

さて、大学(校)への改組後の状況はどうであろうか。まず、明治三(一八七〇)年二月二九日、すでに大学への改称の後であるが、大阪府より大阪府医学校病院が大学に移管されている。これで始めて、大学の学校管轄権が東京より広がったことになる。同日、長崎県病院の、こちらは「学則並学職人員進退ノ儀」のみが大学の所轄に移っている。さらに、同年四月五日には、大阪洋学所、化学所(20)を、続いて一〇月一八日(いわゆる本校閉鎖後)には大阪理学所をその管下に置いた(21)(22)。

しかし、閏一〇月、大学より出された長崎県学校広運館をその管下に置こうとした願い出は却下されてしまった(23)。これに対して、大学では、広運館へ大学教官を出張させるなどの手段を講じてはいるが、この事実は、大学の行政権が、政府の直轄地である府県の旧幕府直轄校にさえも及び切らなかったことを示している。諸藩に至っては、大学は何らの教育行政権も行使しておらず、また府県の小学校設立に関しても同じである。本来の意味での中央教育行政権の確立は、廃藩置県後、文部省の設立を待たなければならなかったのである。

以上四節にわたって考察してきた、明治初年の学校・大学制度における教育行政権限の所在と範囲に関する構造分析は、いわば日本の近代教育行政および大学の萌芽期の制度像に大きな修正を加えるとともに、これ以降の、その確立期の研究に対しても、新たな視点を加えるものと信ずる。

注

（1）教育史関係の通史をも含めて、これらは相当な量にのぼるが、基本的には『東京帝国大学五十年史』上冊（一九三二年）および大久保利謙『日本の大学』（一九四三年）を底本としている。従って、この見解に対する批判は、同上二著に対するものをもって足りる。
（2）『公文録』皇漢両学所之部　自戊辰三月至己巳九月　一、十三。
（3）「元年二月二十日八局職員及職制表」（太政官修史館編「明治史要附録概表」明治一二年――『明治史要』下（金港堂、一九三三、所収）二頁。
（4）山内については『明治史料顕要職務補任録』（柏書房、一九六七年）三四頁に一二月一三日とある。秋月については『公文録』昌平学校・開成両学校之部　自戊辰十月至己巳五月中に一二月とある。『公文録』大学校之部　己巳自六月至十二月中の「大学起源」によれば、両者とも一二月一四日である。
（5）さらに秋月は幕政下では昌平黌長官たる林大学頭の上に立つ学問所奉行歴任者である。
（6）「明治元年戊辰十二月政体一覧概表」によれば、公議所、議事体裁取調所、治河使と並んで学校が附され、知学事山内豊信の名が刻されている（『明治史要』前掲（3）、一一頁）。
（7）これ以前に、昌平学校復興時に置かれた学校官をもって、教育行政官とする説がある。

元年六月昌平学校の復興せらるるや、同校に学校官、学校官附属及び学校勤番組頭を置かる。其の職制は詳にし難きも、昌平黌が徳川時代に於て全国共学の中心たる位置にありしことなれば、復興されたる昌平学校も亦単なる教育機関たるに止まらずして、教育行政機関としての機能を有すべきことは想像するに難からず、従って教官の外に設けられたる学校官等諸官は、教育行政官としての機能を有するものなるべし。

（『東京帝国大学五十年史』前掲（1）、一一三頁、傍点は引用者）

しかし、『公文録』中には、それより前に京都において、学校官なるものが置かれたことを示す以下の記事がある。

竹内節蔵
渥見清介
右学校書籍御取調ニ付学校官ヘ附属被仰付候為心得相達候事
辰六月廿二日

（『公文録』皇漢商学所之部　前掲（2）　三）

そして、昌平黌が復興され、学校官以下の職制が定められたとされる同日の六月二九日（『東京帝国大学五十年史』前掲（1）、八頁）には、学校官の職制が出されている。

戊辰六月廿九日
学校官分課
学頭
公卿或諸侯
判事貳人
学校ヲ検実シ学生ヲ使令シ見分ヲ広恢シ弊事ヲ諫議シ言路ヲ透開シ士員ヲ點閲ス
博士貳人
大義ヲ弁明シ教化ヲ皇張シ人材ヲ生育シ試課ヲ立テ推撰ノ士員ヲ検実ス
助教数人
学生ヲ教授シ士員ヲ推撰ス

学生
貢士以下新規朝臣相願候者出頭考試ヲ待ツ
（『公文録』同上）

（8）　この京都に置かれた学校官と、昌平学校に置かれたそれとの関係は明らかではないが、その職制から見る限り、学校官の行政権限・性格は、学校（この時期、京都の場合は大学寮代）の内部管理機関に留るものと考えるほうが至当であろう。ここに軍務官からの分化も暗示されている。維新期開成所の軍事的役割から考えて、この筋の解明が重要な課題である。
（9）　昌平学校、開成学校が並立の関係にあることは、幕末における両校の関係から見ても当然であろう。開成所が形式的にせよ林大学頭によって管理されたのは慶応元（一八六五）年閏五月までであり、以降は開成所頭取が直接陸・海軍奉行（並）の指揮を受ける形で管理されている。そして、幕府末期には、影響力の面でも、昌平黌にかわって幕政の頭脳の地位に登ったことは周知のとおりである。
（10）　本文（『大学史研究』1（一九七九年）中、九二頁（本書一〇頁）に引用した、『東京帝国大学五十年史』の記述にもかかわらず、この時点でも、医学所と呼ばれている。
（11）　『東京帝国大学五十年史』前掲（1）、三五五頁。
（12）　同上書、一五頁。
（13）　『法規分類大全』も含めて、従来、これは七月八日制定時のものとされてきた。しかし、『明治以降教育制度発達史』第一巻（一九三八年、一二〇～六頁）のみは、『日本教育史資料』に底本を求め、これを八月の改正分としている。それによると七月発布時の大学校長官は大監であり、職掌は別当と同じである。これは『明治史要』附録概表中の表記とも一致し、また他の資料とも符合する。よって、本書では、これに従う。
（14）　大久保、前掲（1）、二二六頁。
（15）　同上。
（16）　同上書、二三四、二三九頁。
（17）　この場合、「東京学校」とは昌平学校をさすことになる。この時期は「東西両京に大学校を設立し、全国府藩県の学校を東西に分って統轄する」(大久保、前掲(1)、二一八頁)という動きがあった時代であり、こうした動向との関連の究明は、今後の課題である。その際、下記の文書の意味も解明されなければならないものの一つである。

一 府県新ニ学校ヲ建政化ヲ稗補スヘシ但其学ノ或一箇所或二三箇所ハ府県ノ大小ニヨリ宜ヲ観ルヘシ諸藩タリトモ采地少ナルモノハ旁県ト図リ協力シテ営造スヘシ
一 府県ノ学校ハ東京大学校ヨリ管轄スヘシ
一 学規ハ大学校ノ頒ツ処ヲ遵守スヘシ
一 教員ハ大学校ヨリ交代スヘシ府県ニ其人アル時ハ知事コレ遴撰スヘシ
一 五年ニ一度郷挙ヲ以士ヲ大学ニ貢シ試業ヲ受ヘシ
一 学校ノ営造若ハ修繕ノ時其地ノ士籍民籍ヲ論セス凡有力者ハ金ヲ醵シ役ヲ助ルヲ許スヘシ
以上

(『公文録』昌平学校・開成学校両学校之部　自戊辰十月至己巳五月、十四)

(18) 『公文録』同上、十四。
(19) 『公文録』同上、三十。
(20) 『公文録』大学之部　自己巳十二月至庚午四月、廿五。
(21) 『公文録』大学之部　庚午自九月至閏十月、一七。
(22) 『東京帝国大学五十年史』(上冊、九三頁)では、これを「十月十八日(大学閉鎖後)大蔵省造幣局所轄たりし大阪理学所を大学の管轄と為せり」と記しているが、本当に大学が閉鎖されたものならば、閉鎖された機関が管轄できるわけはない。
(23) 『公文録』前掲(21)、四八。

(本章の作成に当っては、東京大学百年史編集室利用の便を受けた。また、室員各氏、特に酒井豊氏、狐塚裕子氏等より貴重な教示を受けることができた。感謝を表する次第である)

第二章　日本における高等技術教育の形成——工部大学校の成立と展開

1　はじめに

従来、明治一九（一八八六）年の帝国大学工科大学の成立は総合大学（Universität）に技術学を含めた画期的施策として高く評価されてきた[1]。しかし、すでに帝国大学の前身である東京大学では開成学校時代から工学をその主要な教育内容としていたし、一八（一八八五）年には工芸学部が理学部から独立するほど工学は大学内で大きな比重をしめていたのである。日本の総合大学は帝国大学の成立を機に工学——技術学——を自己内のものとしたのではなく、むしろ当初より工学をその形成上の主要な核としていたのであるから、帝国大学に、工科大学を含めたことをもってその政策を「果断であり進歩的」[2]と評するには当らない。

帝国大学工科大学の成立は二つの工科教育機関——工部大学校と東京大学工芸学部——の統合・再編であった。そして、その統合によって独立の存在であることをやめた教育機関、工部大学校の展開史の中に、帝国大学令政策の評価にもかかわる、日本における高等技術教育形成上の問題性が見いだされるのである。それは以下の事実によっている。

1 工部大学校は当時欧米先進諸国においても少数の先例を持つのみであった総合的な工科高等教育機関であった。

2 その理論教育と実地訓練の組み合わせによる教育組織——予科二年、専門科二年の上に実地科二年を置く——は、直接のモデルを当時の欧米高等教育機関には求め得ない、独特なものであった。

3 その教育組織は、それを生かし得るお雇外人教師たちの力によって後の日本の高等技術教育に欠けた理論教育と実践教育の積極的な結合をなしとげていた。そして、その教育を支える条件に工部省事業があった。

4 工部大学校の東京大学工芸学部との統合、帝国大学工科大学の成立はこの理論と実践教育を結合した独自な教育組織に終止符を打つことになった。

これらの事実は次のような問題を喚起する。

1 いかなる背景とプロセスのもとに明治初年の後進日本に、当時欧米諸国においてもなお実現途上の課題であった高等技術教育機関が成立し、定着し得たのか。

2 その教育組織は、当時の世界の高等技術教育機関といかなる関係にあったのか。

3 工部大学校の理論と実践を結合した教育の展開はいかなるものであったのか。工部省事業はその教育にいかなる影響を与えていたのか。

4 帝国大学工科大学はいかなるいきさつのもとに成立したのか。その成立を総合大学に工科大学を加えた森有礼の「英断」と見る見解は、その前史である工部大学校教育の展開を見る時、その形式性、一面性をまぬがれないのではないか(3)。

本章は、以上の問題意識のもとに2、3において工部大学校成立の条件を、4においてその教育の展開を、5において帝国大学工科大学成立の意義を検討する。

2　工部省政策と工部学校構想

工部大学校設立の動因は工部省政策の内にある。工部省は明治三(一八七〇)年閏一〇月、民間諸工業の勧奨と官営諸工業の経営を任務として生まれた。工部省政策はその性格上、邦人高級技術者養成への強い動機を持っていたのである。明治維新は広汎な日本民衆の反封建エネルギーの沸騰(一揆、打ちこわし)の背景のもとに起ったが、直接には封建支配階級に属する下級武士によって遂行されたことに見られるように、幕末の日本社会にあってはブルジョア階級はいまだ未成熟であり、産業資本は未確立であった。しかしすでに機械制大工業の発展によって独占段階に進もうとしている欧米先進諸国による植民地化の危機を前にして、維新政府はブルジョア革命を断行して資本主義的生産関係の強制的創出を計り(地租改正、秩禄処分)、産業資本がいまだ成立していない日本社会において自ら機械制大工業の経営に乗り出したのである(4)。

もっとも官営諸企業の多くは旧幕府、諸藩の手により運営または企画されていたものの継承であったが、ただ資本調達にあたって外国資本に対してとった政策において旧幕府、諸藩と明治政府の間には著しい相違があった。前者にあっては、経営実権を引き渡すような外資との共同や、貿易独占権を付与することによって借款を得ようとするような日本の植民地化に直接繋がる方向性が支配的であり、例えば江戸―京都間の鉄道敷設権を個人としてのアメリカ公使館書記官に認めるといったありさまであった。工部省を中心とする明治政府の大工業直営政策は当時存在すべくもなかった民営と対をなすのではなく、植民地化の危険を孕む幕府、諸藩営に対して、日本の主体性の回復、経営権の回収として歴史上の意義を持つものであった(5)。

しかし、経営の主体性を目指してもそれらの事業を遂行するためには外国人技術者を雇わざるを得ない。事実工部省事業は大量のいわゆるお雇外国人の動員によって行なわれたのであるが、それが財政上の負担となって現われ(6)、その上欧米技術の直輸入による幣害を生ぜしめ、官営事業の壁となって現出する。ここに邦人技術者養成への強い需要が生れたのである。明治四(一八七一)年四月伊藤博文、山尾庸三によってなされた「工部学校建設ノ建議」はこうした背景を雄弁に物語っている(7)。「……御邦内ニ於テモ既ニ御開営被仰付候当工部省所轄ノ事業ハ即チ其基礎ニシテ嗌カニ功験相顕万国ニ併立富強ヲ保チ候様致度旦暮不湛渇仰候然処其事業ニ於ケル大小トナク技倆上ニ相渉皇朝未曽有ノ要務ニ候得ハ実学知識ノ徒ニ非ス候テハ誰カ能ク施行可致得理無之候惜哉。御邦内之人物其一科ヲ了得候者未夕見当リ不申依テ方今数多之外国人ヲ使役御創業之手順取継羅在候次第実ニ無余儀事ニテ終始彼等ノ余力ヲ仮リ功業漸ク相遂候様ニテハ一時開化之形況有之候トモ万世富強之御基本ハ迚モ相立申間敷戦競之至ニ候此機ニ臨ミ人才教育ノ御方途不可欠場合ト被存候就テハ当省中ニ於テ工部学校至急御取立相成少年有志ノ者ハ尽ク校中ニ出入孜々勉学経其歳月候得ハ教師ノ指揮ニ依リ順次洋行ヲモ為致成器之上夫々奉職事ニ為致可申左候ハハ自然外国人使役其他多少之順労ヲ省キ鉄路始メ諸業ノ功実海内ニ蔓布万世不朽之御基本相立……」(8)。

本建議が採択され明治四年八月行政機関としての工学寮が設立され、各寮に付属していた修技校がこのもとに管理される。五年一月の工部省事務章程(9)は「工部ハ工業ニ関スル一切ノ事務ヲ総管ス」とうたいあげ工学寮を筆頭寮として、工学の開明を第一に掲げている。工学寮開設当時の、工部省内でのその高い位置づけが知られるのである。

ではこうした邦人技術者への強い要請のもとでいかなる種類の教育組織が構想されたのであろうか。上記建義の付帯文「工部学校建設概要」[10]には小学校（スクール）と大学校（コウレージ）の建設がもくろまれており、明治五（一八七二）年一月には小学校舎および生徒館、教師館の建築が着手された。同年三月に七月開校を計って出された「工学校定(略)則」[11]は小学校、大学校とも年限二年で「小学生徒二年間ノ修業ヲ経ルニ非レハ大学ニ入能ハサル」と定め、大学校と小学校を一体のものとして構想している、小学校の入学年齢は一三歳より一七歳まで、定員三〇〇名で、大学校とも、「教官悉ク西洋人」「衣食住悉ク皆西洋式」、小学校では半年ごとに大試があり、四試をおえたものが大学校に進む。大学校では四または五試で四級に登った者は洋行、六試をへて四級に登れなかった者は国内の工場につくと定められている。ここに見られるようにこの時点での工部学校構想は四級進級即洋行といった規定に示されているごとく欧米大学への予備校といった色彩が強く、また大学校については「工部学校建設概要」によって教師六名、助教師六名とされることからほぼその数の専門分化を考えていたことが推定され、さらにそこでは「活物実地ノ修行モ為仕労力并業」がもくろまれていたことが知られるのみなのである。

3　H・ダイヤーの総合工科大学構想

予定された明治五（一八七二）年七月の開校は教師来日遅延のため大幅に遅れ、六（一八七三）年六月に至って教師団一行九名が到着する。工学校教師の選任は明治五年ロンドンにあった遣米欧使節中の伊藤博文によってマジソン（Matheson, H. M.）に委嘱され、グラスゴー大学のランキン（Rankine, W. J. M.）によってなされた[12]。この「大陸の工学ランキンによって、「近代工学教育に画期をもたらした」(13)とされる理論とイギリス技術の達成」を「英語ではじめて統一、体系化」し、Principal に選ばれたのがダイヤー（Dyer, H.）である。

彼の来日によって、工部学校構想は大きな変化を受けた。彼は「航海中を企画されたカレッジのカレンダーの草案づくりに費し、……それは政府に何らの変更もなしに受け入れられた」(14)。明治六（一八七三）年七月三〇日先の「工部学校定則」は廃され仮に「学課並諸規則」が定められた(15)。そこには「校則の……累積」(16)ではなく明らかに大きな変化が見られるのである。旧来の構想の小学校は大学校の予科に位置づけられその一体性が強化された。その上に各年の専門科、実地科が置かれる。この点は従来の研究では曖昧であったが、マジソンに依頼したのは大・小両校の共通の都検一名と小学校教師六名であり(17)、来日したのは都検と理学、数学、化学、製図、英語の各教師および数名の助手よりなる予科の教師であった。つまり工部学校定則における小学校は大学校予科になったのであり、後に設けられた小学校は定則の予定した小学校とは根本的に性格を異にしていたのである。専門学は土木、機械、造家、電信、化学、冶金、鉱山の七科に分かたれ、また図書室の他に理学、化学試験場、工作場、博物室の付設を予定する総合工科大学の構想がここに出現したのである。「定則」に見られた洋行規定は消え、完成教育が目指されたと言えよう。

この構想に基づく教育組織は、明治一〇（一八七七）年にはほぼ完成し一二年には各科より卒業生を送り出すに至るが、この極東の地における総合工科大学の突然の出現は、欧米諸国からも注目を集めたのである。例えば、イギリスでは『Nature』誌が一八七三年四月に(18)早くもこの学校の開設に注目しており、七七年五月の記事(19)で現場での実際的経験と高度な科学的訓練を結合させた理想的な教育機関として工部大学校を紹介しているのである。それは当時欧米諸国においても総合的な高等技術教育機関が設立途上のものであり、学校教育形態での技術教育の組織化に遅れたイギリスには、まだ存在しない種類の機関だったからである。イギリスに多大の刺激を与えたドイツの工科大学

(Technishe Hochschule) が自らに高等 (Hoch) の名を冠し始めたのは一九世紀後半であり、学位 (Doctor = ingenieur) 授与権を獲得するのは一八九九年に至ってからである[20]。また新興アメリカにあっては、一八六一年のマサチューセッツ工科大学の設立が「一八六二年のモリル法の実施で設置された土地贈与大学に一つのモデルを提供した」[21]といった段階にあったのである。

後進日本の地に先進諸国にも匹敵する総合工科大学を生み出させたものは、前節で示したような急速に欧米列強に互し、植民地化を防ごうと欲する日本社会の工業化へのエネルギーと、実は「世界の工場」(チェンバーズ) でありながら自国にまだこの類の教育機関を持たず、その建設の理想に燃える英国青年工学者たち (主にスコットランド系) の教育力、組織力の結合だったのである。

工部大学校は実地科の二年間は勿論、専門科の半分の期間を、さらに「八年学則」の段階までは予科の半分さえも実地修業、つまり校内実習にとどまらない現場訓練に当てるといった徹底したサンドイッチ型の教育組織を持ち、また先に示した七科にわたる広い専門科を配していた。特に後に電気工学科となる電信科は「応用電気学の講義のための世界で最初の研究室」[22]とされるほどであった。ではこのような独特な学校組織のモデルはどこに有ったのであろうか。これについて旧来の研究は『旧工部大学校史料』中の「欧州中稍ヽ工学ヲ総合シタル学校ハ唯瑞西 Zürich ニアリシノミ。工学寮ノ組織ハチューリッヒノ組織ヲ基礎トシテ構成セルモノナリ」[23]という一文を根拠にチューリッヒモデル説を取ってきたが、その対応関係は明らかにされてはいない。

チューリッヒの連邦工科大学の学科構成は、建築 (三年)、土木 (三・五年)、機械 (三年)、化学 (二年)、林業 (二年) および理数科専門教員養成 (二年) の六学科 (Schule) より成り、その他に六科の学生が自由に学べる一般哲学国家経済学部門 (自然科学、数学、語学、文学、歴史学、政治学、技術に分類される諸科目がある) と予備校としての数学予備学級

（この卒業は専門校の入学条件ではない）を付設している。このようにチューリッヒ工科大学は学科構成の面でも年限の面でも工部大学校とは大分異なっている。また実習を重んじ最終年次夏学期での現場実習を強調してはいるが実地科なるものがあるわけではない。カリキュラム上の多くの教科に復習、ドリルの時間を配当するなど工部大学校に見られない特色も持っている[24]。

勿論、ダイヤーはチューリッヒ工科大学を英国の技術大学のモデルとして、詳しく取り上げたラッセル（Russell, J. M.）の書『英国民のための組織的技術教育』[25]を参考にしていた[26]し、その影響は強いと思われる。例えば今日でも欧米大学では必ずしも建築学を工学部内に入れない[27]がダイヤーはこれをチューリッヒに学んだと考えることもできる。またチューリッヒ工科大学は図書室、博物館の他、各種の実験所、製作場を配していたのである。その上実現された工部小学校の性格はチューリッヒの数学予備学級に似ている。以上のことから結論的に言えばチューリッヒ工科大学は工部大学校創設の参考とされたが直接のモデルとまでは言えない。

従って、工部大学校の教育組織はダイヤーの独創と工部省事業の必要との結合より生れたと考えるべきであろう。前節で示したように工部省は「建設概要」で六名の大学校教師を予定していた。そのことから工部省側では六科の専門教育を考えていたことが推測される、明治四（一八七二）年工部省は工学寮の他、勧工、鉱山、鉄道、土木、灯台、造船、電信、製鉄、製作の一〇寮および測量司を配し、文字通り「工業ニ関スル一切ノ事務ヲ総管ス」[28]るものとして出発した。この工部省の目指した幅広い事業がそれと繋がる広い専門科配置を要請していたと言えよう。そして工部大学校における極端なまでの実地教育の重視はダイヤーの構想であったと同時に工部省事業の実際上の必要でもあったのである。一方ダイヤーは技術教育において、自国の徒弟教育に批判的であるとともに独・仏の三大陸系工科大学の教育についても批判的であった。彼は工部大学校第一回卒業式の折にこう演説している。「技術者（Engineer）が受けるべき訓練の本質について意見は顕著に割れている。ある種の人たちは直面するすべての問題を最も抽象的な方法で処理し、最も簡単な問題にさえ高等数学を適用できなければ技術者の名に値しない、仕事における実地経験は二の次である、と主張する。そうした技術者の大群はフランスとドイツのポリテクニクスから、毎年巣立っているが、彼らはほとんどまったく実際的着想に欠け、彼らの生み出す設計はほとんど、いや全く独創力の無いことで際立っており、概して隣国人の模造によりなっている。もう一種類の人々は、真の技術者はハンマーや鏨と鳥口の扱いに等しく能力を持っていなければならない、そして科学的訓練は大して必要ではない、と主張する。これが数年前までの英国の主流的見解であり、それは今まで非常に良い結果を生んできた。しかし、それはしばしば試行錯誤の高くつくやり方であった。これらの見解はともに欠陥がある……有能な技術者になろうとする者を訓練するには両方の組織の賢明な結合が必要とされるのである」(29)。

ダイヤーはこうした考えのもとに、独仏系の工科大学より一層実地教育を重視した教育組織を提案したのである。彼の実地経験重視の思想は徹底したもので、技術者の学会設立を勧めた文書の中で、その準会員になるのに三年、正会員になるのにさらに四年の実地経験を要求した(30)ほどであった。こうしたダイヤーの実地教育の重視は英国徒弟教育の伝統であると同時に後の個人的な経験から生まれたものでもあった。「ダイヤーは初等教育をおえた後、ある機械製作場に徒弟として入り、その傍ら、当時英国でも有数の技術専門学校であったグラスゴーのアンダーソン・カレッジの夜間クラスに通い、学理的知識と実際の作業を、結びつけて習得するという経験を積んだのである」(31)。こうした彼の技術思想が、工学寮構想の中心的推進者であった山尾庸三がやはりダイヤーと同時期に英国の造船所に徒弟としてあって、アンダーソン・カレッジに通っていたという偶然を通じて工部省政策の要請と結合し、ここに独自の総合工科大学組織が生まれることになったのである。

4　工部大学校教育の展開(32)

工学寮大学校は、明治六（一八七三）年七月に開校するが明治一〇（一八七七）年を前後して一つのエポックを迎える。職制上工学寮は四年の発足時には筆頭の一等寮とされていたが、八年には二等寮最下位に降ぜられている。また明治一〇年寮制が廃止されると工作局のもとに置かれるのである。工部大学校の名称はこの時つけられたものである。またこの年六月小学校が廃止される。小学校は大学校に遅れて七（一八七四）年二月に開校されたが、その校舎には溜池葵町河越邸が当てられ、虎の門に小学校舎として建造された建物は大学校の仮校舎となる。ここにも「定則」の小学校が大学校予科となったことが示されているが、大学校は以降虎の門で発展する。小学校は廃校まで通学する者二〇〇名、教師は短期在職者も含めて六名で全員英国人であった。「工部省沿革報告」は、その廃止の理由を経費節減のためとしているが財政難を契機としつつも、より本質的には大学校に予科が存在し、また普通教育の制度が整うにつれてその必要性を減じていたためと考えられる。

明治一一（一八七八）年には大学校校舎が完成し、天皇の臨幸を仰いで開校式が行なわれ、一二年には初めての卒業生二三名を送り出す。ここで工部大学校教育は一サイクルを終えたのである。しかしこの期を境に学費の官費制は私費制に転化していることに注意しなければならない。明らかに工部大学校の位置づけに変化が見られるのである。第一回卒業生中実に一一名は官費留学生となるが、以後には私、社費や教官留学の数名は別として官費留学生は存在しない。

明治一〇（一八七七）年前後を第一のエポックとすれば、明治一五（一八八二）年は第二のそれと言えよう。まず四月に造船学科が加えられる。五月に官費生に対する奉職義務規定がゆるめられたことは、工部省技術者の供給が過剰になり始めたことを示し注目される。六月、工部大学校都検（Principal）として、その建設に当ったダイヤーが帰国し、ダイバース（Divers, E.）が後を継ぐ。また八月には工部大学校は工作局を離れ本省直轄となり、同時に職制が改められ校長、幹事、教授、助教授制を確立、九月には初めての邦人教授が誕生する。そしてこの年の高山直質を皮切りに一六（一八八三）年中には官費留学生全員（内一名途中死去）が帰国し、内四名は専任または兼任の教員として母校に奉職する。そして、卒業後学校に残った者のうちから次々助教授、教授が生まれ教員の日本人化は一五（一八八二）年を境として進んだのである。また一六年にはカリキュラムの大幅な変更、整備が行なわれた。

こうして、日本における総合工科大学の定着は実現したのである。しかし工部大学校の本格的な展開期である明治一〇（一八七七）年以降は、この制度を可能にしてきた工部省そのものにとっては、解体期であったことに注意しなければならない。工部省は明治四（一八七一）年、前節で示した一〇寮を設けたが、同年一〇月には土木寮（主に河川工事）を大蔵省に移し、五（一八七二）年一〇月には造船、製鉄二寮を、さらに六（一八七三）年には勧工寮を廃し製作寮一本に絞った。勧工寮の廃止は内務省の勧業寮再興に対応しており、これによって勧工政策は工部省の手を離れた。明治一〇（一八七七）年には寮制が廃され書記、会計、検査、倉庫、鉱山、鉄道、灯台、電信、工作、営繕の一〇局を置くが、後たびたび行政整理にあい明治一四（一八八一）年以降あいつぐ官営事業払下げの中で縮小され、終に明治一八（一八八五）年一二月の内閣制度発足の折、工部本省そのものが廃止となる。その際鉱山および工作事務は農商務省に、電信、灯台は逓信省、鉄道は内閣直轄に、そして工部大学校は文部省に移管されたのである。

そこで工部大学校は東京大学工芸学部との併合、帝国大学工科大学への再編というドラスティックな変革を被るわけであるが、「工部士官」の養成を目的として生まれた行政直轄型(33)の教育機関である工部大学校が、工部省事業の変化に直接、間接に規定されざるを得なかったことに注意を払いつつ以下論点ごとにその教育の展開を概観する。

一　学科構成の変遷と工部省事業

工部大学校は広い専門学科を配し、ほぼ計画通り実現されていったが、例外として一時冶金学が「実地化学」と合体されていたこと（一〇年学則）と一五（一八八二）年に造船学科が加えられたことがある。

工部大学校の学科配置は前章で示したように、ダイヤーの総合工科大学への構想の実現であったと同時に、工部省事業の要請であった。それは当初から構想された七学科の中にも見ることができる。諸学科と各寮の事業を対応させれば概略次のようになる。

土木学―鉄道・灯台寮
機械学―製作寮
造家学―製作寮（後、営繕局）
電信学―電信寮

化学―製作寮
冶金学―製作寮
鉱山学―鉱山・製作寮

製作寮をみると寮制以上に学科のほうが分化していたごとく見えるが、それは大蔵省に移管した土木寮中の営繕部門（――造家学）を、また廃止された製鉄寮（――冶金学）の事務を製作寮が受け継いでいたことによるのである。また逆に造船寮が廃され製作寮中に造船部門が置かれていたため造船学の分化が遅れたと考えることもできる。このため造船学は「斯ニ学（機械学と造船学――引用者註）ハ素ヨリ小同ニシテ大異」で「四年以上ノ生徒ハ全ク其課目ヲ異ニ」(34)していたにもかかわらず、明治一五年横須賀黌舎廃止にともなう海軍の要請を受けるまで独自学科とならなかったのである。

また、冶金学は当初より置かれていたにもかかわらず工部省下の製鉄、製鋼業ははかばかしく進まず、むしろ陸海軍工廠においてわずかに発展したという事態を反映して独立学科として充分な発展を見なかった。新設の造船学を除いて、他学科からは二〇名を下らない卒業生を生んだが、ひとり冶金学のみ五名にとどまり、また専任の外人教師を置かなかった。

一般に工学体系は理学以上に、また当時のそれは現在以上に具体的な事業分野の直接の影響を受けやすいが、行政直轄型学校としての工部大学校の専門分化が、工部省事業の影響下で展開したことがここから知れるのである。

二　現場実習減少の意味

工部大学校の現場実習は最終二年間の実地科のそれの他、明治六（一八七三）年[35]から八（一八七五）年の学則の時期には二、三、四年時も各半年を現場実習に当てていた。こうした徹底した現場教育の重視は、ダイヤーの構想するところであったが、専門科教育が軌道にのった時点の「九年学則」では予科での現場実習は姿を消している。そしてダイヤー帰国後の「一六年学則」によれば土木科四年時半年の現場実習を除いて、専門科における現場実習も個々の科目に付随したもの以外姿を消して、校内実習に置きかえられている。

まず、予科における現場実習の後退は、高等技術教育の基礎教育が物理、化学、数学および製図にあり、またダイヤー自身も工学を「築造ニ窮理学ヲ実用スル」[36]ものと捉えていた以上当然のことであったろう。現場実習をこの段階で多く盛込むことは、学生に現場の雰囲気を体得させる効果はあったにせよ他の基礎教育を時間的に圧迫したであろうことが推測されるのである。「一一年学則」までは学生の習得度によっては予科期間の延長をする旨規定していたが、年限の延長は現実的には困難であったろう。

一方専門科における現場実習の後退は、一つには校内実習、実験設備の整ったことにもよろうが、より根本的には工部省事業の縮小によって実習現場を失ったことによると考えられる。工部省が最も盛んに事業を行なったのは実は工部大学校にとっては、ほんの初期の明治六(一八七三)年から九(一八七六)年にかけてであり[37]、同省の所轄した「主要な鉱山は、佐渡、生野、三池、高島、阿仁、院内、釜石、中小坂、小坂、大葛および真金、油戸、十輪田、幌内等の諸鉱山で、一時は金銀で国内生産の六〇～九〇%、銅および石炭では一〇%余をしめたが、やがて鉱山官行の方針は廃されて、すべて民間に払い下げられた」[38]。明治一七年に至っては上記鉱山の他に品川硝子製造所、長崎造船所、深川セメント工場が民間に払い下げられた。工部大学校都検の監督下にあって当校の実習場として重要な位置をしめていた赤羽工作場はすでに明治一六(一八八三)年に海軍省の所轄に移されていたのである。

こうして工部大学校は実習現場を失っていき、「一六年学則」では、実地科二年[39]の現場実習を残すのみとなり、ダイヤーの構想したサンドイッチ型の組織は大きく後退した。しかし本節の五でみるごとく、当初からの実習教育の重視、工学基礎教育の徹底は一六年以降でも一貫しており、工部省事業なき後、この特色を活した改革が要請されていたと言えよう。

三　奉職義務規定の変化と大学校の性格

明治五(一八七二)年の工学寮定則は、大・小両校とも生徒の納入金を月額一〇円とし、つまり私費制を考えていたが、六年学則はこれを官費制に改めている。そして官費生には七年間工部省への奉職義務が課され、明治九(一八七六)年までの入校生は全員官費である。しかし早くも八年一〇月には私費生の入校も認める旨決定し、一〇(一八七七)年より月額七円に減額の上実施している。そして、一一(一八七八)年の入校者は私費生のみであり、追って一二(一八七九)

年には逆に「新募ノ生徒ハ私費生ニ限ル」とされ、「官費生ハ時アリテ」[40]と例外規定になるのである[41]。

このように小学校を廃校に追い込んだ明治一〇（一八七七）年を境に官費制は私費制に転化しているのであり、ここに工部大学校の位置づけの変化を見ないわけにはいかない。また明治一五（一八八二）年は奉職義務を実質上解き「卒業生年一年ニ増加セルヲ以テ今後人民ノ請願ヲ聴シ之ニ貸与シ」、「在校中ノ貸費徴収ハ本人平素ノ行状ニ就キ之ヲ処分スル」[42]としているのである。そして奉職義務も工部省に対してではなく官一般に対するものとなっていく。このように工部大学校はその展開半ばにして、すでに行政直轄型学校から一般的な官立学校へと変化をとげると同時に、貧窮士族[43]の立身出世の機関から有産階級の学校へと転じていったのである。明治一五年ごろからは私費在校生が官費在校生数を凌駕し、また私費制転換に伴って退校者が急増しているのである[44]。

四　工部大学校各科の教育

以上みてきたように、工部大学校の目指した理論と実践教育の統一は、その組織に体化され工部省事業に助けられて展開した。従って、それはまた工部省事業の衰退とともに重大な転機を迎えていたことも事実であった。しかし、理論と実践の統一を目指したこの組織は短期間のうちに、その組織を生かし得る教師たちのもとで大きな成果をあげたのである。以下、教師像と卒業生の活躍を中心に専門各科の教育の展開を記す。

a　土木学

専門科は明治八（一八七五）年より開始されたが、土木学は機械学とともに、都検のダイヤー自身によって一五（一八八二）年まで教授された。八（一八七五）年より一二（一八七九）年までペリー（Pery, J.）が助教師としており、また一二年から一八（一八八五）年までアレキサンダー（Alexander, T.）が教師をした。加えて測量学教師としてジョンス（六

〜一一年)、土木学及び測量学助教師としてトムソン(一一〜一四年)がその任にあった。明治一五(一八八二)年には邦人教授補造邑容吉(明治一三(一八八〇)年卒——以降卒業年次は数字のみ記)が生まれている。

ダイヤーは恩師ランキンの著『土木工学』(邦訳『蘭均氏土木学』)を使って講義したが、初期の教育実践上、重要なのは助教師のペリーである。彼は土木技術者であるとともに数、物理学者であり、帰国後『数学教育論』(一九〇一年)を著わし数学教育改造運動、いわゆるペリー運動の創始者となっている。彼と同じくグラスゴー大学のトムソン(Thomson, W.)の弟子であるエアトン(Ayrton, W. E.)との仲は親密で数学教育における方眼紙の広範な使用は二人の手によって工部大学校で始められた(45)。また二人共同で学生の指導に当った重力gの測定は英本国の『哲学雑誌』に発表され、これが東京大学の物理学教師メンデンホール(Mendenhall, T. C.)を刺激し富士山での重力測定に駆り立てた(46)。ペリーの教授法は「一寸としたスケッチの絵を載せ学理を示し……緊要のものは解りよく且つ手軽に掲げ、プリンシプルを主として教え」(47)、また水理学の授業では流量計を作らせて観察させるといった具合に理論と実践の統合に力を尽した。

後に工科大学教授となり、特に渦巻ポンプに「はじめて明確な理論と設計方法とを与えた」(48)井口在屋(一五)は機械学科の学生であったが、また「ペリーの使徒」(49)であり、広範な機械工学上の業績とともに、『実用数学摘要』(一九〇二年)を著わしているのである。

また、アレキサンダーはランキンの弟子であり、彼と東京大学でアメリカ系橋梁工学を講じていたカナダ人ワデル(Waddell, J. A. L.)との間の鉄道橋論争は、明治一八(一八八五)年ワデルの東京大学の「メモア」に発表した論文に端を発した後約一年、二一回の討議が『Japan Mail』誌上で戦わされ(50)橋梁工学の発達に貢献した。

土木学科からは、「本邦灯台事業の先駆者」(51)石橋絢彦(一二)、「明治土木技術の外国人技師からの独立を示す画期的事業」(52)琵琶湖疏水工事の設計指導者田辺朔郎（一六）、後の鉄道院総裁古川坂次郎（一七）ら四五名が生まれている。

b　機械学

機械学は、明治八（一八七五）年から一五（一八八二）年までダイヤーが講ずるとともに一一（一八七八）年まで助教師コーレー、一一年より一四（一八八一）年までアンガスが担当した。一五（一八八二）年以降はウエスト（West, C. D.）がこの任にあり、邦人教員として、明治一五年には教授補原田虎三（一三）、同真野文二（一四）がおり、一六年からは英国留学より帰国した高山直質が担当している。

ダイヤーは、ここでもランキンの書『蒸気機関便覧』（邦訳『蘭均氏汽機学』）を使用し「黒板にフォームュラを書いて……その何頁に出て居るのだが、実地に当ると斯うなると言ってランキンの本と形は違っても理は一つである」(53)と教えた。後任のウエストはイギリスの造船所の技師長をしたことのある人物で、専任外人教師を持たなかった造船学の教育も助けた。彼は博学で機械、造船学の他土木、電気、採鉱冶金、応用化学に渡って教授したと言う(54)。

機械学科からは、aで記した井口の他、高山直質、三好普六郎、安永義章、原田虎三、真野文二、近藤基樹等三九名におよぶ学界、業界の指導者たちが輩出したのである。

c　造家学（建築学）

造家学の建設者はコンドル（Condor, J.）である。彼は明治一〇（一八七七）年来日以降教師として、一五（一八八二）年に営繕局に転じてからは講師として常に実際の建築を指導しつつ教育に当った。邦人教員は一五年より曽禰達三（一二）が、また一八（一八八五）年からは辰野金吾（一二）が居た。

建築学は科学的であるとともに、深く美と風土にかかわる。建築学が工部大学校に取り入れられた事情は明治政府の近代国家としての体面整備、中央集権国家の威厳誇示の必要からの欧米風建築の輸入にあったが、彼は「特定の様式に偏せず、西洋建築の処女地で、全く国情を異にする日本にそれぞれ事情を吟味し、もっとも適切と思われる様式を選んで設計した」(55)。そして日本の美に強い興味をいだき日本画、生花を研究し多くの著書を著している。また彼の実践性は、官庁日比谷集中計画を担当した臨時建築局が、計画中止で廃局となるや帝国大学を辞し（明治二一〔一八八八〕年）、「わが国最初の建築設計事務所を開いた」(56)ことからも知れよう(57)。

造家学の授業は建築図学から構造力学、材料、設計、施行法、デザインから建築史まで及んだ(58)が、日本の建築様式が講義されるようになったのは、第一回卒業生辰野金吾が英国留学より帰国した後である。辰野は明治一九（一八八六）年日本建築学会を創設、工科大学教授、長として学界で活躍する一方実業界の指導にも貢献し理論面、実践面に渡る業績を残した。卒業生には他に「宮廷関係の主要な建築はほとんど彼の設計や指導による」(59)と言われる片山東熊（一二）や曽禰達蔵、妻木頼黄、佐立七次郎ら二〇名がいる。

d　電信学（電気工学）

電信学はエアトンによって明治一一（一八七八）年まで講義された。一一年より一四（一八八一）年までグレー（Gray）がこの任にあったが、一五年より藤岡市助、中野初子、浅野応輔（以上一四）がこれを引き継いだ。また一六（一八八三）年からは英国留学よりもどった志田林三郎が電信局と兼任で母校の教壇に立っている。エアトンは、予科の理学を担当するとともに電信学を講義し、「応用電気学の講義のための世界で最初の研究室を創設」(60)した。彼は来日前、ボンベイでの電信施設建設、グレート・ウエスタン鉄道の電信設備製造の経験を持つ(61)実技的な工学者であった。彼の教授法の特質は講義したことは全て実験、観測させることにあった(62)。電信学は広く応用電気学と呼べるようなもので実験を多くし、観測用風船まで揚げている。ペリーと協力して重力の測定に当ったことはすでに述べたが、彼はこうした研究成果を英国の学会誌に発表し、日本人の国際学会への参加を助けた。また明治一一（一八七八）年三月二五日、中央電信局の開業式に学生を指導してアーク灯をともし、後日この日が電気記念日に指定された話は有名である。彼は教育と研究を合せ行ない日本滞在中にも光の測定器の特許を取ったり、ペリーと協力して地震計の運動方程式を解き、自己振動を防ぐために液体摩擦を用いることを提案する[63]といった活動ぶりであった。帰国後は技術者として活躍する一方科学技術教育にも尽力し、『応用電気学』（一八八七年）を著わしている。

グレーは在任は短かったが、明治一三（一八八〇）年創設の日本地震学会に参加、地震計の発明[64]に貢献している。

同学科からは電気学会創設（明治一九〔一八八六〕年）の中心となり、電気学教育に尽力した志田、中野、逓信省にはいり電気試験所初代所長として電気行政、研究に貢献した浅野、さらに東京電灯会社設立に参加し実業界に尽力した藤岡をはじめ二一名の卒業生が生まれている。

e　実地化学（応用化学）

実地化学は一貫してダイバースによって教授された。彼はダイヤー帰国後教頭（都検）の職を引き継ぎ、また予科の化学も担当した。明治一五（一八八二）年には中村貞吉（一二）、河喜多能達（一四）が邦人教員となっている。

ダイバースは、来日前に次亜硝酸を発見するほどの一級の化学者であった。彼は日本においても無機窒素化合物の研究を続け各種のスルフォン酸塩の合成法を見いだし、その性質を検討した。そしてその研究をしばしば門下生との連名で発表し、後継者を育てた。日本の学会誌に載ったものだけでも、ダイバースとともに帝大理科大学に転出した垪和為昌（一四）、工科大学の河喜多、他に清水鉄吉（一六）らとの共著論文がある[65]。

卒業生には上記の他、アドレナリンの発見によって国際的に知られた実践的化学者高峰譲吉（一二）、下瀬火薬の発明者下瀬雅允（一七）ら二五名がいるがこの「高峰の影にはダイバースあり」[66]と言われるのである。

f　採鉱学（鉱山学）

採鉱学は明治九（一八七六）年以来ミルン（Milne, J.）が担当、一五（一八八二）年には桑原政（一三）が、一八（一八八五）年には的場中（一五）が講義を分担している。

ミルンはキングス・カレッジ卒業後、フライブルグ鉱山学校にも学び、鉱山実務の経験も持つ鉱山学者であった。彼はヨーロッパからロシア、中国をへる一一カ月におよぶ地勢探険の後東京に着くが、その日地震にあい地震学の創設に乗り出す。彼は講義中日本の地勢と地震の問題を重視(67)したがこれは彼の教育が単なる外国教育の直輸入でなかったことを示している。明治一三（一八八〇）年東京に大地震が発生するや、地震学会創設の中心となり、グレーや東大のユーイングらとともに地震計の改良に尽力し、この地震計を各地に設置し、地震観測体制の創始者ともなっている(68)。また人工地震の実験を試み、地震波に横、縦の二波のあることを確認し、耐震構造など工学面の研究にも貢献している(69)。採鉱学の講義のために、彼は明治一四（一八八一）年大学校内で『採鉱家便覧』を印刷したが、これは後に The Miner's Hand Book（一八九三年）として出版されている。彼はまさに最先端の研究と教育を結合させて教育に臨んだと言えよう。

その門からは前記桑原、的場の他仙台亮（一三）、神田礼治（一五）ら四八名が育った。

g　鎔鋳学（冶金学）

冶金学は終始専任外国人教師を持たず、明治一一（一八七八）年まで図学のモンデー（Mondy, E.F.）によって、またミルンやダイバースの手によって講義がなされた。後中野外志男が専任となっている。

冶金学は明治初期の製鉄・製鋼業の不振を反映して振わず、工部省設立の大眼目であった製鉄寮は、明治五（一八七二）年には廃され、釜石鉄山における製鉄の失敗（明治一三〔一八八〇〕～一六〔一八八三〕年）がこれに追い打ちをかけていた。

初期に小花冬吉や栗本廉（一二）を出したが、一六年以降卒業生なく合計も五名にすぎない。

h　造船学

造船学は当初機械学の中で教えられた。官費留学生で日本造船学の創始者となった三好普六郎は機械学の出身である。明治一五（一八八二）年に造船学科が開設されると海軍省の桜井省三が担当したが、一六（一八八三）年三好が帰国、これと代っている。これを機械学のウエストが助けたことは、bで述べた。

造船学科自体は一六年以降八名の卒業生を出しただけであるが、三好同様機械学科から世界の巡洋艦の鼻祖といわれる筑波、生駒や戦艦薩摩、安芸の設計を担当して、日本の造艦技術の確立を世界に示した近藤基樹（一六）らの造船工学者が生まれた。

以上八科にわたってみてきたように、工部大学校の教育は実践と理論の統一を目指した制度にふさわしい教師の実践によって支えられ、発展したのであった。

五　工部大学校と東京大学理学部

工部大学校と東京大学理学部工学系諸科は、後に併合されるのであるが、両校の教育組織には大きな隔りがあった(70)。まず、東大予備門が法理文学部の共通課程であるのに対して工部大学校予科は工学基礎教育に徹しており、その結果予備門三年間に対し、予科二年間で物理学三・三倍、化学三・三倍、図学一・六五倍、数学は〇・八倍、予備門に理学部共通の一年を加えてもそれぞれ一・八倍、一・一倍、一・二倍、〇・六倍（ただし、一年平均はこれの二倍）になる(71)。つまり工部大学校予科は短期間に理数教科および図学教育を徹底して行なっていたのである。

工部大学校ではこうした基礎教育の上に、三年進級時に専門を決めた。これに対して東大ではまず理学部共通課程にはいり二年進級時に工学系では工学、化学、採鉱冶金学科のいずれかに進み、四年進級時に工学、化学科はそれぞれ土木か機械、純正か応用に別れたのである。今専門科の例を土木学にとれば工部大学校の実習重視は明らかになる。工部では三年時の測量実習に続いて四年時半年間の鉄道計画の実地測量、その上に二ケ年の実地科があるが、東大では若干の測量実習が各学年で行なわれたのみのようである。土屋忠雄の研究(72)によると、工部大学校には二二件の地方実習が記録されているが、東大土木科は記録がない。また工部大学校側は二年間で東大三ケ年の約二倍の図学教育を行なっている(73)。

このように工部大学校と東京大学は一方は総合工科大学型、他方は総合大学型とも言える特色を持っていたのである。そこには本節四のaで示したような良き対抗、競争があり、また日本地震学会や理学協会(74)の設立に見られるような良き協力関係も生まれていた。ちなみに東京大学理学部工学系諸科の卒業生数は土木―三〇、機械―七、応用化学―五、採鉱冶金―一六、合計五八名で工部大学校二一一名の四分の一ほどであった。

5　帝国大学工科大学成立の意義――むすびにかえて

工部大学校は、明治一八(一八八五)年一二月二二日、内閣制度発足時の行政大改革によって工部省が廃止されるにともない文部省に移管され、一九(一八八六)年三月二日帝国大学令によって、東京大学工芸学部(一八八五年一二月理学部より分離)と併合、工科大学となる。森有礼の文部大臣就任後わずか二カ月半余のことであった。

工部大学校の東京大学への併合の噂が流れるや、学生たちの反対運動が起った。学生たちは学理考究の東京大学に対して「理論ト実業トヲ兼ネ教ヘ其理学ハ後来実業ノ其礎トナリ企業心ノ原動力トモナリ寧ロ実業ニ篤キモ理論ニ走ラス確乎不抜工業拡張ニ熱心ナル活発有為ノ工業者ヲ養成スル」(75)工部大学校の特色を訴え運動を展開した。当時の教職員全体の意見は不明であるが反対運動の建議書に、元工部大学校長の大鳥圭介が加筆していること、また土木学のアレキサンダーがこの併合を不服として辞職(76)していることなどから見ればこの決定の専断性がわかろう(77)。

この併合によって、帝国大学工科大学は土木、機械、電気、応用化学、造家、造船、採鉱冶金の七専門科を配する総合的な工科大学として出現したかに見える。しかしこの背後に工部大学校の吸収があり、それが当校にとって、いかにその特質を失わしめるような改革(78)であったかを知る時、「日本の工科大学や工学部が、最初から大学内部に考えられていたのは卓見だ」(79)(勝田守一)としたり「帝国大学に、ヨーロッパに先んじて工科大学をふくめたほか法科大学、医科大学、文科大学、理科大学の四分科を建設し、さらに大学院を付置して、名実ともに大学にふさわしい組織を完成した」(80)(永井道雄)として、森を賞賛のみすることはできない。「東京帝国大学がとった処置は果断であり進歩的であった」(81)(永井)というより、「工、農学部をきわめて無雑作に綜合大学中に加えた」(82)(寺﨑昌男)と評するほうが当っていよう。工部大学校と東京大学理学部工学系譜科は、それぞれ「別個に十分存在意義のある教育を施して来た」(83)のであり、工部大学校に工部省無きあと何らかの改革が必要であったにせよ、それは外部から専断的になされるべきではなかった。工部大学校の生みの親とも言うべきダイヤーは後年次のように述べている。「工部大学校の教師と学生は新しい建物に移され、エンジニアリング・カレッジの仕事は成功裡に続けられている、が今や工部省内にあった時のような実習の機会は無い……学生の、そして実は日本の利益のためにもっと完全な実地訓練の整備が要請されるのである」(84)。この言葉は工科大学の卒業生が社会に出る時代になってから工学の生産社会からの遊離の傾向がはっきりと顕われはじめ(85)、今日なお、いや一層問題となっている現実を前にした時、充分に吟味されてしかるべき問題性を孕んでいると言わなければならない。

今、日本の技術は模倣性から創造性へ、道具的役割から社会的責任の自覚へと、展開することが求められている。技術教育における理論と実践の真の結合は、その技術を担う技術者、工学者形成上の核なのである。工部大学校の展開史は、その結合の実現に一つの示唆を与えるものと言えよう。

注

（1）例えば、永井道雄「知識人の生産ルート」『近代日本思想史講座四』（筑摩書房、一九六九年）、二〇九頁。
（2）同上。
（3）小論以前に工部大学校研究から森の政策を批判した論文に、土屋忠雄「工部大学校を繞る史的考察」（『教育学研究』第一八巻六号、一九五二年）がある。
（4）楫西光速他『日本資本主義の成立Ⅰ』（東京大学出版会、一九五四年）第二章参照。
（5）古島敏夫『産業史Ⅱ』（山川出版社、一九六六年）序節、第二篇第二章参照。
（6）明治一一（一八七八）年工部大学校卒業生の留学伺の理由に工部省定額費中、実に六〇％近くが雇外国人の給料であることがあげられている。旧工部大学校史料編纂会編『旧工部大学校史料』（一九三一年）一三六頁。
（7）この構想の契機は工部省そのものの構想とともに東京横浜間鉄道建設の担当者モレルの、時の大蔵少輔伊藤博文への書簡（明治三〔一八七〇〕年五月）の内にあった。この中でモレルは総合的な工業行政局の設立を説くとともに「教導局」建設の必要を強調している。日本科学史学会編『日本科学技術史体系一』（第一法規、一九六四年）一七九頁。
（8）『旧工部大学校史料』前掲（5）、四〜五頁。
（9）「工部省沿革報告」（大蔵省他編（一八八九年）、大内兵衛、土屋喬雄校『明治前期財政経済史料集成第一七巻』一九三一年、所収）九〜一一頁。
(10)『旧工部大学校史料』前掲（5）、七〜一〇頁。
(11)同上、一八〜二〇頁。
(12)同上、四八〜五〇頁。
(13)山崎俊雄編『現代自然科学入門』（有斐閣、一九六七年）七九頁。
(14)Dyer, H.: Dai Nippon-the Britain of the East-, London, 1904（訳は引用者）。
(15)『旧工部大学校史料』前掲（5）、七五頁。
(16)国立教育研究所編『日本近代教育史九』（教育研究振興会、一九七四年）一六四頁。
(17)『旧工部大学校史料』前掲（5）、四二〜三頁。
(18)Nature, April 3, 1873.
(19)Nature, May 17, 1877.
(20)潮木守一『近代大学の形成と変容』（東京大学出版会、一九七三年）三四一頁。
(21)アーミティジ著、鎌谷親善・小林茂樹訳『技術の社会史』（みすず書房、一九七〇年）一三三頁。
(22)同上、一七九頁。
(23)『旧工部大学校史料』前掲（5）、五一頁。
(24)以上、チューリッヒ連邦工科大学に関する記述は、Programm der eidgen. polytechnishen Schule für das Schuljahr 1870 / 71, Zürich, 1870による。
(25)Russel, J. S.: Systematic Technical Education for the English People, London, 1869.
(26)古屋野素材「工部省工学寮都検・ヘンリー・ダイヤー」『現代技術評論』創刊号（一九七四年）六七頁。
(27)石谷清幹『工学概論』（コロナ社、一九七二年）一六六頁。
(28)「工部省沿革報告」前掲（8）、一〇頁。
(29)Dyer, H.: The Education of Engineers, Tokei, 1879, pp.1-2,（訳は引用者）。
(30)ditto, p.32.

(31) 古屋野素材、前掲(25)、六七頁。
(32) 本節における工部省、工部大学校関係の事実記述は特に断らない場合は「工部省沿革報告」前掲(8)及び国立公文書館所蔵「工部大学校学課並諸規則」(明治七〔一八七四〕、八、九、一〇、一一、一五、一六、一七、一八〔一八九五〕年)による。
(33) 麻生誠『大学と人材養成』(中央公論社、一九七〇年)六頁。
(34) 「工部省沿革報告」前掲(8)、三四八頁。
(35) Imperial College of Engineering, Tokei, Calender Session MDCCCLXXIII-LXXIV, Tokei, 1873,(一九七〇年、藤田豊覆刻)。
(36) 「ヘンリー・ダイエル緒言」、『工学叢誌、第一巻』(一八八一年)一〇頁。
(37) 『日本科学技術史体系1』前掲(6)、一八〇頁。
(38) 楫西光速他『日本資本主義の成立Ⅱ』(東京大学出版会、一九五六年)三七八～九頁。
(39) このうち最後の半年間は校中での卒業論文準備に当てられている。
(40) 「工部省沿革報告」前掲(8)、三四七頁。
(41) 官費および私費入校者数の推移(**表1**参照)
(42) 「工部省沿革報告」前掲(8)、三四八頁。
(43) 学生全員の族別は不明であるが一二(一八七八)年の留学生一一名中一一名は士族であった。
(44) 退校者数の推移(**表2**参照)
(45) 小倉金之助『数学教育史』(岩波書店、一九三二年)三三三頁。
(46) 松原宏遠『科学明治百年史』(講談社、一九六六年)四八～五〇頁。
(47) 石橋絢彦談(旧工部大学校史料編纂会編『旧工部大学校史料付録』一九三一年)、二三三頁。
(48) 山崎俊雄『技術史』(東洋経済新報社、一九六一年)八七頁。
(49) 前掲、注(45)。
(50) 『東京帝国大学学術大観、工学部・航空研究所の部』(一九四二年)七五頁。
(51) 山崎俊雄、前掲(47)七五頁。
(52) 同上、四九頁。

(53) 石橋絢彦談、前掲(46)、二三二頁。
(54) 『旧工部大学校史料』前掲(5)、一七三頁。
(55) 前掲、注(52)。
(56) 石山洋「ジョサイア・コンドル」(『科学技術文献サービス』No.36、一九七三年)五二頁。
(57) 『旧工部大学校史料』前掲(5)、一七一頁。
(58) 「明治一八年学課並諸規則」前掲(8)、四〇〇頁。
(59) 山崎俊雄、前掲(47)、五八頁。
(60) 前掲、注(22)。
(61) 石山洋「ウィリアム・エドワード・エアトン」(『科学技術文献サービス』No.38、一九七三年)三五～六頁。
(62) 石橋絢彦談、前掲(46)、二三〇～一頁。
(63) 湯浅光朝『科学史』(東洋経済新報社、一九六一年)一九五頁。
(64) 同上。
(65) 石山洋「エドワード・ダイヴァース」(『科学技術文献サービス』No.34、一九七二年)四四～一五頁。
(66) 松原宏遠、前掲(45)、五二頁。
(67) 『旧工部大学校史料』前掲(5)、一六四～九頁。
(68) 同上。
(69) 石山洋「ジョン・ミルン」(『科学技術文献サービス』No.23、一九六八年)五五頁。
(70) (**図1**参照)
(71) 工部大学校については一八(一八八五)年学則、東京大学予備門、理学部はそれぞれ一五(一八八二)年、一六(一八八三)年学則。
(72) 工部大学校生徒および東京大学学生の地方実習(**表3**参照)。
(73) 前掲、注(71)。
(74) 明治一六(一八八三)年創立、第一回の委員は東大医・理学部・駒場農学校、工部大学校学生より成る。

(75) 「上文部大臣森有礼公書、明治一九（一八八六）年一月」『旧工部大学校史料付録』前掲(46)、一二三頁。
(76) 同上書、一二二頁。
(77) 前掲、注(71)。
(78) 森が当改革に当って大学側と相談したとすれば、外山正一、菊池大麓、矢田部良吉ぐらいだったと考えられている。寺﨑昌男「高等教育改革の施策と思想——森有礼の思想と教育政策、Ⅲ—四」(『東京大学教育学部紀要』第八巻、一九六五年)九四頁。
(79) 勝田守一「大学の歴史と使命」（一九六一年、『勝田守一著作集五』、国土社、一九七二年所収）二九二頁。
(80) 永井道雄『日本の大学』(中央公論社、一九六五年) 三一頁。
(81) 前掲、注(1)。
(82) 寺﨑昌男、前掲(70)、一〇六頁。
(83) 土屋忠雄、前掲(2)、七〇頁。
(84) Dyer, H. : Dai Nippon, foregoing（13）, p.90(訳は引用者)。
(85) 山崎俊雄、前掲(47)、九一頁参照。

表１　官費および私費入校者の推移

区分＼明治（年）	6	7	8	9	10	11	12	13	14	15	16	17	18	総計
官　費	32	53	53	50	33			3	3	5	3	5	4	244
私　費					13	26	25	27	26	30	47	29	26	249
合　計	32	53	53	50	46	26	25	30	29	35	50	34	30	493

表２　退校者の推移

区分＼明治（年）	6	7	8	9	10	11	12	13	14	15	16	17	18
退　校　者	3	3	4	1	13	7	18	1	8	8	20	16	9

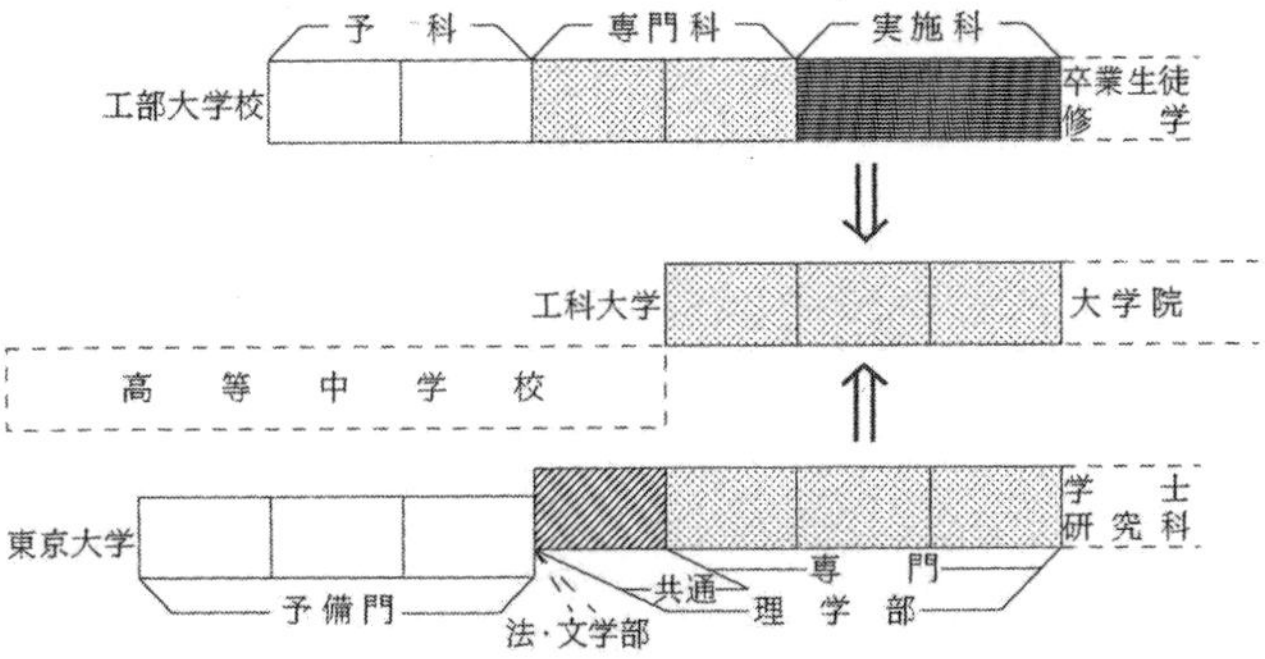

図１　工部大学校と東京大学理学部工学系諸科の教育組織

表３　工部大学校および東京大学学生の地方実習

工部大学校				東京大学		
学　科	人員	日数	件数	学科	人員	件数
土木学	70	1093	22			
鉱山学	4	873	4	採鉱冶金学	2	2
造船学	13	349	8	造船学	7	4
化学	11	84	5	化学	1	1
機械工学	11	66	6	機械工学	1	1
電気工学	2	55	1			
造家学	1	14	1			
合　計	112	2534	47	合計	11	8

出典）土屋忠雄「成立過程から見た日本近代技術教育の性格」教育思潮研究会編『アメリカの教育』（1984年）所収、167頁。

付　録　高等技術教育成立の歴史的意義

本章では「高等技術教育成立」という言葉を、高等教育レベルでの生産技術教育成立の意味で、特に工学教育の成立をその端初における指標として使っている。

歴史上それは、フランスにおける大革命期の高等理工科学校（École Polytechnique）の成立（一七九四年）に黎明を見、ドイツにおける総合技術学校の工科大学（Technishe Hochsohule）への上昇（一八九九年，3T. H. 学位授与権獲得）、イギリスにおける大学内での工学講座の開設（一八四〇年，Glasgow Univ.）、アメリカにおけるマサチューセッツ工科大学の開学（一八六一年）そして日本における工部大学校及び東京大学理学部工学系諸科の設立とその帝国大学工科大学への統合（一八八六年）等々として現れたのであるが、これらの現象の総括としての「高等技術教育成立」は人類及び日本にとっていかなる歴史的意義を持っているのか。

I　教育革命の提起

人類は現代社会＝工業社会への離陸期に、社会総過程中の幾重もの相対的に独自な諸過程において「革命」と呼ばれる根本的変革を経験した。政治革命、産業革命、科学革命、軍事革命、社会（狭義）革命、技術革命、文化革命そして教育革命等々がこれである。これら諸革命を経緯することによって現代社会は工業社会状況の中に定位し、その著しい特質として社会諸過程における幾重もの革新を経験している。「革命」はその起点をなすと同時に、その継起としての革新の中にその本質を維持し続けているのである。

今ここにおいては、教育に於ける「革命」を論じようとするのであるが、教育史にあっては、この現代社会への離陸期における根本的教育変動を教育革命として把握する仕方は一般的ではない。政治史に置いて近代への入り口での政治変動を政治革命と見、経済史において一八世紀の生産社会のそれを産業改革と見、科学史において一七世紀の科学の急転を科学革命と見た、そこに人類の文明的変革を見た、そうした根本的把握を、教育史はその変動に対してしてきたとは言えないのである。

教育史は一般的に、古代の教育、中世の、近世、近代のそれとして、その変革のメルクマールにおいて明確性を欠いたまま叙述されて来た。教育の変動に多大の関心を持って書かれた海後宗臣の著作『教育改革』（一九七五年）においても、大化の改新期に始まる公家学校の発生を日本教育史における第一変革、仏教寺院による武家子弟の教育を第二、武家自身の手による学校及び庶民の学校的教育の発生を第三、そして維新期のそれを第四の変革として把握している。

しかし、労働・生活過程から相対的に独立した教育課程として学校の教育の出現（海後、第一）とその担い手や量、形態の若干の変化（第二、三）を同一レベルの変革と把えることはできない。そのうえ、維新期に始まる学校教育の普遍化の端初（第四）を第二、第三の変化と同列に置くこともできないのである。

人類は教育史上、二つの革命を経緯した。特定階層の、特定部門における学校教育＝労働・生活過程から相対的に独立した意図的・組織的教育課程の発生、及び普遍的学校教育の成立がそれである。そしてそれが人類存在の基底をなす生産技術体系上二つの革命、自然産業技術体系から農業的技術体系へ、そして工業的技術体系への革命(1)にリンクしていることに気付かざるを得ない。

II　高等技術教育の成立―教育改革のメルクマール

学校教育の普遍化は二重の層のもとに展開する。第一には、これまでも近代教育の特質として注目されてきた教育の万人化＝義務教育、国民教育制度の発足である。第二にそれは、すべての労働・生活活動領域における教育の学校教育化として現われる。中でも、特に注目すべきは、生産技術教育の学校教育化、高等技術教育の成立である。

農業的技術体系の成立は人類をいわゆる文明段階へと押しあげる基底をなし、学校教育をも生み出した。しかし農業的技術体系と、その生み出した社会の学校教育との関係は間接的なものであったと言わざるを得ない。そこに成立した学校教育は支配技術の諸学芸の教授であり、直接的生産技術はその教育内容を、即ち支配階級の陶冶価値を構成しない。

日本の場合、律令制下、唐制を模して作られた大学、国学にあっては経学、算、書、音の四科が教授されたにすぎず、特殊な学芸教授機関としては陰陽寮、典薬寮、雅楽寮があったが、わずか農業生産にかかわる天文、暦学が陰陽寮において、呪術的色彩のもとに存在したにすぎない。中世仏教寺院における教育は仏、儒経典による仏僧及び武家子弟の精神教育に終始し、武芸道場が後者の軍事的技能を陶冶した。近世高等教育機関の最高峰、昌平黌は朱子学による支配者の学の伝授をこととし、諸藩校の教育もこれに準じた。生産技術の学校教育化、その高等教育への登場は実に幕末、維新期を待たねばならなかったのである。

工業社会化への先頭を切ったヨーロッパ社会においても、事態は本質的には同様であった。スパルタにおいては三〇歳までの教育を組織したが、実にそれはすべて勇敢なる戦士の養成のためにのみあったし、アテナイにおいても方法において異なれその目標においては同一であった。プラトンのアカデメイア（Akdēmeia）は政治哲学の教授による「支配者」の養成を目指し、アリストテレスのリュケイオンの学塾は神学、形而上学そして自然哲学を教授したに留まった。ただ、古代帝国最大規模の技術的展開をみせたローマにあっては、ローマ大学の起源たるアテネウム（Athenaeum）において法学、医学、文学、修辞学、数学等に加えて、一時、建築学、「工学」の教授さえもがなされていたことには注目してよい。中世ヨーロッパにうまれた大学（University）が神、法、医、哲学の教授に墨守していたことは言うまでもない。

以上述べて来たごとく工業社会の入口に至るまで、農業社会における教育は支配階級の支配のための学による高等教育を中心とする学校教育と、被支配階級の労働・生活の中での非学校教育とに二分しており、そこで生産技術教育は高等教育の教育内容まで上昇し得ず、被支配階級─職人、農民─の労働・生活の過程の中に未分化のまま存在していたのである。

この様に、高等教育における技術教育の登場は、万人に対する国民教育の成立と伴に、現代教育の始期として教育革命の重要なるメルクマールとして存在しているのである。そしてそれは同時に、高等レベルの教育＝基礎的学力を身につけた青年期の最終教育を要する技術学の成立を意味し、それによって陶冶された専門職業階層の生成を裏付け、それが成立する以前と以降の社会構造的異質性を示しているのである。

注

（1）「緒言」に述べた趣旨から本書は元となる論稿の初出時の記述に手は加えていないので、こうした表現になっている。

ここで「自然産業技術」としているのは「狩猟採集」、農業的技術としているのは「農業牧畜」を指す。なお、現在では、現代社会を狩猟採集社会、農業牧畜社会、工業社会の後に到来している人類史上の新しい段階の社会ととらえ、脱工業社会、ポスト産業社会、情報（化）社会、知識（基盤）社会等とよびならわしているが、大きな流れからみれば現代社会も工業社会の発展形にすぎない。

第三章　帝国大学令と帝国大学の矛盾——確立期の大学行政に関する一考察

1　はじめに

本章は、制定当時の帝国大学令と現実に組織された帝国大学との間に存在した、学科編成をめぐる齟齬を指摘し、それが初期の帝国大学制度全般にみられる矛盾構造の一端であることを示し、そうした矛盾の大学行政確立過程における意味を考察することを課題としている。

今日の国立大学行政にもつながる、帝国大学行政の制度的原型の確立時点が、帝国大学令の制定時（明治一九〔一八八六〕年）ではなく、明治二五・六（一八九二・九三）年の帝国大学令改正時であったことはつとに意識されてきたことである。つまり、各分科大学（学部）の審議機関として教授会をおき、全学の審議機関として各分科大学の代表者によって構成される評議会をおいてそれぞれの意志決定にあたらせるというシステムは、明治二五・六年の帝国大学令改正によって制度化されたものである。しかし、こうした大学行政を特徴づけるいわゆる大学自治制度の確立が、帝国大学令の制定によって極度に集権化した法制上の行政システムと、実際の大学運営能力との矛盾構造の中で引き起こされた諸変動の帰結としての性格をもつものだったという点は、近年における寺﨑昌男の研究(1)によって始めて注目されたものである。本章では、この矛盾構造と変動の過程を、学科編成における帝国大学令と帝国大学の齟齬を基軸として把えることによって、上記観点をさらに深化させることを意図している。

2　帝国大学令と帝国大学の齟齬

帝国大学令（明治一九〔一八八六〕年三月一日、勅令第三号）と、それによって実際に組織された帝国大学との間には明確な齟齬が存在した。各分科大学内に置かれた学科制度がそれである。同令第一〇条は、以下のように規定している。

分科大学ハ法科大学医科大学工科大学文科大学及理科大学トス
法科大学ヲ分テ法律学科及政治学科ノ二部トス

上記の条文が、帝国大学の学科に関する帝国大学令中の規定のすべてであるが、これから次のことが言える。(1)帝国大学の学科編成は勅令事項である。(2)学科は法科大学のみに置く。(3)その学科は、法律学科及び政治学科の二部である。

ところが、初期の帝国大学の「学科課程」中には次のような規定がみられる。

〔法科大学〕学科課程
　本学ニ左ノ三学科ヲ設ケ修業ノ期限ヲ各三年トス
　第一　法律学第一科
　第二　法律学第二科
　第三　政治学科
〔医科大学〕学科課程
　本学ニ左ノ二学科ヲ設ク
　第一　医学科
　第二　薬学科
〔工科大学〕学科課程
　本学ニ左ノ七学科ヲ設ケ修業ノ期限ヲ各三ケ年トス
　第一　土木工学　／　第二　機械工学
　第三　造船学　／　第四　電気工学
　第五　造家学　／　第六　応用化学
　第七　採鉱冶金学
〔文科大学〕学科課程
　本学ニ左ノ四学科ヲ設ケ修業ノ年限ヲ各三ケ年トス
　第一　哲学科　／　第二　和文学科

第三　漢文学科　／　第四　博言学科

〔理科大学〕学科課程

本学ニ左ノ七学科ヲ設ケ修業ノ期限ヲ各三ケ年トス

第一　数学科　／　第二　星学科

第三　物理学科　／　第四　化学科

第五　動物学科　／　第六　植物学科

第七　地質学科

これを、帝国大学令の学科関係規定と対応させてみれば、両者の間に大きな齟齬が存在することは明白である。つまり、(1)学科編成は勅令(帝国大学令)事項であるにもかかわらず、帝国大学令と異なる学科編成を各分科大学の「学科課程」は規定している。(2)学科は法科大学のみでなく、全分科大学に置かれている。(3)法科大学の学科編成すらも、帝国大学令のものと相違している。

帝国大学令は評議会の審議事項として、「第一　学科課程ニ関スル事項　第二　大学院及分科大学ノ利害ノ鎖長ニ関スル事項」の二件を規定している。つまり、学科課程＝カリキュラムの編成権限は評議会にあったのであるが、これに学科そのものの編成権が含まれないことは明らかである。ところが、帝国大学設立時の学科課程は、評議会においてさえも審議されなかった事実がある。このことの意味は次節であらためて検討することとして、まずこうした齟齬が、その後いかなる展開をとげたかを追ってみよう。

まず明治二〇(一八八七)年九月にいたり、法、工、文科大学の三大学に学科編成の変更をともなう学科課程の改正が行なわれた。これによって、法科大学は法律学科と政治学科の二学科制となり、法律学科は英吉利部（旧第一科）、仏蘭西部（旧第二科）、独逸部（新設）に分けられた。また、工科大学には造兵学科、火薬学科の二学科が、文科大学には史学科、英文学科、独逸文学科の三学科がそれぞれ増設されている。この学科編成の変更に際しても、帝国大学令には一切改正が加えられていない。これによって、法科大学の学科構成は帝国大学令条文と一致したことになるが、帝国大学令が「学科」と「部」を同義のものとして規定している（「法律学科及政治学科ノ二部トス」）のに対して、学科課程では「部」を「学科」より下位の構成単位として使用するなど、齟齬はなお継承されていたのである。

この後、帝国大学令は明治二三（一八九〇）年六月の、農科大学の増設にいたって始めて改正されるが、それまでの学科課程改正による学科編成への変更は、明治二二（一八八九）年に文科大学の国史科、仏蘭西文学科二学科の増設があるのみである。なお、この間、法科大学法律学科は各部の名称を第一、第二、第三部と改め、さらには明治二三（一八九〇）年九月に至って部制を廃している。

さて、明治二三年六月一二日、勅令第九三号による帝国大学令中改正で、農科大学が新たに帝国大学の一分科大学として加えられたが、この帝国大学令中改正と、農科大学学科課程を照らし合わせてみよう。

帝国大学令中改正

明治十九年三月勅令第三号帝国大学令中左ノ通改正ス

第十条中「及理科大学」トアルヲ「理科大学及農科大学」ト改ム

同条第二項ノ次ニ左ノ一項ヲ加フ

農科大学ヲ分テ農学科林学科及獣医学科ノ三部トス

〔農科大学〕学科課程（明治二五年（2））

本学ニ左ノ学科ヲ設ケ修業ノ年限ヲ各三年トス

但農学科ハ第一第二ノ二部ニ分ツ

第一　農学科　／　第二　林学科

第三　獣医学科

ここで注目されるのは、（1）農科大学の場合は、法科大学と同様に勅令（帝国大学令）によって学科編成が定められていること、（2）その学科編成と学科課程による学科編成は一致していること、（3）にもかかわらず、「学科」と「部」の意義には、両者の間に齟齬が存在すること、の三点である。いったい、法科大学と農科大学の学科編成だけが、帝国大学令で規定された理由は何だったのであろうか。これについては、次節で検討することとして、最後に、明治二六（一八九四）年の帝国大学令の改正によってこれらの齟齬が解消されたことにふれておこう。

明治二六年八月一一日、勅令第八二号による帝国大学令中改正で、帝国大学令から学科編成に関する規定は姿を消した。旧第一〇条に相当する第九条は、分科大学の種類のみを規定して、学科については何らの規定も付していない。つまり、帝国大学令と各分科大学学科課程との間の齟齬は、これによって存在し得なくなったのである。加えて、学科課程の審議権が評議会から、帝国大学令中に新設された各分科大学教授会に移されている（第一五条第一項）。そして、評議会の審議事項として、新たに「各分科大学ニ於ケル学科ノ設置廃止ノ件」（第八条第一項）が加えられたのである。

3　齟齬の背景

前節では、各分科大学の学科編成をめぐって、帝国大学令と実際の帝国大学の組織との間に明確な齟齬が発生し、それが明治二六（一八九四）年の帝国大学令改正によって、同令中から学科編成関係の規定が姿を消すことによって解消したことを指摘した。本節では、こうした齟齬の背景をさぐる。

齟齬の発生の背景を知る上で、注目すべきなのは帝国大学令草案（以下「草案」）中の分科大学学科関係条項、及びそれに付帯されている学科関係の参考資料(3)である。

〔帝国大学令草案　第一二条〕
分科大学ハ法科医科工科農科理科ノ各大学トス
但法科大学ハ法律学科及政治学科ニ分チ農科大学ハ農学科及山林学科ニ分ツ

参照
各大学ノ学科ハ大約左ノ如シ
法科大学ハ法律学科及政治学科ニ分チ農科大学ハ農学科及山林学科ニ分ツ
法律学科ハ法学通論、本邦法令、本邦法制沿革、支那法制沿革、刑法治罪法、擬律、訴訟演習、国際法、羅馬法、法理学、英国法律、仏国法律、独国法律ノ諸科ヲ修メシム
政治学科ハ統計学、理財学、国法総論、行政学、財政学、政治哲学、哲学、史学、法学通論、羅馬法、訴訟法、本邦制度、刑法治罪法、国際法、法理学、商法ノ諸科ヲ修メシム

医科大学ハ解剖学、生理学、薬物学、病理学、内科学、外科学、産科及婦人科学、眼科学、皮膚病黴毒学、精神病学、小児科学、衛生学、裁判医学ノ諸科ヲ修メシム
工科大学ハ土木工学、機械工学、造船学、電気工学、造家学、製造化学、鉱山学、冶金学ノ諸科ヲ修メシム
農科大学ハ農学科及山林学科ニ分ツ
農学科ハ農学、農芸化学、獣医学ノ諸科ヲ修メシム
山林学科ハ森林植物学、森林動物学、土壌学、測量術、森林経済学、測樹学、造林学、森林設制学、森林法律ノ諸科ヲ修メシム、
文科大学ハ本邦文学、哲学、心理学、論理学、道義学、史学、社会学、古物学、人種学、博言学、希臘及羅馬語学、梵語学、セミチック語学、英文学、修辞学、独逸文学、仏蘭西文学、支那文学ノ諸科ヲ修メシム
理科大学ハ純正数学、応用数学、星学、物理学、化学、動物学、植物学、地質学、地理学、地震学ノ諸科ヲ修メシム

上記のことからまず気付くのは、帝国大学令では「草案」段階から、学科制は法科大学と農科大学のみにしくことを予定していたことである。その後、帝国大学令案の閣議提出(以下「閣議案」)(4)時点(明治一九(一八八六)年二月)では、農科大学の設置そのものが見送られ、学科制の規定は法科大学に関するものだけになっていた。しかしこの「閣議案」には、参照資料として「各分科大学ノ学科ノ大約左ノ如シ」として、「草案」に付されたものとほぼ同文の資料が添付されていたのである。つまり、「閣議案」の参照資料中でも、農科大学に関する規定があり、全体を通じて修めるべき科目名のレベルに若干の変更がある他は、「草案」参照資料と同文の資料が閣議に提出されたわけである。

このことから、明治二三（一八九〇）年の農科大学設置にともなう帝国大学令中への農科大学の学科編成規定の挿入は、帝国大学令準備段階からの既定方針の実施にすぎなかったことがわかる。しかし、何故法科大学と農科大学にだけ学科制をしこうと意図したのであろうか。これがもし、法科大学だけの問題であったとしたら、帝国大学令制定を機に顕在化したいわゆる法科優先政策との関連を云々することもできようが、農科大学ともとなるとそうした解釈は成り立たない。

考えられる唯一の経緯は、以下のようなものである。

（1）帝国大学令の準備および制定時点で、法科大学となるべく予定された機関は東京大学法学部及び文学部政治学科、あるいは法政学部として存在していた。つまり、明治二二（一八八九）年一二月に合併するまで、両者は別組織として存在していたのである。こうした事態は農科大学の場合にも言える。農科大学たるべく予定された機関は、この時点では駒場農学校及び東京山林学校（両者とも農商務省所轄）という別個の組織として存在していたのである。こうした状態を、学問内容にくわしくないものが外側からみた場合、すでに同一組織内の区分となっている「学科」以上の独立性がその間にあると考えられたにちがいない。すなわち、帝国大学の前身機関は、それぞれ「学科」制をとっていたが、その区分よりも上位の組織単位として、勅令制定者は学科という語を用いたのである。

（2）ところが、実際の大学運営者たちは、この旧来の「学科」より上位の組織単位としての学科なるものの意味を認めなかったと思われる。それは設立時の帝国大学が、すでに帝国大学令の学科規定と全く異なる学科編成をとっていたことが示している。というより、設立時点での帝国大学は、その前身である東京大学及び工部大学校のほぼそのままであったと言うべきであろう。法科三学科、医科二学科、工科六学科、文科三学科、理科七学科はいずれもその前身機関の中で分化をとげていたものである。明治一九年の各分科大学学科課程が、前節で指摘しておいたように、実はそれを評議会においてさえも討議することなく施行されていたという事実は、このことを裏書きしている。ちなみに、東京大学時代は工芸学部の付属にしかすぎなかった造船学科を正規の学科とする件や、純増である文科大学博言学科の設置、あるいは学科課程内に授業科目を加える件に関しては、個別に評議会の議題となっている(5)のである。

(3)さて、農科大学設置の段階である。この時点では、すでに駒場農学校と東京山林学校は合併して東京農林学校となっていた(明治一九(一八八六)年)。しかし、その内部の構成単位を学科とは呼ばず、学部と称していた。つまり、東京農林学校には農学部、獣医学部及林学部を置き、農学部本科を農学科及び農芸化学科に別けていたのである。こうしたことから、勅令制定者は、農科大学には法科大学と並んで学科制をひくという既定の方針を踏襲したものと思われる。しかし、他の分科大学の組織単位に照らせば、東京農林学校の学部はその学科に、学科は部に当ることは明白である。かくして、農科大学学科課程は、奇しくも帝国大学令の規定と合致したのである。しかし、この場合も、学科と部の用語法に関しては両者の間に一致はない。

以上で、学科制をめぐる規定間に齟齬をきたした直後の背景説明を終るが、これに関連して次のことを指摘しておきたい。それは勅令制定者の大学運営に関する無能力である。今一度、帝国大学令「草案」の参照資料をみてみよう。まず、各分科大学あるいは学科の「修メシム」べき「諸科」に注目するならば、その相互間の不均等には歴然たるものがある。つまり、法科大学の法律、政治両学科、医科大学、それに農科大学の山林学科において「諸科」として掲げられているものは、それぞれの専門の授業科目に当るものである。すなわち、そこに属する学生一人一人にとっては、それらは必修にしろ、選択にしろ、すべて「修メ」る対象である。ところが、工科大学、農科大学農学科、文科大学、理科大学のそれは、それぞれ学科名に相当する。すなわち、そこに属する学生にとっては、それらは一人一人にとって、すべてにわたって学修すべき対象ではないのである。

この事実から、次のことが言える。勅令制定者は東京大学法学部と文学部政治学科の区別および駒場農学校と東京山林大学の区別を、東京大学の医学部、理学部、政治学科を除く文学部及び工部大学校における学科区分、さらには駒場農学校内部の三学科（農学科、農芸化学科、獣医学科）の区分よりも高次の区分と認識して、これを「学科」と名づけた。ところが、実際上は、この両者の区分の間に質的区別は見いだし難い。にもかかわらず、この前者の区分をもって学科と規定したため次のような事態が現出した。

「修メシム」べき「諸科」として、法科大学の場合には授業科目が、学科の次の単位として並べられた（ちなみに、この時代は講座制は存在しない）。ところが農科大学の場合は、山林学科のほうは、東京山林学校がいわば一学科制であったために、同じく授業科目が並べられているものの、農学科のほうは、駒場農学校が三学科制をとっていたために、次の単位として学科名が並べられてしまった。この原則は、他の分科大学の場合にも当てはまる。つまり、医科大学は東京大学医学部本科が一学科構成であったために、授業科目が並んだが、他の分科大学では、前身機関である各学部等の次の構成単位である学科名がそのまま並んでいるというわけである(6)。

こうして事態は、勅令の制定権限者のレベル、実体的には文部大臣（省）レベルに学科編成権限を置いたのでは、極度に外面的な学科編成しかなし得なかったことを示している。いいかえれば、機関としての文部大臣の学科編成に関する無能力を証明しているのである。このことは、少くとも学科編成に関する帝国大学令立案者の、組織設計の失敗を意味しており、明治二六（一八九三）年の帝国大学令改正が、この事実の修正であったことは明らかであろう。この改正によって、学科の設置廃止権が評議会へ、学科課程の編成権が各分科大学教授会へと移ったことの背景には、以上のような矛盾が存在したのである。

4 帝国大学令と帝国大学の矛盾

これまで、学科編成問題に限って、帝国大学令と帝国大学の間の制度的齟齬およびその背景とする矛盾構造について論じてきた。しかし、こうした齟齬と矛盾構造の存在を前提として、あらためて帝国大学令と実在の帝国大学の関係に眼を向けるならば、そこに普遍的に存在する矛盾構造に気付かざるを得ない。つまり、初代文部大臣森有礼によって立案された帝国大学制度と、実際に組織された帝国大学の間に存在した矛盾構造がこれであり、それが明治二五・六（一八九二・九三）年の帝国大学制度改革の動因であり、さらには大正七（一九一八）年の大学制度全面変革の遠因ともなったのである。

とは言うものの、帝国大学令自体が、森の制度構想からみれば一歩後退したものと考えられるふしがある。そして、そのことが帝国大学令そのものの中に混乱を持ち込み、事態をより複雑なものとしていたのである。それは第一に、狭義の帝国大学の、第二には大学院の制度的位置の問題として現われる。

森の帝国大学制度構想の基本が、（1）文部大臣とその直属の審議機関による学術及び高等教育政策に関する意思決定、（2）文部大臣―総長―分科大学長のラインを通じたその実施、にあったことは明白である。帝国大学令「草案」は、森のこうした構想を、帝国大学令以上に伝えている。この「草案」では、帝国大学を「専ラ学術技芸ノ蘊奥ヲ攻究スル」大学院と、「学術技芸ヲ講習シ其応用ヲ習練セシムル」分科大学よりなるとする（第二条）とともに、大学院に単なる学位コース以上の機能を与えている。つまり、大学院に帝国大学の本部職員（総長、議員、監事、書記）を属せしめ（第五条）、さらに大学院学事会議を置いて「国家ノ須要ニ応シ学術技芸ノ種類及程度ヲ討議スル事」と「大学院及分科大学相互ノ利害ヲ審議シ各部局及全局ノ便益ヲ協議スル事」を議せしむ（第七条）べく、構想しているのである。

しかし、大学に分科大学（学部）とは別に研究機能のための組織を形成させ、また、単なる大学管理上の審議機関に、学術政策の立案まで求める同上の案は、当時その母体となるべき東京大学や工部大学校の実体から、あまりにもへだたったものであったと言わなければならない。

従って、帝国大学令では大学院は旧東京大学の学士研究科を、学位と結びつけて制度化したものにとどめ、大学院学事会議を学内事項の審議機関としての評議会にかえている。ところが「帝国大学ハ大学院及分科大学ヲ以テ構成ス」(第二条)という条項を残したうえに、「草案」では大学院組織としていた部分を分科大学と区別して「帝国大学」と規定してしまったために、なんとも矛盾した構造が生れた。これで、帝国大学には、その構成要素とされていない狭義の帝国大学つまり本部が存在することになり、逆にその第一の構成要素たるべき大学院は、学生のみが所属するという極めてはっきりしない組織となってしまい、この解決には大正期の改革をまたねばならなかった。それはともかく、こうしてすでに実体としての帝国大学の母体(東京大学等)に一定の接近をさせることによって制定された帝国大学令であったが、その法構造と実際の帝国大学の間には大きな溝が残った。それは、極度に集権化された学内運営機構の実際上の不機能として現われ、あるいは制定草々に噴出した制度改革論議として表出した。

帝国大学発足後わずか二カ月半の明治一九(一八八六)年五月一五日、帝国大学内に「月次集会」なる組織が生れたが、これが文部大臣達の形をとりながらも、渡辺洪基帝国大学総長の手で立案されたものであることは、すでに明らかにされている(7)。同集会は、教授、助教授から構成され、総長が議長となって月一回定期に開催されることになっているが、これによって総長は学内運営のために構成員の意見をくみあげようと意図したことは明らかである。大学運営の現場担当者である総長にとって、評議会のみに審議機能を限定した帝国大学令の大学管理システムの欠陥は深刻なものであったろう。月次集会概則は、評議会の意志決定権に抵触しないよう、同集会が審議機関化しないように厳しい制限を付しながら、同上の意図を果すべく工夫されている。しかし、そうである限り、同集会は有効性を持ち得たとは思えない。結局、学内の意志決定機能は、各分科大学教授会の慣行化から制度化へと向かうのである。

こうしてみてくると、帝国大学令制定当初から森の大学政策が統制とともに「自動」の契機を含んでいたとする旧来の見解(8)は疑わしいものに思えてくる。森が大学教官の「自動」を奨励したという根拠に引用されるものは、明治二一(一八八八)年四月に帝国大学教官に対して行なったとされる下記の演説(9)である。

「カヴルメント・オフ・ユニヴーシテー」大学ノ政務モ漸次改良セシガ尚改良ヲ加フルノ余地ナキニ非サルヘシ、大学、政務ニ就モテハ渡辺総長ヨリモ承知シタルガ、教授諸君モ尚充分注意シテ一層ノ改良ヲ期セザル可カラス、是等ノ事ハ命令ヤ規則ヲ以テ之ヲ処スルヨリハ寧ロ諸教授ノ心底ニ任スヲ以テ適当ナリト思惟ス、然レトモ予ハ今日ノ大学政務ヲ幣害アリト云フニハ非ズ、前ニ云ヘル如ク、改良スル余地アルヘキヲ以テ此余地ニ就キ諸教授、注意ヲ企望スルノミ、各分科大学中ニ評議官ノ如キモノヲ設置スルモ或ハ此大学政務改良ノ一手段タラザルヘキヤ、聞ク渡辺総長ニ其考按アリト、然レバ此ハ予ヨリ特ニ陳述セズ、諸君自ラ総長若クハ評議官ニ問フテ可ナリ

……………………

文部省ニ於テモ経済改良ニ就キ段々調査セシコトナキニ非スト雖トモ、大学ノ事業ハ一般行政事務トハ差異アレバ大学自身之カ改良ヲ企ツヘキモノナラン、然レバ文部省別ニ見ルアルモ之ヲ大学ノ自動ニ任スコトヲ欲スルナリ、

……………………

しかし、この演説は、自分の立案した帝国大学令による管理運営機構の欠陥に気づいた、あるいはそうした批判を

受けての言訳ではないだろうか。すでに帝国大学が発足して二ケ年がすぎたこの時点で、渡辺総長は月次集会にも見切りをつけて、「各分科大学中ニ評議会ノ如キモノヲ設置」する案をいだいていたことを、この文部大臣演説は示している。演説は、帝国大学令に改正を加えない範囲で、実質的に教授会のようなものが慣行化されることを黙認する旨、述べているにしかすぎないように受けとれるのである。

さらに、明治二二（一八八九）年二月の帝国大学中庭に赴ける演説[10]で、森が「文部省では大学を非常に貴んで居る……（サンク・ユー、サンク・ユー、謹聴々々）文部省は決して大学を小児視しては居らん」とことわらなければならなかったのは、大学管理運営の集権化が大学を小児視しているという批判を意識してのことだったと考えるほうが自然である。「サンク・ユー、サンク・ユー」の野次も、森に対する皮肉のひびきを持っていると見るべきではないだろうか。

ともあれ、森の横死後二カ月とたたない、明治二二年四月一日には、帝国大学の有力教授たち[11]の手によって、帝国大学法制を根本から否定する大学制度案が作成、政府首脳部に提出されている。『帝国大学独立案私考』がこれである。こうした推移をふまえて、大学行政確立過程における森文政の意味は、再検討されなければならない課題として存在するのである。

注

（1）寺﨑昌男『日本における大学自治制度の成立』（評論社、一九七九年）三四三～五頁。明治一〇年代の、未定型ながら、流動的でかつ自主的裁量の幅の比較的大きかった学内運営に比べ、帝国大学令発布後はそのような形の学内運営を保障する制度機構は著しく弱められた。
しかし、そこで大学人が見出したのは、〝国家機構の一部としての大学〟という位置づけそのものが皮肉にも生み出した、評議会の勅令立案等大学の文部省の行政行為への参加の機会であり、他方大規模化しつつある大学内の唯一の管理機関としての評議会権限の事実上の拡大であった。

……………

また評議会の強化と並行して、官営学術文化諸事業の大学への集中や分科大学の専門分化等、大学の研究教育機関としての整備拡大が進行し、それは文部省による国権主義的規制との矛盾を機構的に生みだしていた。

……………

以上のごとき経緯のもとに、明治期における「大学自治制度」は成立した。

(2) 本章における各分科大学学科課程は、すべて『東京帝国大学五十年史』上冊（一九三二年）より引用している。これによれば、農科大学の当初の学科課程にはこうした学科編成規定がなく、いきなり各学科のカリキュラムの記載から始まっている。しかし、学科の種類及び、農学科の二部制については変更がないので、ここでは明治二五年のものを掲げた。
(3) 本「草案」及び参照事項は、伊藤博文編『秘書類纂　官制関係資料』二一八～二二二頁に収録されている。しかし、ここでは寺﨑昌男氏による宮内庁所蔵の原本にもとづく、校訂文を用いている。
(4) 『公文類聚』第一〇編、明治一九（一八八六）年、巻之廿八。なお、「閣議案」、同参照資料とも、倉沢剛『学校令の研究』（講談社、一九七八年）一六～八頁に全文掲載されている。
(5) このことも含めて、評議会関係の記述は、東京大学蔵の「評議会記録」による。
(6) もっとも、文科大学の場合は相当、理科大学の場合には若干、東京大学の文、理学部の学科構成との違いがある。そこに新たに加えられた科目名は、後の両大学における学科あるいは授業科目の増設との関係で興味そそるものであるが、ここでは学科目と授業科目名の混乱としてうつる。
(7) 寺﨑、前掲(1)、一六二頁。
(8) 同上一二一頁。
(9) 『森有礼全集』第一巻六一五～六頁。

(10)「郵便報知」明治二二(一八八九)年(寺﨑前掲(1)一一六頁)。
(11) この中には、木場貞長によって「此大学令の制定に当り、若し大学側に相談せられしものありとせば、其れは嘗て森氏と親交の間柄でありし」(「帝国大学令制定に関する木場貞長の追憶談筆記」『森有礼全集』二、四八一頁)としてあげられた外山正一、菊地大麗、矢田部良吉の三人ともが加わっている。この事実や、本章で証明した帝国大学令制定過程での東京大学の内部構造への無理解などを考え合わせると、上記木場の推測は当を得たものとは言い難い。

第四章　帝国大学形成期の保守と革新——大学史における森有礼

1　はじめに

日本の大学史は、帝国大学令の制定（明治一九（一八八六）年）をもって一大エポックを画する。同令の起草者は初代文部大臣森有礼であるが、その森が近代教育史上に復権しつつある。いや、すで復権されたと言っても良い。かつての国体主義の始祖は最後の啓蒙家に、転向の人は終世を一貫した信念の人に、「保守」家は「革新」家にその面目を新たにした。今や「通説」がくつがえり、新説が通説の座にのぼったのである。

しかし、そうであろうか。森は本当に「保守と反動の勢を身をもって阻止しようとした勇敢な戦士」（林竹二）であり、森文政は「国体主義の出発ではなくして、啓蒙主義の終焉」（佐藤秀夫）だったのであろうか。本章では、形成期帝国大学史の事実に即して、このことの当否を吟味するとともに、歴史（大学史）における「保守」と「革新」の把握構造そのものに若干の考察を加えることを意図している。

2　森有礼再評価の動向

森有礼の再評価は、思想史及び「教育事実史」（佐藤秀夫）の両面から展開された。そして、その端初は思想史面から開かれたのである。昭和三七（一九六二）年の論文（「近代教育構想と森有礼」）において、林竹二は森の横死に触れた後、こう述べている。「彼の死は、日本の教育の大きい曲り角となった。明治の革命の教育版ともいうべき『学制』の革新的精神は、これで息の根を止められてしまった。この意味で、教育の歴史に関しては、森の死にいたって明治維新は終焉した」。そして、「これは教育史上の通読とはいささか異なる見解である」(1)と。

林等の再評価論者達によって、森有礼に関する旧来の通説とされているのは、以下のようなものである。

（1）森は我が国の教育政策史上に国家主義＝国体主義教育体制の創始者としての位置を占める。学制（明治五〔一八七二〕年）以来の啓蒙的教育政策にかわる保守的、反動的教育政策としての天皇制公教育体制の構築は、彼の手によって制定・実施された諸学校令（帝国大学令、中学校令、小学校令、師範学校令）にその源を持つのである。

（2）このことは、森の個人史上では・個人主義者・革新家から国家主義者・保守家への転向を意味する。つまり、明六社をおこして妻妾論等を掲げた当時の人権拡張論者から、初代文部大臣として天皇制公教育体制の建設を企てた国家主義者へと、彼の思想は転向をとげた。

これに対して、林は、まず、森の思想的転向の事実を否定する。森の思想の核心を「良心の自由」に対する信念ととらえて、その終世にわたる一貫性を主張するのである。氏は、森がアメリカ（代理）公使在任中に著した「日本における宗教の自由」についてこう述べている(2)。

この著作の中には、借りものの知識もあったかもしれない。しかし良心の自由についての基本的な信念は、たしかに当時の、彼自身のものになっていたし、またそれは最後まで、少くも彼の内面生活と彼自身の行為とを支配していたと私は考える。宗教自由論の核心ともいうべき思想は、次のようなものであった。

（1）人間は各自その思想と行為について、創造主に対して自ら責任を負っている。この責任の認識と、それを行使する自由をうばわれるなら、その人はもはや厳密には人間とはいえない。

（2）したがって国家がその制作にかかる宗教を人民に強い、これを信奉せしめようと企てる如きは、単に良心の自由を無視することであるばかりでなく、それはまさしく、人間の魂そのものを圧殺することを意味している。

このような確信が、のちになって、元田との対立を不可避にした。そして彼の国家主義の中にも、良心の自由を否定する内容はふくまれていないと私は考える（傍点は引用者）。

こうした、森の良心の自由への信念に対する氏の確信は、森の国家主義と、元田永孚《もとだながさね》に代表される儒教的国体主義との区別を際立たせるとともに、森の国家主義に対する肯定的な評価を生むことになる。

森は儒教排斥に深い根拠をもっていた。彼においては、儒教的人間観、政治観への批判の根底に、「良心の自由」の問題が横たわっていたからである。元田的儒教主義の背後には、ラジカルな国教思想があった。それは福沢の語を借りれば、「君主の尊き所縁を一に天与に帰し、至尊の位と至強の力とを一に合して、人間の交際（社会）を支配し、ふかく人心の内部を犯して、その方向を定める」いわゆる神政府の政治を志向するものに外ならない。

森の儒教主義排撃はこの種の政治に向う反動への、強い抵抗意志に導かれていた。彼は国家主義によってこの反動に抵抗したのである。彼の死とともに、政府部内における抵抗はよわまり、ついに放棄される(3)(傍点は引用者)。

そして、氏は、森のこの信念の実際の施策上における実証を、明治二〇(一八八七)年の小学校修身教科書の使用禁止、あるいは新制の小学校簡易科に修身を欠いた点等々に見いだしたのである(4)。

このように、林の森再評価は、森の信念に対する確信(5)に導かれた(「思想史の立場」—佐藤)ものであったが、これを「教育事実史」の立場から補強したのが佐藤秀夫である。佐藤は、昭和四六(一九七一)年の一論文において、これまでその存在が指摘されるのみで、その意義について究明されることのなかった明治二三(一八九〇)年の諸学校令案(小学校令案、中学校令案、師範学校令案、専門学校令案、大学令案)に注目して、こう述べている(6)。

憲法・地方制定など国家統治機構の骨組が構築されきっていない時点で施行された、森の制度改革は、当然に過渡的性格を帯びざるをえなかったと考えられる。森自身帝国憲法発布を目前にした在任末期に、諸学校令の改正を示唆していたし、また当時文部省が抜本的な教育制度改革の準備に着手したとの報道が教育ジャーナリズムをにぎわせていたことに加えて、明治二三年(一八九〇)年三月から六月頃にかけて一連の学校制度改革案を文部省が作成したという事実が、上の推測を可能ならしめてくれる。……教育制度史上、森文政期は一つの〈終焉〉を意味するものであって、新たなるものの〈出発〉としての画期は二四・五年の時点に設定されるべきではないか。

こうして氏は、明治二三(一八九〇)年の諸学校令案の啓蒙性(例えば、教科書の文部省検定制の廃止)を、「森文政路線に内包されている〈啓蒙〉契機」(7)ととらえ、森の啓蒙的性格の実証としたのである。「森の死によって一つの時代――教育における明治維新は終結させられ、新たな時代――近代天皇制公教育が開始された。森文政は、『国体主義』の出発ではなくして、啓蒙主義の終焉とみるべきものであった」(8)。

3　大学史における森有礼

さて、上述のような再評価が、大学史の事実に即して可能であるのか、このことの吟味が本章の課題である。寺﨑昌男によれば(『日本における大学自治制度の成立』一九七九年)、森文政期の大学政策はその管理政策面から見た場合、「一見矛盾する二つの契機」(9)から構成されていたとされる。つまり、森文政期の帝国大学政策は、一方で、帝国大学令第一条で、大学を「国家ノ須要ニ応スル学術技芸」の場と規定したことや、旧東京大学時代(10)に存在した諮詢会(全校の教授代表からなる「総会」と、各学部の教授からなる「部会」で構成された)を廃し、学内審議機関を評議会一本に絞り、総長権限を強化して、それらへの文部大臣の関与を強めるなど、総じて国家主義者森の名にふさわしいものであった。

しかし、他方、森は帝国大学教官達に対する演説(11)中で、大学行政の一般行政との区別や大学教官自身による自主的改良のすすめなど、大学の「自治」をうながすような面があった。

「カヴルメント・オフ・ユニヴーシテー」大学ノ政務モ漸次改良セシガ尚改良ヲ加フルノ余地ナキニ非サルヘシ、大学ノ政務ニ就キテハ渡辺総長ヨリモ承知シタルガ、教授諸君モ尚充分注意シテ一層ノ改良ヲ期セザル可ラス、是等ノ事ハ命令ヤ規則ヲ以テ之ヲ処スルヨリハ寧ロ諸教授ノ心底ニ任スヲ以テ適当ナリト思惟ス、然レトモ予ハ今日ノ大学政務ヲ弊害アリト云フニハ非ズ、前ニ云ヘル如ク、改良スルニ余地アルヘキヲ以チ此余地ニ就キ諸教授ノ注意ヲ企望スルノミ、各分科大学中ニ評議官ノ如キモノヲ設置スルモ或ハ此大学政務改良ノ一手段タラザルヘキヤ、聞ク渡辺総長モ其考案アリト、然レバ此ハ予ヨリ特ニ陳述セズ、諸君自ラ総長若クハ評議官ニ問フテ可ナリ文部省ニ於テモ経済改良ニ就キ段々調査セシコトナキニ非スト雖トモ、大学ノ事業ハ一般行政事務トハ差違アレバ大学ハ大学自身之カ改良ヲ企ツヘキモノナラン、然レバ文部省別ニ見ルアルモ之ヲ大学ノ自動ニ任スコトヲ欲スルナリ、此事モ想フニ諸教授ノ注意ヲ要スヘシ」（傍点は引用者）。

寺﨑が指摘するように、こうした「行政規制ルートの設定と、『自動』のすすめという両モメント相互の関係をどのように把握するかは、森文政期そのものの歴史的評価に関連」[12]する。そして、氏は、この問題に「ここでは深く立ち入らない」としながらも、森再評価論に、一定の支持を与えているように見える。氏は、昭和四〇（一九六五）年段階の論文（「森有礼の思想と教育政策——高等教育制度の改革」）では、「政策者側からみれば、大学に対してはこのような『自動』の理念を強調することによって大学運営のエネルギーを喚起しながら、基本的には総長という行政指導ルートを通じて、みずからの大学政策を貫徹していったとみることが可能である」[13]として、前者の契機を主、後者の契機を従とする見解をとっていた。しかるに、同上書においては、「大学行政が単に〝上意下達〟を目的とする国権中心の監督的行政によってのみ動くならば、実は帝国大学そのものが目的とする学術の研究、教授という機能が空文化するであろうことを、森は知っていた。しかし、『自動』のすすめ一本で押し通すことは、先述のような大学設立の政治的・社会的背景からして、許されることではなかった」という判断を「森の思想や行動原理から判断して」[14]、下している。つまり、森の真意は、大学の「自動」にまかせることにあったが、「状況」がそれのみで政策を貫くことを許さなかった、前者の契機は従で、後者の契機が主である、と言うのである。ここでは、森文政の大学政策における啓蒙的契機が、慎重な形ではあるが、主張されている。

さらに、明治二三（一八九〇）年の諸学校令案中の大学令案が、佐藤秀夫の主張するように森有礼によって準備され、その死後も彼の意志を体現する形で案文化されたものとするならば、この存在こそ、森の大学政策の基調が啓蒙的性格のものであったことの証明となろう。本案は、「条文数は五学校令中最も少ないが、法文は簡潔に整理されている。法形式ばかりでなく、包括的な大学基本法規を志向し、分科大学制に替えて学部制を採用し、『講坐』を導入するとともに、一定度の〈自治〉を許容し、かつ学位関係規定を包摂するなど、異色な内容を含む」(15)ものだからである。

本案では、第一条で大学を「諸般の学術技芸」の場として、「国家ノ須要ニ応スル」といった学芸に対する国家主義的な枠付けをさけている。また、評議官一名の学部教授中よりの互選規定（第九条）や、教授・員外教授よりなる学部会の組織に関して規定するなど（第一二条）、「内実は極めて貧弱」(16)ながらも、学部自治についても法制化しようとするものであった。

しかし、本当に森の大学政策は、積極的な啓蒙的契機に貫かれたものであったのだろうか。以下の点から、そのことは極めて怪しいと言わざるを得ない。それは、まず第一に、寺﨑によって、大学教官による「自動」のすすめとされた演説の時期である。本演説は、『森有礼全集』の編者の判断が正しいとすれば(17)、明治二一（一八八八）年四月二五日になされたものである。つまり、この演説は、帝国大学令の制定（明治一九（一八八六）年三月一日）後、二年余の歳月をへてなされており、決してその制定当時から、森がこうした方針を掲げていたという証拠にはならないのである。すでに拙論で指摘したように(18)、現実の帝国大学は帝国大学令による設計通りには動かなかった。各分科大学の学科は、帝国大学令の規定と関係なく大学の定める「学科課程」によって編成された。帝国大学令第一〇条は、法科大学にのみ、法律及び政治の二学科を置く旨規定していたが、現実には法科大学は三学科制で出発し、他の分科大学にも諸学科（医科二、工科七、文科四、理科七）が置かれたのである。このことは、学科編成権を勅令事項（実質的には文部大臣の権限）とした、「国権的」大学行政組織の失敗を意味している。

さらに、帝国大学令制定後、わずか二ケ月半の後（明治一九（一八八六）年五月一五日）、渡辺洪基帝国大学総長の手で、いわば「令外」の制として、月次集会なる組織が立案(19)されなければならなかった。同集会は、教授、助教授から構成され、総長が議長となって月一回、定期に開催されることになっていたが、これが学内審議機関を評議会に限定した帝国大学令による大学管理制度の欠陥を補うべく構想されたことは間違いない。「帝国大学月次集会概則」は、この集会が審議機関化しないように、つまり帝国大学令に抵触しないように、実に厳しい制限を付しながら、学内意見をくみあげるべく工夫されている。しかし、そうである限り、月次集会は十分な機能をするはずがなかった。結局、学内の意志決定機能は、各分科大学教授会の慣行化へと向かったのである。

森の啓蒙性の証明とされる、「自動のすすめ」演説は、帝国大学令制定後二ケ年がすぎた時点で、森が自己の設計通りには現実の帝国大学が動かないことに気付き、あるいはそうした批判を受けての言訳けではなかったか。森は「今日ノ大学政務ヲ幣害アリト云フニ非ズ、前ニ云ヘル如ク、改良スル余地アルヘキヲ以テ此余地ニ就キ諸教授ノ注意ヲ企望スルノミ」と、自己の考案した制度を弁護しつつも、「各分科大学中ニ評議官ノ如キモノヲ設置スルモ或ハ此大学政務改良ノ一手段タラザルヘキヤ、聞ク渡辺総長モ其考案アリ」と、分科大学教授会の慣行化を黙認せざるを得なかったのである。

このように、くだんの演説は、森の積極的な「啓蒙性」を表わすものではなく、また帝国大学令が意図的に「過渡的性格」を付与されて制定されたことを証明するものでもないのである。

次に、明治二三（一八九〇）年の諸学校令案の存在をもって森の啓蒙性の証明とする論についてはどうか。これについては、森の死（明治二二〔一八八九〕年二月一二日）後、一年余をへて作成された[20]これら一連の学校令案が、森の意図の実現とみることには、あまりにも無理があると言わざるを得ない。確かに、佐藤によって明らかにされているように[21]森は明治二一（一八八八）年九月ごろには、既存の学校制度に対する改革の必要性を示唆し、明治二二（一八八九）年になると、公然と学校制度の全面改革を表明している。しかし、それは森文政時代に改革作業が出発したことの証明にはなっても、死者の意図が作成された改革案を支配していたことの証明とはならない。

大学令案について言えば、第一条から「国家ノ須要ニ応ス」の文字が消えたこと、始めたばかりの分科大学制が学部制にもどっていること等々は、むしろ本案に森の意図が貫徹しなかったことを証明するものでしかないのである。本案に「啓蒙性」があるとすれば、それは、この作成時点での榎本武揚文政の啓蒙性を証明するものであって、森文政のそれではない。

さらに、大学史上には、森文政の啓蒙性を否定し、あるいは林が確信する「良心の自由」の内実にある意味では疑いをさしはさまざるを得ないような事実がある。それは、森の遭難の四日前、明治二一（一八八八）年二月七日の帝国大学工科大学中庭において帝国大学職員及び学生一同に対して行なった演説[22]である。この演説の最後の部分は、普通、森の国家主義的大学観を示すものとして引用される[23]。

此より政府が何か故に大学を置くかと云ふ事を一言申そう……政府は国家の公利の為めに大学を置くのじゃ其職員や学生一個人の為めに置かん……故に大学で学問の教へ様も又学び様も共に国家の為めと云ふ事を一刻も忘れ

てはならん……若し国家の為めと云う事を忘る如き事あらば即ち日本政府の希望に反するものである……」

しかし、今ここで重要なのは、その前段の部分である。森は、維新以来の学風の推移と、法律学や政治学ばかりでなく、文学や詩学もまた国家のためにすべきことを説いた後、以下のように論じている。

今日大学は未た不完全である（ヒヤ々々）未た政府の希望を満足せしむるに足らん……文部大臣が満足の出来ぬ点は沢山ある……然し今日は云わん……（願わくは告けよ、承まり度い）未だ云ふべき時機に至らん……不完全なる証拠は幾らもある……有るが言わん（有らば告げよ）大学は漸々完備の方に向いて行く処である……若し左なくして悪い方に進み行くならば云ひもしようが折角善い方に近つける際である…故に欠点を摘発するは人情びん……然して云へと云ふなら言わん事もない……（乞ふ告けよ、敢えて聞かん）……然らは云わふ……（謹聴々々）大学は先日火事を出して一人の学生を焼き殺した……焼き殺したのではないが焼き死いや焼けしなかした……其時諸君の挙動はドーデアッタカ……己の心に訴へて見られよ……学生も……職員も己れの良心に照らして見よ良心に愧へる所ろか無いか（ノーノー々々　愧つる所なし何をか愧ちん）ノーノーと云ふ者大分あるか……（ノーノー乞ふ其理由を示せ敢て説明を煩わさん――衆皆憤怒の色あり）……此れは只一つの例に出したのである……文部省では大学を非常に貴んて居る……（サンク、ユー、々々謹聴々々）文部省は決して大学を小児視しては居らん。

ここで言われている火事とは、去る一月二六日、逃げおくれた学生に焼死者を出した（後日、さらに重傷者二名が死亡）構内寄宿舎での出火事件をさしているのであるが、少くとも当時の新聞記事から判断する限り学生職員等に倫理的な問題があったとは思えない。しかし、森が「今日大学は未た不完全」と言っているのは、こうした学生職員の倫理上の、あるいは「良心」の問題であった。森は決して、良心の自由を個人の内面の問題へ帰させようとしたのではなく、森自身が基準とする「良心」が、大学全体をおおうことを求めていた(24)。それであって始めて大学は完全なものになると考えていたのである。

4　帝国大学形成期の保守と革新――むすびにかえて

以上、これまで、大学史の事実に即して、森を最後の啓蒙主義者・革新の旗手として位置づけることの無理を指摘してきた。しかし、そのことは、森が儒教主義であり、儒教イデオロギーにもとづく政策を押し進めたことを意味するものではない。そのことは、同時代の誰もが認識しており、それを否定しようとした者はいない。例えば、明六社の同人だった福沢諭吉は、今日の森再評価論さながらの口調で、こう語っている(25)。

抑も文部省の建設以来、その主義とする所は西洋近代の文明説を拡張するに在ること相違なき次第なれども、其間長官の更迭一ならずして、随て学政の方向も亦一定せず、時としては人をして不可思議の感なさしめたることなきに非ず。例えば明治一五、六年の頃、国中の官公立学校に俄に儒教主義の返り咲きを現じたるが如き、是れなり。然るに去る一八年の改革に森氏が文部大臣と為りてより、政府の学校は其面目を一新し、旧来の文明主義に立戻りて着々と歩を進めたるは明白なる事実にして天下衆人の共に認むる所なり。固より其施行の方法と事の前後緩急とに関しては我輩自から説なきに非ずと雖も、大臣が就任以来その主義の実行に熱心して敢て渝ることなく、遂に其地位と共に終始したるの一段に至りては感服の外あるべからず。今その施行の方法如何を別にし、兎にも角にも日本の普通教育に西洋の文明主義を実行して古学風の再発を防ぎたるは、之を大臣の功に帰せざるを得ず。然り而して大臣は事の半途にして逝きたり。

しかし、森の反儒教主義をそのまま反国体主義と解し、その事実をもって森文政の基本的性格を「保守」から「革新」へと位置づけなおすことができるのだろうか。その答えは、前述のとおり否である。そして、このことは、森の思想、あるいは文教政策を、さらには帝国大学形成期の思想、政策を、これまでのような国体主義対啓蒙主義、「保守」対「革新」といった単純な座標軸で説明することの不可能を意味している。

今、森の思想及び政策に限定して言うならば、この問題を新たな観点から究明する手がかりが、これまでの諸研究の中に宿されている。その一つは、林竹二みずからが、森の終生の思想と行動に影響を及ぼしたことを証明した(26)トマス・レーク・ハリスの思想と、その支配する共同体＝新生社の性格である。その思想は、また林自身が解明しているように、近代主義的＝啓蒙主義的なものであるより、当時の人々から「社会主義的狂信者」と思われるような超近代主義的なものであり(27)、その共同体＝新生社は近代社会の原理に基づくものではなく、「the pivot としてのハリスとそれへの絶対信従」を条件として「自然的な自己の殺滅を目指す、生活の全場面における、四六時中の訓練の組織」(28)であった。

これを、一言で表現しようとすれば、「宗教的全体主義」と言うにふさわしい。そして、森有礼の思想と行動の背景に、この要素が一貫して存在するのである。つまり、森の思想と政策には、保守＝封建 vs. 革新＝近代の枠組みでは抜け落ちてしまう、「超近代的」なもの、全体主義的なものが存在していたのである。森は、確かに反儒教主義者であった。しかし、この全体主義的性格をもって、明らかに国体主義の、天皇制教育体制の構築に貢献した。少くとも、大学史上に現われた事実は、そのことを示唆している。

日本の近代化は、すでに、少なくとも思想上は「超近代的」要素を組み込んで出発した。森の評価が保守から革新へ、国体主義者から啓蒙主義者へと極端に揺れ動かざるを得ないのは、実に、この事実に眼をつむっているからに他ならないのである。

注

(1) 林竹二「近代教育構想と森有礼」『中央公論』(一九六二年九月)二〇八頁。
(2) 同上、二二五〜二二六頁。
(3) 同上、二二七頁。
(4) 林竹二「森有礼とナショナリズム」『日本』(一九六五年四月)八二〜八四頁。
(5) 林は、この確信(「仮説」——同上八二頁)を実証にまで高めるべく、「ハリスのもとで森が学んだもの」(前掲(1)、二一八頁)の研究を始めとする、一連の森研究を公表している。例えば、「森有礼研究——第二　森有礼とキリスト教——」『東北大学教育学部研究年報』第一六集(一九六八年)。
(6) 佐藤秀夫「明治二三年の諸学校制度改革案に関する考察」『日本の教育史学』第一四集(一九七一年)四頁、二一頁
(7) 同上。
(8) 佐藤秀夫「森有礼再考——初代文相森有礼にみる『名誉回復』の系譜——」『文研ジャーナル』(一九七九年一〇月)二四頁。なお本論文において氏は、国体主義者・森有礼像は「不敬」行為故をもって暗殺された森の「名誉回復」を必要とした政策上の理由から、井上毅、木村匡らが作り出した「虚像」であると主張している。
(9) 寺﨑昌男『日本における大学自治制度の成立』(評論社、一九七九年)一二一頁。
(10) 帝国大学は、旧東京大学に加えて、旧工部大学校をその母体として成立したが、組織上は前者による後者の吸収合併で

あった。
(11) 森有礼「帝国大学教官に対する演説」明治二一（一八八八）年四月二五日（『森有礼全集』第一巻）六一四〜六一七頁。
(12) 寺崎、前掲（9）、一三五頁。
(13) 海後宗臣他「森有礼の思想と教育政策」（『東京大学教育学部紀要』第八巻　一九六五年）一〇〇頁。
(14) 寺崎、前掲（9）、一三五〜一三六頁。
(15) 佐藤、前掲（6）、一七頁。
(16) 同上、一八頁。
(17) この演説——前掲（11）——の原本は、植村記念佐波文庫（東京女子大学蔵）中の『森文部大臣　訓示・演説集』であるが、原文中には年の表示がない（寺崎、前掲（9）（二四五頁）参照）。
(18) 舘昭「帝国大学令と帝国大学の矛盾——確立期の大学行政に関する一考察——」『大学史研究』第二号（一九八一年）七一〜八〇頁。
(19) 「帝国大学月次集会概則」は、文部省達ではあるが、渡辺みずからが起草したものである（寺崎、前掲（8）（一六二頁）参照）。
(20) これらの学校令案の作成期日を、氏は明治二三年三月から六月にかけてと考証している（佐藤、前掲（6）、七頁）。
(21) 佐藤、前掲（6）、八頁。
(22) 『郵便報知新聞』明治二二（一八八九）年二月八日　夕版。
(23) 例えば、寺崎、前掲（9）、一一六頁。
(24) こうした森の「良心」の押し付けは、学生達の強い反発を生んだ。森の暗殺当日、護衛の巡査などは大学や高等学校の方面に対して相当に警戒しており、逆にその筋に文相要撃計画があると注進してきた暗殺者西野に対して、全く警戒を怠ったという（木場貞長「森有礼先生を偲びて」（『森有礼全集』第二巻）六九九〜七〇〇頁）。
(25) 福沢諭吉「文部大臣の後任」『時事新報』明治二二（一八八九）年二月一八日（『森有礼全集』第二巻、五二四〜五二五頁）。
(26) 林竹二「森有礼研究」前掲（5）。
(27) 同上、一六〇〜一六一頁。
(28) 同上、一六四〜一六五頁。

（本章の執筆に当っては、東京大学百年史編集室中野実、福島大学教育学部羽田貴史の両氏から、資料上の教示を受けた。記して、感謝の意を表する次第である（役職は一九八三年当時）。

第五章　確立期の高等教育と大西祝

1　はじめに

明治三三（一九〇〇）年一一月二日午前八時、郷里岡山の地で、操山こと大西祝《はじめ》の活動は終わった。そして、そのことは、日本の高等教育における、重大なる一要素の欠落を意味した。方法の探究から生まれる教育力がそれである。彼一人によって負われていたこの要素は、当時、彼以外のだれによっても代替不可能な水準のそれであった。

もちろん彼と共にあった者たちにその影響は残り、彼の弟子たちによって全集として編まれた諸労作は、永くそれを読む者たちに衝撃を与えつづけた。その死から三年後の、『大西博士全集』（菊判全七巻、警醒社、明治三六〔一九〇三〕～三七〔一九〇四〕年）の出版は、享年わずか三六歳、官学に確たる地位を築いたわけでもない、この一哲学者の業績のただならぬことを、当時の人々もまた気づいていたことを意味している。本全集は、出版直後から版を重ね、大正期には縮刷版もが出現している。大正後期に学生生活を送った者の次の言葉は、その需要の一端を物語るものである。

とくに明治・大正の頃において、哲学研究に従事する者で、この哲学史の恩恵を蒙らぬ者は稀であったであろう。筆者自身も学生の頃（大正九〔一九二〇〕～一二〔一九二三〕年）、哲学史の講義を聴講し、ロジャース、シルリーなどのものを読むかたわら、この著者〔大西――引用者注〕の『西洋哲学史』〔『全集』第三、四巻――引用者注〕の恩恵を受けることが多大であった(1)。

しかし、彼の残したものの教育力は、彼が生きて存在したそれと比較するとき、あまりにも非力であったといわざるをえない。人の生が、他者への働きかけをやめたとき、その残したものの教育力は、全面的に、それを受けとめる側の能力に依存する。「教育は、人なり」。幾多の条件を付して主張さるべきこの命題も、ここでは絶対の真理のように響くのである。

確かに、大西を育てたものも「時代」であったろう。しかし、大西の死を「時代」は埋めることはなかった。そこに、日本の高等教育が、今日においても苦悶し、混乱する源がある。原理なき高等教育は、実は方法の探究なき学問と同根のものだからである。本章は、大西祝の哲学と実践を、教育学の視点から分析し、その教育力の構造を分析する。そして、大西によって体現された高等教育要素が、日本の高等教育の確立過程において抜け落ちていってしまったことの意味について、若干の考察を行ないたい。

2　大西哲学の形態

高等教育における教育力は、本来、その担い手たる人格の把持する学術に由来する。個々の学術は、その形態のなかに、一定の教育機能をもつ。しかし、それはあくまでも潜在的なものにとどまる。実際的には、その学術を修得する側の人格と諸能力、そしてまた担い手と受け手との結合の関係が、それに具体的な形を与える[(2)]。したがって、まず本節においては、大西が構築した学術の形態を、潜在的教育力として抽出し、次節以下で、それが評論活動や授業、討論を通じて、いかなる教育として具現したのかについて考察する。

当時、大西の学術と他の学者たちによって担われていた学術との根本的な差異は、方法の探究という点にあった。すなわち、大西は、自己の哲学の形成過程において、論理と認識について正当な関心を払ったのである。今日、大西哲学に対して、「完成されないままの批判的理想主義」[(3)]、「未完の哲学」[(4)]といった評価が定着しているが、それが大西の業績が他の学説の批判にとどまっているという意味ならば正しくない。大西は、すでに独自の目的論的世界観に到達していたし、宗教、教育、美術、文学、思想、学説などの広範囲にわたる評論は、この立場からなされている。ただ、彼は、その哲学的世界観の確立を、論理構築と、認識批判という、近代学術として不可欠の方法を通じて行なったのである。

そのことは、大西のまとまった著作である『西洋哲学史』と『論理学』『倫理学』、それに『良心起源論』の四点のなかに示されている。このうち、前三点は、大西が明治二四（一八九一）年九月より同三一（一八九八）年二月までの足かけ七年間講師として教壇に立った、東京専門学校（現、早稲田大学）の講義録としてまとめられたものである。また『良心起源論』は、大西が明治二三（一八九〇）年ごろ、（東京）帝国大学大学院在学中に草し、のち、随時筆を加えていたものとされている。すなわち、これらのいずれもが、彼の死後に、全集の一部として公刊されたのである。このうち、彼の主著とすべきは、『良心起源論』であろう。それは、本書のみが、講義のためといった枠組みをもたないところで、自らテーマを設定し、それを論じ尽くしたものだからである。そして、この著作において、大西は、人間存在が目的的存在であるという哲学的世界観に到達しているのである。

しかし、ここでまず強調しなければならないのは、大西の建設した「体系的且つ説得的な良心形而上学」が「近代日本倫理学史において未曾有のものであると共に、世界の倫理学史においてもまた独自のもの」(5)であり、しかも現在、発展しつつある世界観の先駆的地位を占めているという事実よりも、そこに到達した方法である。つまり、方法の探究を含まなくして学問の創造はなく、方法に関心を払わずして高等教育は成立しないからである。

まず、『論理学』(6)一巻の完結は、大西の哲学にとっての、オルガノンの獲得を意味した。それは、世界史的にみれば、新しい論理学の構築ではなかったが、日本人による、当時の水準の論理の完全な修得を意味していた。それは、完全に彼の思考の道具と化したのである。その説明のなかには、翻訳調の部分はまったくみられない。本書の構成は、「緒言及び形式論理」「因明大意」「帰納法大意」の三編からなっている。この第二編の因明とは、インドに起源し、日本の仏教者間でも久しく行なわれた論理であるが、大西は、この因明と演繹法および帰納法との異同をはじめて明らかにしたのである。その事実は、ヨーロッパ伝統の形式論理とミル（J. S. Mill）によって完成された近代学術の方法としての帰納法が、完全に彼の思考の道具と化したことを示している。

一方、『西洋哲学史』(7)および『倫理学』は、大西の認識批判の徹底性を示している。『西洋哲学史』は、古代ギリシアにおける哲学の発生から、同時代の哲学諸家に至るまでの学説史である。その緒論において、大西は哲学史記述の要件としてこう記している。

一、如何なる先人未発の問題及び解釈を提出せしか又その問題及び解釈が後人をして如何なる新行路を取らしめ如何なる新見地を開かしむるに効ありしか。二、学説の内部に自家撞着の点あるか、なきか。三、その実際に達したる解釈が果たしてよく其の統合せむと欲したる事柄を悉く統合し得たるか。今こゝに哲学史を講ずるにあたり批評を要する場合には専ら右に掲ぐる如き当学説の内部に於てする内在的批評を用ゐるべし。かゝる批評はこれを学説の生起上の関係を説明することの中に於てするも不可なからむ(8)。

つまり、大西は、認識批判を、哲学史の主要な役割としたのである。

『倫理学』(9)においてこの認識批判は、倫理学の建設のための前提作業という位置づけを与えられている。本書は、倫理に関する直覚説、形式説、権力説、自己快楽説、公衆的快楽説の認識批判の書といってよい。これらの諸説のとりあげ方は、哲学史の場合と同様である。つまり、一つの説を内在的に検討して、その矛盾、不十分をつく。次に、その問題点に解答を与えるべき他説をとりあげ、またそれに内在的な批判を加える。そして、「凡そ主要なる倫理学説上の種々なる立脚地を通過し行く事の結果としておのづから予輩の当に取るべき大体の方向の看取せらるゝに至らん事を力むる」のである。大西自身が、「主とする所は建設にあるよりも寧ろ批評にあるを以て此の研究の結果の多くの部分が消極的なものに終るべきは予期すべき所」(10)と述べているように、本書の意図は、倫理に関する認識批判の徹底にあったのである。

これに対して、『良心起源論』(11)は、批判を越えた、建設的な部分を含む。本書もまた、その大部分は従来の良心起源の諸説の批判にあてられている。全集の編者が本書について「明治廿三年頃大学院卒業論文として草せられたるものなれども、故ありて其の提出を見合はされたり。其の後所々に添削の筆を加へ、殊に其の自家の考説を陳べらるゝあたり増補せられたるもの頗る多し」(12)と述べているように、良心起源の問題に関しても、彼は認識批判を先行させたのである。しかし、ついに、大西の方法の探究は新局面を迎えた。良心起源に関する苦楽説、利他的性情説、本能説、想念的感覚説のそれぞれの批判に続けて、大西はこう述べている。

予輩が論述の問題なる良心の起源に関して最早予輩の自説を明示すべき場合に迫れりと思惟す。上来陳述したる所は、是迄数多の学者が良心の起源を説明せんが為に提出したる考説の価値を判定するにあるが、予輩の見る所にては、其中未だ一も以て十分なる良心起源の説明と見做し得べきものなきが如し(13)。

さて、こうして提出された、大西の哲学的世界観が、どういうものであるかを詳説することは本論の課題ではない。ただここでは、良心の起源は、理想と起源を同じくし(この点では、大西は、パウルゼン〈F. Paulsen〉、ヴント〈W. Wundt〉などによっている)、理想という観念の生起が、目的という観念を排斥しては説明しえないことを示して、これが「吾人の生長の衝動(即ち吾人本来の目的に向いゆく傾動)」(14)の仮設と、生物界、物理界にわたる目的論的世界観を要請することを主張していることの紹介にとどめる。そして、この方法が、彼の死後(明治三三〔一九〇〇〕年以降)にようやくにして顕在化する二〇世紀学術の動向——たとえばユング(C. J. Jung)に代表される人間存在の目的論的把握や、物理学における機械論的世界観の崩壊——に先駆ける諸徴候と軌を一にするものであった点を指摘しておけば十分であろう。大西も、そのことを知っていればこそ、本書を独訳し(15)、世界に問うことを企画していたのであった。

3　評論活動の意味

方法の探究を通じての学術の構築、それは大西が自己に課した使命であったと同時に、同時代人に求めた課題であった。大西の多彩な評論活動が、これである。

前述のように大西の体系的著述が公のものとなったのは、彼の死後のことであり、同時代人は、その鋭利な批評活動によってのみ彼の存在を認識していた。大西の評論活動は、すでに彼が（東京）帝国大学の学生だった時代から始まっていた。「大西氏は大学の学生たりし頃から我々に知られて居た」[16]というのは、当時東京英和学校（現、青山学院）の学生だった者の弁である。また、島崎藤村は、その自伝小説『桜の実の熟する時』のなかで、明治二三（一八九〇）年の明治学院におけるキリスト教青年会の夏期学校に参加したときの模様を次のように描いている。

まだその日の講演を受持つS学士が通らなかった。初めて批評というものの意味を高めたとも言い得るあの少壮な哲学者の講演こそ、捨吉達の待ち設けていたものである。そのうちに、すぐれて広い額にやわらかな髪を撫でつけセンシチイブな眼付をした学士が人を分けて通った。「ああSさんだ」と捨吉は言ってみて、菅と顔を見合せた[17]。

ここでS学士として描かれている人物こそ、この日「ギリシア道徳がキリスト教道徳に移りし次第」の演題をもって講演を受けもった大西であった。当時、大西は二六歳、前年に帝大を卒業したばかりの大学院生だったのである。

大西の評論活動は、明治二〇（一八八七）年にさかのぼるが、翌二一（一八八八）年『国民之友』誌上に発表した「批評論」、さらには二二(一八八九)年に『六合雑誌』に掲げられた「方今思想界の要務」は、大西をたちまち論壇の人としていた。そしてこの二論文こそ、方法の探究を学術構築の前提として自らに課するとともに、同時代人に強くそのことを要請するものであったのである。前者において、大西はいう。

夫れ批評を要する者甚だ多し、されども概言すれば三種となし得べし、第一従来我国に存する者即ち支那印度の思想及其和合より生じたる文学等、第二西洋の思想、第三西洋の思想と従来の思想との相合して現今に現はるゝ所の現象是なり、此中第一は久しく我国人の所有且つ使用し来れる者なれども、之を批評的に論じて其価値を判定し其真相を認むることは概ね未だ我等の為さゞりし所なり、而して之を為さんとするには先づ西洋の思想を借り其批評法を倣はざる可らず、右の中第三は概して西洋思想の漏瀉れ出たる者に過ぎざれば、善く西洋の思想を知る者はまた善く之を批評を下し得べし。

つまり大西はここで、日本の伝統学術は、自らを評価し、高めるための方法をもたないことを、そして、それをするためには、西洋学術に内在する方法を学ばなければならないことを指摘しているのである。
さらに大西は続けている。

然らば則ち今日批評家たる者の最も心を用うべきは右第二に掲げたる西洋の思想是なり、〔中略〕夫れ西洋の思想を批評するは実に太だしき難事なり、何となれば先づ其思想の真相を認めざる可らず、而して之を認めんには略ぼ西洋の学者と同等の位地に立たざる可らず、〔中略〕次に西洋の思想を批評せんには、其批評の範囲に属する事柄は、啻に一国一代に止まらず、広く且つ具さに之を研究せざる可らず、〔中略〕例へば英国の文学を批評せんと思う者は啻に其国の文学に止まらず、少くとも独仏の文学に渉り又多少希臘及羅馬古代の文学にも通ぜざる可らず、何となれば批評は専ら比較的になすべき者なればなり、されば批評家たらんと欲する者は宜しく其目途の為に其一生を犠牲とするの覚悟なかる可らず[18]。

そして、彼は、これを実行した。前節で紹介した、彼の諸業績がこれを示している。彼は、明治三一（一八九八）年、ヨーロッパへの留学をするときにおいても、「独逸にありては専ら力を認識論と論理とに注ぐ覚悟」を語り「これから一つしつかりと土台から造りあげて」と述べていたと伝えられる[19]。また、彼の語学上の造詣は英、独、仏、ラテン、イタリア語にわたり、さらにギリシア語に及んだ[20]。大西が、留学中、病を発し、死への遠因となったもとには、ギリシア語習得のための、過度な努力があったともいわれる[21]。操山大西は、まさに、自己に課した目標のために、一生を犠牲としたのであった。

後者、すなわち「方今思想界の要務」においては、大西は、批評の急務を説くとともに、その批評のよって立つべきものが理性にあることを明らかにしている。彼は『純粋理性批判』序文補注のカントの言葉「我等の時代は真に批評の時代なり事々物々皆之を批評に付せざるを得ず宗教は其神聖なるの故を以て、法度は其荘厳なるの故を以て、動もすれば批評の外に立たんと欲すれども若し果して其外に立ちたらんには吾人の宗教法度に対して疑訝を懐くに至らんも毫も不当のことと謂ふ可らず又吾人の道理心は其如き宗教法度には真実の尊敬を与ふることをせざるべし蓋し吾人の道理心は其公明且正大なる試験を経たるものに非ずんば之に真実の尊敬を与ふることをせざればなり」を引いて、「此カントの語は以て直に我国今日の現状に応用し得ると信ず」[22]と主張したのである。

人或は曰はん東西両洋の思想を批評して其比較的の価値を定めんとするは固より善し然れども何を以て其の品評の準縄尺度と為すか恐らくは人々皆其の尺度を異にして到底一致する所なけんと然れども若し其一致し難きの故を以て之を困難とせば此困難は如何の方向を取るも等しく免る可らざる所たり思ふに批評の尺度となすべきもの唯だ一あるのみ吾人の道理心是れなり〔中略〕但だ吾人が思想の世界に於ては吾人の理性は吾人の至尊者なり此至尊者の承認を経ざるものはカントの所謂る「真実の尊敬」を受くるに足らざるなり(23)。

そして、理性は、論理と認識批判という武器をもつ。

この学術に対する要求が、他者のそれへと向かうとき、大西の批評は勢い鋭いものにならざるをえなかった。帝国大学において、大西の恩師にも当たる外山正一が、彼を評してパグネシアス（けんか好き）といった(24)と伝えられるのも、こうした事情を示すものである。大西が、帝大哲学科の先輩である井上円了や三宅雪嶺、また帝大の教官である加藤弘之や井上哲次郎、元良勇次郎、さらには穂積八束といった当時の名だたる学者、論客たちに対しても、厳しい批評をもって臨んだことは、すでに先行研究にも詳しい(25)。したがってここでは、大西が円了の無造作な折衷主義や雪嶺の類推を武器とした空想的な形而上学に対しては、単なる折衷を排し、認識批判を媒介した厳密な学としての哲学を要求し、また、加藤弘之の社会進化論的諸言動に対しては、加藤自身が陥っている矛盾を明らかにするという筆法をもって迫っていることを指摘し、その批判の核心部分のいくつかを引用するにとどめる。

余は終に臨で井上氏の説の尚ほ明ならんが為に少しく氏の言を故に掲載せんとす氏曰く「天神は物心の外にあ

るが如くにして敢て其外にあるにあらず物心即ち天神なるが如くして亦同一なるにあらず差別なるが如くして却て差別なく差別なきが如くして却て差別あり知るべからざるが如くにして却て知るべく知るべきが如くにして却て知るべからず存するが如くにして却て存せず存せざるが如くにして却て存する者なり」と〔中略〕先生の説は真に非難し難し何となれば明白ならねばなり余は井上先生が人間に向て人間の解し得べき言語を語らるゝかを疑う若し哲学者にして斯の如き言語をのみ語らば「哲学こなし」の著作あるも亦道理ならずや嗚呼吾は既に小冊子に厭けり既に速成の著書に飽けり既に彼の所謂新発明に飽けり然るに井上先生は尚ほ其新発明を以て吾を煩はさんとす(26)

只だ類推とのみ云つてもわからぬ、如何なる類推が確実で、如何なるが確実でないかを明かにしなければならぬ、又全体類といふことを説明せねばならぬ、推し窮むれば類推といふことはミルが云う原因結果の関係を調べることとなるか、若しさうならば更に大に論ずべきことがある、然し三宅君はさう云はるゝか云はれぬか一向何も御論がない、〔中略〕又三宅君は屢ば経験といふことを申されますが、経験とは全体如何なるものか、如何にして経験が出来べきか、此カント以後忘れられる問題に就きて、三宅君の御論があらうと思ひましたに、彼の書物には一向見当りませぬ、一口に言へば、三宅君の著書は知識学上の議論に乏しい、夫れだから考究法を論ぜられても、極く不完全で、此点から見ると一向取るべき所はない、私の考へますには、考究法は是非とも論理学に基づかなくばならぬ、其論理学は詰るところ知識学に基かなくばならぬ、知識学に無頓着で考究法を論ぜられやうといふは御無理であり升(27)

こゝに於いてか加藤博士の所謂天則の何なるを審にするの必要あり天則的と云ふことを唯だ法則的と解するの広きに過ぐるは既に之を云へり天則を唯だ自然法と言ひ換ふるのみの吾人を教ふるに足らざることも既に之を云へり自然界を人間界と相対せしむるも亦以て吾人を教ふるに足らざることは之を云へり然らば天則は何の謂ひなるか加藤博士の論旨をして有効ならしめんにはその謂ふ天則は論ずる所唯物論（委しくは唯物的機械説　Materialistic Mechanism）の立脚地より解せざるべからざるべし機械的必然の法則に従へる物質界以外に何物もなしと見て始めて加藤博士の議論は確立すべし

唯だ仮りに批評者自己の立脚地を正しとして論ずるのみにては未だ有効の批評ならずと云へるにあらば可笑しき事にはあらず若し仏教の因果応報説は唯物論ならぬ別の根拠に立つものならば其の根拠を衝かざる限りは有効の批評と云ふべからざる也(28)

これらの批判が、むしろ相手の不十分や矛盾を教えるといった消極的なレベルにとどまっているのに対して、井上哲次郎や元良勇次郎に対する批判は、いわゆる教育勅語発布以来の「教育と宗教の衝突」問題を背景としていただけに、大西の立脚点をより積極的に明らかにするものとなっている。もちろんこれらの批判においても、相手の論理の矛盾を指摘してその論の立たざることを悟らせる論法自体は変わっていないけれども、理性に信をおく大西の立場がより前面に出てきているのである。たとえば教育勅語問題に対しては、「予は思ふ、教育勅語は一定の倫理説を布かんが為に与へられた者にあらざるべしと。蓋し勅語は国民の守るべき個々の徳行を列挙したる者にはあれども、倫理を談じたる者とは見られざればなり」「勅語を以て倫理上の主義の争を為すは、不可也。倫理主義の争は、之を個人の自由の討究に委ねて可なり。若し勅語を楯に着て、倫理説場裡に争はんとする者あらば、予は之を卑怯なりと云はん」(29)

と主張する。また、キリスト教が、反国家的であるとする論に対しては、仏教も含めて世界宗教は非国家的性格をもつが、それは反国家的であることを意味しないことを指摘し、さらに教育と宗教の衝突とは、教育における保守主義と、進歩的要素をもつキリスト教の衝突であると論じるのである。そして「今日の我国家は宜しく保守と進取との両主義を其自体内に包含許容する者たらざる可らず。是れ我国家をして最も健全なる最も富贍なる生活を遂げしむるの途たればなり」(30)と述べて、国家の名によるキリスト教攻撃の非をつくのである。

穂積八束の祖先教提唱に対する大西の批判は、やがて明治の末には国定修身教科書へと流れ込んで、国民に矛盾した「倫理」を強要することになるこの論に対する、きわめて初期の批評として注目されるべきものである。穂積は、日本固有の国体と国民道徳の基礎を、祖先崇拝にもとづく祖先教に淵源すると主張する。すなわち、まず血統による団結を、約束による団結に対して天然の絶つことのできない団結として優位におく。そして、最近の始祖を同じくする一団体としての家族が、その始祖の宗統たる皇室のもとに民族をなすとし、一家の家長に対する忠誠（孝）の上に、皇室に対する忠誠（忠）をおくのである。

大西は、これに対して、まず君民同祖ならば自然に団結が固いのならばなぜ、あえてそうした教えを掲げて団結を説かなければならないのか、また血統団結に重きをおけば、血統を異にする者との団結が不可能にならないか、君民同祖は歴史上厳密に証明できるのか、等々穂積の主張自身の矛盾点をつき、その立脚点の確かならざることを明らかにしている。さらに、穂積のヨーロッパにおいても古代には祖先教をもって国を建てた祭政一致が行なわれていたという指摘に対しては、「人青年に達して其の小児の時の無邪気なるの美処を失ふを見而して之れに代へて其行為を統御する所以のものを得るに惑ひ強ひて昔時の無邪気を之れに求むるは果して青年を教育するの道なるか」(31)と諭しているのである。

以上みてきたように、大西の評論活動は同時代人に方法をもった学問への指向と、その前提となる理性への信頼を強く求める、言葉本来の意味での啓蒙をめざすものであった。そして、それは、国家の名においてする、あるいは国教を通じて行なわれんとする、理性の行使への抑圧に対する、言論を通じた戦いでもあったのである。そして、それは単に抵抗にとどまるものではなかった。また、それは、狭義の哲学と倫理、宗教にとどまるものでもなかったのである。たとえば、文芸批評を通じて、理性行使の前提ともいうべき近代精神の覚醒を促し(「和歌に宗教なし」『六合雑誌』明治二〇年四月、「香川景樹翁の歌論」『国民之友』明治二五(一八九二)年)、人々に思考の道具を与えるべく文字、文体の改良を唱え(「文字論並文体論」『六合雑誌』明治二八(一八九五)年六月、「漢字の利害一斑」『六合雑誌』同年八月)、さらには、自己もその圏内にあったところのキリスト教に対しても、改革を求めてやまなかったのである(「我国基督教に於ける新傾向」『六合雑誌』明治二三(一八九〇)年一一月)。

こうして大西は、社会主義の必要を説いて(「社会主義の必要」『六合雑誌』明治二九(一八九六)年一一月)、「無産階級の自覚を喚起しようとした」(おそらく)最初の哲学者となった(32)。留学を前にした明治三〇(一八九七)年一〇月、彼は『国民之友』誌上に「啓蒙時代の精神を論ず」を掲げて、再び理性の行使を人々に訴えかけている(33)。

一時勃然として起こりし啓蒙思潮が未だ其の成し遂ぐべき事の半ばをも成し遂げざるに、既に早く歴史的回顧を事とし、歴史の連鎖を破ることを以て何物よりも恐るべき事となし、歴史に拘泥するを以て国家に忠なるものと誤想し、而して此の誤想が近時如何に我が教育界を固陋頑狭の弊に陥らしめたるぞ。啓蒙的思潮が一時何の方角に於いても頑強なる抵抗を受けず、政府は寧ろ人民に先んじて此の思潮を誘致したる為めに、仏蘭西に於ける如き衝突の惨状を見せざりしは一面国家の為めに祝すべきに似たるも、其思潮の温和に過ぎたりしを恨むべきの理由も十分あり。予輩は此点より見て維新以後の啓蒙的思潮が今一層の革命的精神を以て猛進せざりしことを悲まずんばあらず(34)。

4　授業・討論と教育論

大西の教歴は、同志社普通科五年級から神学科在学中の、同普通科における数学の助教経験を除けば、明治二四（一八九一）年から三一（一八九八）年にわたる東京専門学校講師時代のものがほとんどである。そして、この間、アメリカのユニテリアン派が東京三田に開いた先進学院に教頭として哲学の諸科を講じている。三〇（一八九七）年一一月には高等師範学校倫理科講師を嘱託されているが、これは翌年二月からのヨーロッパ留学拝命のための身分上の処置だったと思われる。そして留学中の三一（一八九八）年七月、京都帝国大学からの「文科大学の学課及び其組織の取調」の委嘱は、新設の京都帝国大学（明治三〇〔一八九七〕年）に増設さるべき文科大学に長たる地位の内定を意味していた。しかし、大西は、ドイツにおいて病を得、三二（一八九九）年八月には帰国の途につかなければならなかったのである。帰国後、京都帝大は大西に、理工科大学のための教育学に関する課外講義を委嘱しているが、健康おもわしくなく、ついに実現をみていない(35)。

早稲田における授業科目は、哲学、心理、論理、倫理、美学等にわたった。このうち哲学史、論理学、倫理学については、その講義録から、その内容の一斑をうかがうことができることは、すでに述べた。ここでは、まず、当時の学生たちの回顧から、その授業の実際をうかがってみよう。

その一人である五十嵐力は次のように述べている。

私が始めて先生を見たのは先生の早稲田に来られた翌年即ち明治二十五年の九月中旬でありました。丁度倫理学の時間でしたが、苦しさうな、絞るやうな、鋭い、底力のある声で、委曲に深切に講義をされる。それを聞いて実はくどいものだと思つてうんざりしたが、後には其の剖折の精密と、論路の明快と、不断の熱心とにつくづく感服するやうになつた。私の先生に教つた事、学科は論理、心理、倫理、美学、西洋哲学史の五つで、時は満三年に亘つたが、其の間一度の情容不熱心とも認めたことがなく、曾て講義のたるみを見出だしたことがない。始業の鐘が鳴る、二三分も経《た》てば闥《ドア》を排《ひら》いて先生の小さい洋服姿（私は教室で和服の先生を見たことがない）が現はれる。静かな歩調で靴音高く講壇に進まれる。〔中略〕さておもむろに講義に取りかゝられた。始終立ちながら、といふよりは寧ろ歩きながらの講義で、私は未だ曾て椅子に腰をかけての講義を聞いたことが無い。その歩くにも教壇の周囲《まわり》ばかりでなく、生徒の机の列の間にまで深く入り込まれるので、先生の時間には講義の声が前後左右八方から聞こえて来るといふ奇観があつた。多少オレートリーの気味があつて、時々右の手を挙げてジエスチューアをされた。先生の講義は早い方で、それに半ば演説の調子であつたので、筆記には大分泣かされたものである。生徒のペンの運びには殆んど関せずに滔々と続けられる。句々悉く要点といふわけでもないが、味はひのある語をイムプレッシーヴに用ゐられるので、片言双句も逃がさずに書き留めやうとするから叶はない。これが為めに先生の講義筆記は筆まめなる少数者のが借りまはされるといふ風であつた。私共のクラスの中には先生のよりは余ほど遅い講義に対してさへ「先生の講義は聴くにはのろし、書くには早し、一挙両失ですから、御注意を願ひます」などゝつゝ込んだ剛の者も居てあつた。先生なればこそ、あの早い講義で苦情なしに感服させ了せられたものと思ふ(36)。

また金子馬治は、同様の思い出を語った後に次のように述べている。

頭といふとたゞ知的な人といふやうに聞えるかも知れませんが、先生の場合には、もつと広い意味で頭の人――ハートの人といふのも具合が悪い――やはり深い意味の頭の人であつたのです。教壇に立たれた姿は普通の時と全く違つてゐた。教壇に立たれた先生は、――そうです全身これ真の教育者！――何と形容してよいか分らぬが、我々のやうに草稿をめくつて講義するといふのでなく、我々の解しかねて困つてゐることを、隅から隅まで解きほぐしてくだすつたといふ風な――本当の深い高い意味に於ける教育者――それが先生であつたのであります。先生の時間にはなかく居眠りなど出来なかつた。今の三十一番教室あれが先生の教室であつて、あの壇上に立たれた姿は、それは到底簡単な言葉では形容されない、高く貴い全くの人格であつたのであります[37]。

これらの記述から、われわれは、大西が研究と評論に死力を尽くしていたばかりでなく、教育にもきわめて熱心に取り組んでいたことを知る。そしてまた、その授業が、内容的にも、人格的にも、すべての学生を引きつけていたさまをうかがい知るのである。「其の読まれた書物は、どこまでも大西という人の血となり肉となつてゐる、眼光紙背に徹する段ではない、先生の力ですべてが消化され盡されてゐる」[38]という表現にみられるように、大西の方法をもった学術は、それ自身で学生たちの胸を打った。大西の学術の方法は、彼の人格形成に作用し、学生たちはそれに一種の崇高ささえをも感じ取っていたのである。大西哲学の形態は、高い教育機能を蔵して、学生たちの前にあった。

しかし、大西の方法は、十分学生たちに伝わったのか。これに関しては、あまり肯定的な評価は与えられない。なぜなら、こうした大西哲学の形態が、大西個人のすぐれた天性の資質にもとづくものとみなされたきらいがないでもないからである。前出の五十嵐力も、大西の「非凡なる天資」(39)を口にし、金子馬治は「先生には何処かに狂的(語弊があるが)、尋常普通以上の何ものかを感じてゐられた、ノルマル以上の何ものかを持たれたのではないか」(40)と語っている。つまり、大西哲学は、方法の産物——したがって教育可能なもの——とみなされずに、大西個人の天才によるものと考えられたのである。

大西の門からは、学者として「哲学、美学、文芸学における金子馬治、宗教問題、倫理問題、論理学における中桐確太郎、美術研究、美学における紀淑雄、美学および文芸学における島村滝太郎、教育学における中島半次郎、倫理学、倫理学史における綱島栄一郎、教育あるいは倫理における宮田修、日本宗教史研究における土屋詮教等」(41)が出ているが、いずれも師を越えているとはいいがたい。しかし、師を越える弟子をもつことこそ、大西の教育の目標であった。大西は次のように述べている。

> 凡そ師たる者は如何なる心術を以て其弟子に向ふべき其常に服膺すべきもの一にして足らざるべしと雖も予輩は其中特に一事の爰に取り出でて云うべき者あるを見る思へらく師の学生に対するや己れに優れる者の其中に出でんことを求めて倦まざるを要すと
>
> 真に我が道よりも大なる道を闡明する者の出でて我を継承するあらば我志はこゝに成れりと謂ふべし(42)

この大西の目標は、彼の早すぎる死によって、とげることができなかったのである。

これまでの叙述から知れるように、大西の学術水準は孤高といってもよいものであった。しかしそれは、大西の求めた結果ではなかった。大西の他者への働きかけは、授業や講演、それに評論活動を通じたものだけではなかったのである。大西は、積極的に研究仲間を求め、研究会を組織した。そして、そこで重視したのが討論であった。大学以来の友人である大塚保治は、学生時代のこととして、次のような思い出を残している。

私は大西君と種々の点で異つて居たので、急に親しくはなれなかつたが、同じ学問を研究するといふ関係で、殊に君は学問研究に熱心な為めに、一人でも多くの仲間を作り、奨励もし、指導もし、共に研究する様に心掛けて居られたので、私などにも、時々、書物、雑誌の話や、学説などの批評などをして聞かされた。其頃の私には大西君の話が明瞭には判らず、好加減にハイ〳〵と聞き流す事もあつた。然し、時が経つに従ひ、自分の知識が進めば進む程、君のいふ事も判り、君の知識学問の広く、深い事も知れ、且、君の同情に豊める人格に惹つけられて、私の方から種々の哲学問題につき、意見を尋ね、指導を求める様になり、畏友として常に敬愛の心持を懐く様になつた(43)。

また、大西らとともに丁酉倫理会を組織した柿崎正治は、同会の思い出として、以下のように記している。

我々が丁酉会の討議に於ても、大西君は殆んど座中のソクラテスであつて、討論の論点を明にし、人々の議論の筋途を示し、而してその間に於ける批評と解釈に於て、大西君は実に会合討論の指導者であつた。同会て《ママ》は我々後輩の外に、大西君にとつても先輩たる浮田、横井の両君もあつたが、此の如き研究討議の指導に於ては、此等先輩も皆喜むで大西君の批評を聴き、その導きに従つたものである。その一例を挙げると、武士道を題目にした時、〔中略〕その討議の進むに従つて会員の論点が色々になつて混雑して来た。この間に批評嚮導をしたのは大西君で、歴史、理論、実際といふ工合に論点を分別しつゝ、段々に総合的見地を得る様に努めて進むのだ。此の如きは、此場合だけでなく、いつもその態度であつて、大西君は丁酉会の初期に於ける実際の指導者であつた。此の指導者を失つて、丁酉会が一時 Ethical Talking Club といはれ、一種の丁酉式、まぜ返しの議論が多くなつたのでも、大西君の存在の意味を思はしめる。此は独り丁酉会だけでなく、その他の討議研究にも、大西君は常に批判的嚮導者であつた(44)。

大西は、学的討論を重視し、嚮導した。しかし、ここでも、その方法は伝達されなかった。同じ柿崎の記憶に、次のようなものがある。

君曾て余に語りて曰く、プラトーンは哲学者中の詩人、真に能く人間を理会するのみならず、又之を深く味ひし人なり。此を以て其対話篇皆生彩ありて、人心の奥を叩き宇宙の奥秘を開くの概あり。〔中略〕而して君は其対話篇、特にシンポジオン、クリトン諸篇を邦語に訳出するの企を立てられしも、未だ成らずして終りき。君は、此間の困難は先づ対話的言語の困難にあるを語られき。日本の文章は荘重にせんとせば余りに言語に遠ざかりて対話に適せず、言文一致は未だ此哲学者を紹介するだけの優麗の域に達せず。此間に立ちて哲学的対話に適する文体を創むる事其最大の困難なりとて、永く此に苦心せられし(45)。

大西は、日本における学的討論の創造に、心血を注いでいたのである。

以上の記述からも知れるように、大西の教育に対する関心は、その研究に劣らない強さをもっていた。したがって、その評論も、教育にふれることが多かった。ここでは、本節の最後として、大西の教育論のなかから、高等教育にかかわる部分を紹介して、しめくくりとしたい。

現代の学術の発達は、その極度の専門化を要請する。このことと、哲学との関係を論じたのが、明治二七年の論文「学問の分離」(『六合雑誌』)や、二九年の「学問の分離と其の統一」(同誌)である。これらにおいて、大西は、「科学的研究の盛んなるに連れて専門は更に専門を生み昔は一学科と見られしもの今は数部門に分離せる」状態を具体的に紹介したのち、「専門的研究のいよいよ専門的になりゆくを以て決して憂ふべき事とせず反つて望ましき事態と考ふれど唯だ偏に専門に分離するを以て学問の完全なる進歩とは思ふ能はず分化が進化の一方面ならば統一に進むことが亦その欠く可からざる他方面なり」と主張する。そして、哲学においても「局部的研究の進むは決して拒むべきことにあらず憂うべきことにあらず」としながらも、「其の世界観人生観の全体を開展せるものを欠くは未だ哲学者の職務を全うしたるものにあらず」[46]と、哲学の学的性格を規定するのである。

では、教育面で、この問題をどう考えたらよいのか。この解答ともいうべき論文が、明治二三(一八九〇)年の「一か多か、教育の一要点」(『北光』)である。大西は、ここで、より広く、分業が現代社会に欠くべからざることを指摘し、ただそれが「吾人をして遠く一方に発達せしむる代りに亦円満なる発達より遠ざからしむるの傾」きのあることを問題とする。「然らば則ち一方の能者たらんが為めに不具者となるべき乎、将た不具者たる事を免れんが為め能者たることを断念せん乎。(中略)一か多か、此両者を兼得するの道はなき乎。是れ教育問題の一要点と謂ふべき所なり」というわけである。

大西は、これに対して教育には「一多両得の策」があるという。大西はこのために能力を、受感的と作起的の二種に分ける。そして「一物を作起するの能力を養ひ難き場合にも之を受感するの能力を養ふこと難きにあらざるなり。此等の理により て考ふるに一の作起的の能力と多くの受感的の能力とを兼ね発達せしむるは一個人に於ても敢て為し難き事にはあらざるべし」との見解を披露する。「玄妙なる学理に無頓着なる、政治の変動に無頓着なるは共に教育の其目的を達したる者にあらず、己れ政治家たらず己れ学者たらざるも他を聞いて之にイントレストを有する迄には各個人を教育せざる可らず。普通教育を授くるとは即ち之を謂うなり」(47)。これが大西の教育観であり、主張であった。もちろんこれは、十分に展開された理論ではないし、実証されたものでもない。しかし、われわれはここに高等教育を考えるうえでの、重要なる視点を見いだすのである。

5 おわりに

以上、三節にわたって、大西の哲学と実践を、教育学の視点から分析してきた。それは方法の探究を通じての学術の創造であり、人間理性の立場からする諸学術に対する統一的把握の試みであった。それは理性の武器としての論理の陶冶であり、理性の内実形成としての認識批判であった。それゆえ大西の哲学と実践は、青年における方法をもった理性の形成という、高等教育に求めるべき核心的要素を胚胎していたのである。

ではなぜ、この高等教育の中核ともなるべき要素が、日本の高等教育の確立過程から抜け落ちてしまったのであろうか。今、この問いに全面的に答えることはできない。しかし、学術の形態に規定的に働いた、次の三点の条件を指摘することはできる。第一に、当時の政権勢力が、そのことを必ずしも求めていなかったことである。帝国大学が、各分科大学の集合として構想され、高等(中)学校がこれまた専門学部と大学予科の単なる集合体として組織されたことからも知れるように、政権勢力は高等教育に、近代社会における指導的人格の形成を求めるよりも、個々の学術技芸の専門家の養成を求めたのである。第二に、日本の高等教育は、西欧学術の輸入によって成立した。そして学術の輸入は、しばしば単なる形の模倣にとどまり、方法の模倣にまでは及ばない。ここでは、時間をかけた方法の探究よりも、形の模倣のほうが成果をあげたかにみられる。第三に、西欧学術そのものの傾向に由来する、学術の専門分化の必然性である。すでに、ヘーゲル哲学のめざしたような学術そのものの統一の失敗は明らかであったからである。

しかし、こうした傾向が、いかに強く当時の大学人の活動を規定したとしても、それはあくまでも条件にしかすぎない。第一の傾向がいかに強かったとしても、近代的専門識者には理性による活動が要請されたはずなのだし、第二の傾向がいかに規定的だったとしても、模倣は創造の模倣にまで進むべきものだったからである。さらに第三の傾向に至っては、学術そのものの観念的統一の崩壊が、人間の価値を中核とした実践的統一を、すなわち教育の場面における人格的統一をこそ要請するものであっただけに、大学人はこれを主体的に受けとめるべき責任を負っていたといわなければならない。

確立期の高等教育は、その構成の中核となるべき要素を、むしろ例外としてしまった。たった一人の人物によって負われていたこの要素は、その人の肉体の死とともに、欠落を余儀なくされたのである。このことと、以後の高等教育の歴史、そして今日の高等教育がかかえる問題状況とのかかわりの解明が、残された課題である。

注

（1）岩崎勉「大西祝」早稲田大学編『近代日本の社会科学と早稲田大学』（早稲田大学、一九五七年）四四六頁。

（2）学術の形態・機能と大学の組織・教育との歴史的な関連構造については、左記の拙稿中で概説した。
「近代大学の形成」「戦前日本の大学改革」寺﨑昌男ほか編『講座日本の大学改革　一』（青木書店、一九八二年）。
（3）高坂正顕編『明治文化史　四』（洋々社、一九五五年）二五四頁。
（4）古田光「大西祝」朝日ジャーナル編『日本の思想家　中』（朝日新聞社、一九六五年）一一頁。
（5）小泉仰「良心論の独自性（大西祝）」早稲田大学編『近代日本と早稲田の思想群像　I』（早稲田大学出版部、一九八一年）一五九頁。
（6）『大西博士全集一』（以下『全集』と略記）（警醒社、一九〇三年）。
（7）『全集　三・四』一九〇三・四年。
（8）『全集　三』九頁。
（9）『全集　二』一九〇三年。
（10）同前、五七頁。
（11）『全集　五』一九〇四年。
（12）「本集の編纂に就きて」同前、一頁。
（13）『全集　五』一二七頁。
（14）同前、一四二頁。
（15）前掲注（12）。
（16）岡田哲蔵「大西博士記憶の断片」『丁酉倫理会倫理講演集』三四一、一九三一年、九九頁。
（17）島崎藤村『桜の実の熟する時』（新潮文庫、一九六一年）四六頁。
（18）『全集　六』一九〇四年、一〇～一二頁。
（19）柿崎正治「大西祝君を追懐す」『哲学雑誌』一六一一七一、一九〇一年、四一八頁。
（20）「文学博士大西祝先生略伝」『全集　七』一九〇四年。
（21）姉崎正治「思想家として大西博士の人格」『丁酉倫理会倫理講演集』三四〇、一九三一年、三頁。
（22）『全集　六』一六頁。

(23) 同前、二〇〜二一頁。
(24) 大塚保治「大西祝博士を憶ふ」『哲学雑誌』三二四、一九一四年、一九四頁。
(25) 前掲注(3)(4)等。
(26) 「『哲学一夕話』第二編を読む」『六合雑誌』一八八七年七月——『全集　七』九一〜九二頁。
(27) 「読我観小景」『六合雑誌』一八九三年二月——同前、一一〇〜一一一頁。
(28) 「天即とは何ぞや——加藤博士の論を読む『六合雑誌』一八九五年一一月——『全集　六』四三〇、四三四頁。
(29) 「教育勅語と倫理説」『教育時論』一八九三年三月——同前、五六、五九〜六〇頁。
(30) 「当今の衝突論」『教育時論』一八九三年七月——同前、九九頁。
(31) 同前、五六八頁。
(32) 家永三郎『日本近代思想史研究』(増訂新版)(東京大学出版会、一九八〇年)二二八頁参照。
(33) 桑木厳翼は、独語のアウフクレールング、英語のエンライーウンメントに、啓蒙という語を当てはめたのは大西の創意によると回顧している。そして、彼を「実に啓蒙時代に於て真の啓蒙家であり、又其時代の回転を促した人」と位置づけるのである(「大西博士と啓蒙思想」『丁酉倫理会倫理講演集』三四一、五六頁)。
(34) 『全集　六』六三六〜六三七頁。
(35) 前掲注(20)。
(36) 五十嵐力「大西先生の回顧」『早稲田文学』一九一〇年一月、一三〜一四頁
(37) 金子馬治「黎明期哲学に於ける大西博士」『丁酉倫理会倫理講演集』三四〇、一三〜一四頁。
(38) 同前、一五頁。
(39) 五十嵐、前掲(36)、一五頁。
(40) 金子、前掲(37)。
(41) 岩崎、前掲(1)、四四四頁。
(42) 「師道論」『六合雑誌』一八九四年九月——『全集　六』一八五、一九〇頁。
(43) 大塚、前掲(24)、一九一〜一九二頁。

(44) 柿崎、前掲(21)、三~四頁。
(45) 姉崎正治「大西祝君を追懐す」『哲学雑誌』一六―一七一、一九〇一年、四一五頁。
(46) 『全集　六』四六七、四六九、四七一、四七二頁。
(47) 『全集　五』四九八~五〇〇頁。

第六章　大正三（一九一四）年の帝国大学令改正案と東京帝国大学

──奥田文政下の学制改革問題

1　はじめに

学制改革問題は、明治一九（一八八六）年森文政下の帝国大学令等一連の諸学校令の制定に胚胎し[1]、民間にあっては明治二四（一八九一）年の伊沢修二の国家教育社大会における演説に[2]、政策的には同二七（一八九四）年の井上文相による高等学校令の制定に[3]、さらに明治三二（一八九九）年の帝国議会場裡への登場[4]に顕現して以来、大正六（一九一七）年寺内内閣岡田文相の下での臨時教育会議の開設、同年大学令の制定による「一応の決着」をみるに至るまで、実に四半世紀の長きにわたって「朝野の間に唱へられ」「我が教育界を騒がし」[5]、歴代文部大臣をしてこれが解決に苦慮せしめた大問題であった。

この学制改革問題の推移と論点に関しては松浦鎮次郎が「最後の学制改革」[6]（大正二（一九一三）年）において最初の整理を行なった。つまり、初期には帝国大学卒業までの修業年限短縮、中学校に直接接続する「低級大学」設立と、これに関連した高等（中）学校の存廃を主要な論争点とし、大正期にはいるとこれに官立総合大学たる帝国大学の他に単科大学、私・公立大学を認めるか否かの問題が加わった。政策的には明治二七（一八九四）年の井上文相による高等中学校の専門学部を中心とする高等学校への改組と「失敗」、明治三六（一九〇三）年の菊池文相による専門学校令の制定、明治末の小松原文相による年限短縮を主眼とする高等中学校令の制定、さらに大正二（一九一三）年奥田文相によるその無期延期化という動向の後に、大正三（一九一四）年以降の一木文相の大学校令案、高田文相の大学令案等、公・私立、単科大学を包含する学制案の時期にはいり、第一次大戦をはさんで大正七（一九一八）年、臨時教育会議の答申にもとづく大学令の制定をもってその決着、「最後の学制改革」とみるのである。

松浦はこの中で奥田文政期に関して、奥田による高等中学校令の無期延期化に触れた後、以下のごとく述べている。「そこで奥田文相自身の案はというと、格別まとまった事はなかった。先づ高等教育会議を廃して、臨時教育調査会を設置し、樺山伯を総裁に推して蓋を開けたが、格別何事も為さず、唯法科大学の修業年限四年を三年とした事と、各直轄学校入学の時期を改めて、九月を四月とした事と、此の二つ位に過ぎなかった」(7)。

さらにこうした学制改革問題の把握、従って奥田文政に対するこの評価は、松浦自身が中心となって編纂した『明治以降教育制度発達史』の中の「学制改革問題」(8)に引き継がれ、資料的裏付けを与えられた形になった。戦前最高水準の大学史たる大久保利謙の『日本の大学』も、この『発達史』を底本とし、奥田文政について同種の評価を行なっている(9)。

さらに、戦後、臨時教育会議とそこにいたる経緯の詳細な研究や(10)、日本の高等教育制度・政策史を含む画期的な教育百年史(11)が公けにされたが、これらの中では奥田文相はわずかに高等中学校令の無期延期者として登場するにすぎない。

しかし、今回大正三年の東京帝国大学評議会記録中より発見された「帝国大学令改正案」及び「帝国大学官制改正案」

の存在は、こうした旧来の奥田文政の学制改革問題への取り組みの評価に修正を迫るものと言えよう。後述するように同令第一条すなわち帝国大学の目的規定の改正さえをも含む本改正案は、奥田文政の学制改革問題に対する並々ならぬ取り組みを示しているからである。

以下、本章では山本内閣の成立により奥田義人が文部大臣に就任し（大正二〔一九一三〕年二月）、いわゆる四帝大総長総更迭によって山川健次郎を東京帝国大学総長に据えて以降、奥田が文部大臣より内務大臣に転じ（大正三〔一九一四〕年三月）、やがて山本内閣そのものの瓦解に至るまで、主に東京帝国大学とのかかわりあいの中で、またそれとのかかわりあいを持つ範囲で、奥田文政下の学制政革問題について考察する。

2　奥田文相と学制改革問題

一　第一次山本内閣の成立と奥田文相の登場

大正期は嵐とともに明けた。日露戦後の恐慌は外債利払と輸出不振とによる入超から正貨危機にまで進み、明治四四（一九一一）年八月に成立した第二次西園寺内閣はかつての政友会の積極政策を一転して行財政整理を公約として掲げなければならなかった。一方、辛亥革命を機に陸軍は強硬な大陸膨張と軍拡の要求を抱き、ここに第二次西園寺内閣は「大陸膨張と軍拡をめざして勢力挽回をはかる陸軍と、正貨危機から財政緊縮をめざす大蔵省＝財界の対立」(12)を基本とする対立状況のもとに置かれることとなった。

大正元（一九一二）年一二月、陸相の単独辞職、後任難から西園寺内閣は総辞職に追い込まれ、陸軍の意を体した第三次桂内閣が成立する。しかしこの桂内閣は「閥族打破、憲政擁護」を叫ぶ民衆の包囲のもとに、発足後わずか二カ月に満たずして崩壊した。我国「議会史上空前の紛擾」[13]、世に言う「大正政変」の勃発である。

ここに海軍を背景に、政友会を与党として、商業会議所の支持を得て第一次山本権兵衛内閣が成立する。山本内閣は上記三勢力の政策要求「（1）海軍拡、（2）電話交換拡張および港湾修築補助、（3）減税」[14]を実行する上からも第二次西園寺政友会内閣以来の課題である行財政整理を強力に遂行する必要に迫られていたのである。

また日露戦争後の社会状況は学制改革問題を新たな局面にまで押し上げていた。学制改革問題は明治二〇年代後半に顕在化してより、井上文政による高等学校令（明治二七（一八九四）年）、樺山文政による私立学校令（明治三二（一八九九）年）、菊池文政による専門学校令（明治三六（一九〇三）年）等によって過渡的改革がなされてきたものの、高等教育制度を安定的に整備する統一的法体系を生み出すに至らず日露戦争後を迎えていたのである。

つまり戦後の一次的好況の余波の残る明治四〇（一九〇七）年三月の牧野文政による小学校令改正、尋常小学校修業年限の二年延長・義務教育六年の完成は国民教育の基礎を固め、「続いて中等および高等教育制度の改革問題」を「表面化」[15]させる契機となった。さらに四〇年を前後する東北及び九州両帝国大学の設立経緯は学制改革問題に新たな争点を与えることになった。つまり、元来帝国大学をもって唯一「大学」とする所以はその水準とともに総合制にあった[16]。しかるに福岡に設立した医科大学を九州帝国大学工科大学の設立まで京都帝国大学福岡医科大学とし、東北帝国大学にいたっては札幌在の農科大学（札幌農学校を昇格）をもってその一分科とすることによってかろうじて総合制の体裁を整えたが、実際上は単科の「大学」を一時にせよ設立したことになった。さらに明治四二（一九〇九）年の東京高等商業学校の専攻科廃止、東京帝国大学法科大学に商業学科開設という事件をめぐるいわゆる申酉事件の波紋や、私・公立大学の大学昇格を目指す大きなうねりは、あるは高等師範学校廃止論となり、あるは帝国大学法科特権廃止論となって世論を沸かせ、「帝国大学令改正に関する建議案」[17]（明治四二年）、「帝国学制案」「学制改革に関する建議案」[18]等となって議会場裡へまでも出現してきていた。

しかし、この日露戦後の高等教育制度をめぐる新しい事態に対応し得る政策主体は山本内閣、奥田文政以前には存在すべくもなかった。小松原文政（第二次桂内閣）は前記申酉事件を引き起し、高等学校段階での年限短縮に的を絞った高等中学校令の強引な公布（明治四四（一九一一）年）はその施行に多大の困難を残した。それに続く、ともに「伴食」と呼ばれた長谷場（第二次西園寺）[19]、柴田（第三次桂）両文政にもその能力も、時間も無かった（いずれも短命内閣）と言わなければならない。

上記行財政整理、文政においては学制整備の両課題を担った山本内閣のもとに登場したのが文部大臣奥田義人、その人であった。奥田は「山本内閣の智嚢」と目され「文部大臣は伴食でなければならぬという規則のある訳でもないが、これまで伴食といふことに相場の定まり、……歴代無能無勢力であった。処が伴食であるべき筈の奥田義人が、山本内閣の参謀長として内閣の枢機に与って居るのは奇」[20]とされた。

奥田は明治一七（一八八四）年東京大学法学部卒業後直ちに太政官御用係に任官、農商務畑から特許局長にのぼり、さらに内閣官報局長、衆議院書記官長、拓殖務次官、農商務次官、文部次官（総務長官）、法制局長官等を歴任、明治三五年官を辞して野に下った。後、鳥取市より挙げられて衆議院議員に当選すること二回、その間も宮中顧問官になるなど官界との接触を断たなかった。また中央大学とは東京法学院時代から関係を持ち、明治四五（一九一二）年以来その学長の座にあった。また東京帝国大学法科大学で親属法、相続法の講師を務めていた。

奥田は山本内閣の課題とされた行政整理に論を持する人物であった。奥田は第四次伊藤内閣時代、法制局長官として行政調査会及財政調査会に呈示すべき要綱の作成に当り、成案を次の第一次桂内閣に提出[21]したが、明治三五年奥田が官を辞したのも、この案が入れられなかったことが一因していると言われる[22]。

さらに文部次官時代（樺山文政）私立学校令や教育基金令等の制定に当り「文部省八ケ年計画」を作成するなどの教育行政手腕、帝国大学と私立「大学」双方にまたがる経験、これらが奥田をして前記の課題をかかえた山本内閣の文部大臣「参謀長」に適任ならしめていたのである(23)。

当時、奥田の文部大臣就任を世論もまた挙げて歓迎した。それは「文相といえば伴食」(24)といわれた時代に「久し振りに教育上に識見あり経験ある大臣」(25)の登場であり、彼が「官学の出身にして、私立大学の経営者たる関係」上、私学関係者の期待もまた大きかった(26)故であった。

二　高等中学校令施行無期延期

奥田文相就任早々の大仕事は高等中学校令の施行の是非であった。小松原文相が明治四三（一九一〇）年四月高等教育会議に諮問した高等中学校令案は高等学校大学予科を廃し、これを文科、理科の高等普通教育機関となし、これに中学校四年修了生を入学せしめることによってこの間の修業年限を一年縮め、さらに公立の七年制高等中学校を認めることによってその拡大を許らんとするものであった。しかし修業年限の短縮にともなう学力低下を恐れる声高く、高等教育会議、枢密院を通過して実際に公布された高等中学校令は、中学校五カ年卒業を入学資格とし、修業年限二年半、官立のみ二〇校をもってこれに当てるというものであった。

修業年限二年半とは、高等教育会議委員渡辺渡の提案によるとされ、以下の構想にもとづく。「当時中学校の学年始は四月であり帝国大学及高等学校大学予科の学年始は九月であったから、中学校卒業者が大学予科に入学するまでの間には約半年の空隙があり、……尋常小学校卒業後帝国大学に入るまでには実際八箇年半を要した」(27)。そこで渡辺実は高等中学校の学年始を四月にし、その修業年限を二年半とすれば上記の八年半は七年半に減じ、高校半年の減少は暑中休暇の短縮等の工夫をもって補うというものであった。

こうすると高等中学校の学年後期には最上級生が不在という現象が起きるが、こうした変則をあえて成し、高等（中）学校の入校から二〇校への増設をすべて官立で遂行するという高等中学校令は、後、長谷場、牧野、柴田とめまぐるしく更迭した文政のもとで十分な準備もないままに、施行期日の「明治四六年」即ち大正二（一九一三）年四月一日を目前にひかえていたのであった。

奥田は大正二年二月二〇日の文部大臣就任後、直ちに施行延期案を作成し、枢密院の諮詢を経て、同年三月一四日高等中学校令中施行期日の条を改正し「本令施行ノ期日ハ文部大臣之ヲ定ム」とした。事実上の無期延期の決定であった。当時の世論中にも、本令の施行延期を準備不足を理由に支持するものが多かった(28)。従ってこのことをもって奥田が学制改革問題解決に消極的だったと見る見方は当を得たものとは言い難い。さらに、後に見るように奥田は修業年限短縮を一眼目とした、より抜本的な改革を構想していたのである。

奥田は山本内閣の断行した行政整理の「参謀長」として働く――それは当然文部省整理へも及んだが――一方、文政に関しても明治末以来のいくつかの懸案を解決して、学制改革問題に取り組む姿勢を見せた。その一つが「四帝大総長総更迭」であり、他の一つが高等教育会議に代えての教育調査会の設置である。

三　四帝大総長総更迭

「四帝大総長総更迭」とは、大正二（一九一三）年五月、東京帝国大学総長を桜井錠二（事務取扱）から前九州帝大総長山川健次郎に、京都帝国大学総長を久原躬弦から前東北帝大総長沢柳政太郎に、さらに空席となる東北帝国大学総長を前広島高等師範学校長北条時敬に、九州帝国大学総長を前実業学務局長（行政整理で廃局）真野文二にと、一挙に四帝国大学総長の更迭を断行した事件を指す。当時、帝国大学、とりわけ歴史を旧くする東京・京都の両帝国大学の総長選任は歴代文相にとっての難問となっていた。それには明治後期から大正初期にかけての大学の自治をめぐる動向が背景にある。

明治三三（一九〇〇）年以来、東京帝国大学教授を中心とした対露強硬論を主張するグループがあった。後に「七博士」と呼ばれた彼等は、同三六（一九〇三）年即時開戦説を核とした建議書を作成、公表し、文部当局の警戒するところとなった。越えて三七（一九〇四）年二月には遂に日露戦争勃発、翌年六月講和まさに成らんとするに及んで戸水寛人を始めとする「七博士」グループの活動が再び活発の度を深めた。この時政府（第一次桂内閣、久保田文相）は突如として戸水教授の休職を発令した。戸水の属する東京帝国大学法科大学を中心に抗議の運動が起り、さらに時の総長山川健次郎が帝国大学官制第二条の高等官進退に関する具状権を行使せざるの不明をもって辞職を願い出、文部当局これを受理するに及んで大学側の不満は一挙に爆発した。抗議は一躍全学化し、辞表を提出抗議するものは法科にとどまらず文、理、医科大学にも及び、さらに京都帝国大学法科大学教授の連袂辞職の動きさえ起った(29)。山川辞職後兼任総長となった松井直吉は教授達の勧告によって辞職し、東京、京都両帝国大学あげての抗議は遂に久保田文相を辞職に追い込み、事件の調停に努めた元総長浜尾新が総長に再任、翌年一月戸水が復職することによって事件はようやく落着した。

このいわゆる戸水事件（帝大七博士事件）の評価は家永三郎が『大学の自由の歴史』（一九六二年）において「しかし、この花々しい勝利にもかかわらず、大学側の主張する大学の自治が政府によって認められたというわけではなく、将来に向ってなんらかの言質が与えられたわけでもなかった。思うに、この事件で、大学自治、学問の自由の要求が貫徹した結果、大学の勝利に帰したとは断言しがたい。むしろ高級官僚の集団としての帝国大学のプレステージと、強硬外交論に共鳴する世間の俗論の支持との威力の前に、政府が屈伏の余儀なきにいたった、というのが真相なのではなかろうか。この事件を契機として、大学自治制度に特別の進歩的改革が行なわれるにいたらなかったのも、そのように考えるならば、必ずしもふしぎではない。小野塚は、教授、助教授の任免には、当該分科大学の意見を徹することがすでに慣習法を成していると言っているが、その慣習法を政府当局に正式に承認させるには、大正三年の京都帝国大学教授たちのたたかいをまたねばならなかったのである。」と述べ、「大正三年の京都帝大のたたかいは、すなわち沢柳事件であるが、これは文部省対大学の争いではなく、大学内部における総長対教授団の争いであった」(30)と定式化して以来、同様の見解が最近の研究書にまで引き継がれている(31)。

確かにこの事件は「ただちに自治制度に特別の進歩的改革」をもたらしはしなかった――京大沢柳事件の場合ですら、その成果は一片の覚書にすぎないが――。しかし、それをもってこの事件が大学自治制度改革への重要なインパクトにならなかったと考えたり、ましては「この事件ののち、大学自治をまもるたたかいは、京都帝国大学にうけつがれていく」(32)などと、これ以降の大学自治発達史において東京帝国大学と京都帝国大学の動きを切り離して考えることはまったくの誤りである。戸水事件が対露強硬論という「侵略主義」の主張を含み、一方沢柳事件が単なる人事問題として争われたために、両者を切り離して評価しようとする性向がそこにはうかがわれる。

沢柳事件に示された京都帝国大学における自治意識の高まりは、すでに『京都大学七十年史』によって指摘されているように、実は戸水事件後の東京帝国大学における教授の地位、総長の任免が文部省によって左右されるのを不当とする意見の高まりの影響のもとに成長したものであった(33)。

京都帝国大学では明治四〇（一九〇七）年、創業期の総長木下広次が病気で辞職の後、後任総長の選任が難航し、一時理工科大学長久原躬弦が総長事務取扱として任に当ったが、同年一〇月学習院御用係岡田良平が総長として乗り込んだ。岡田は「就任早々大に学内の紀綱を振粛せんとする態度を以て、教職員学生等に臨んだものだから、若い教授達とはソリが合わず」(34)「教授との小衝突を示すいくつかの挿話」(35)を残し、四一(一九〇八)年第二次桂内閣成立を機に文部次官に転出し、しばらく総長を兼任したが、同年九月元東京帝国大学総長、元文部大臣、男爵菊池大麓の出場をあおいで、ようやくこれを治めた。「教授の中から総長を選挙し、文部大臣に上申する希望が生まれ、前総長事務取扱久原を総長にするようにとの陳情が行なわれていた」という状況のもとでであった。

この京都帝国大学における菊池の起用は、東京帝国大学における浜尾の起用と酷似している。浜尾もまた元東京帝国大学総長、元文部大臣、男爵であった。当時三宅雄二郎はこの両者の共通性をこう評している。「中でも(総長の)最も重要な用事は文部省との打合せである、総長に貫目あれば局長次官を初め大臣も聴く、或は首相も聴く、貫目が無ければ局長次官に遮らるゝこともある。其点に於て浜尾男も菊池男も都合がよい、学者一方よりは文部の官吏に納得すべき事が出来る」(36)。大学内部の選挙によるのでもなく、かといって文部当局直結の行政官でも、文部当局の意のままになる小物学者でもない、いわゆる「教育界の元老」(37)による、当局と大学間の調停者的総長の時代をこの両者は代表していたのである。明治四四(一九一一)年、講演で日本の封建的家族制度を痛烈に批判した岡村司京都大学教授に対する「当時の総理桂太郎や文相小松原、京都帝大の官選総長菊池大麓らの間で、政治的配慮を加えつつ行なわれた」(38)譴責処分は、この「調停者」総長の時代を象徴する事件であった。しかし「元老」の起用は、いつまでも可能なわけではない。明治四四年浜尾が、同四五年菊池がそれぞれ枢密院顧問官に親任されると、この問題は再燃せざるを得なかった。京都帝大では四五(一九一二)年五月菊池が総長を辞任、久原が再度総長事務取扱を命ぜられ、一〇月総長に任命された。「しかしこれは、菊池の適当な後任者を得られなかったための暫定措置にすぎ」(39)なかった。

東京帝国大学では、当時の長谷場文相の懇請もあって、浜尾が暫時総長を兼任したが、総長と枢密院顧問官が果して兼任し得るのかという制度上の疑義も起り、四五年八月正式に辞表を提出してしまった。この時総長に擬されたのが元東京帝国大学総長、戸水事件で辞職後、明治専門学校、ついで九州帝国大学の創業の事に当って福岡にあった山川健次郎、その人であった。しかし、この時第二次山川総長は実現しなかった。その原因は、先年の門司駅における御召列車失態事件での駅夫某の自殺に関する意見発表(40)にからんで起った山川の不忠問題を種に「官僚派の一派」(41)が山川総長再任をはばむ工作を文部当局に対して行なったことにあるとされる(42)。結局東京帝国大学でも桜井錠二を総長事務取扱とするという暫定処置を取らざるを得なかったのである。

しかし、ここで浜尾後任問題をめぐって起った注目すべき動きについて触れておこう。つまり総長「公選」を盛り込んだ帝国大学官制改正の動きがこの時期にあったのである。後日長谷場はこう述べている。「従来慣例としては文相がその権利を行使したること無く、大学総長が専ら部下教授の任免黜捗を行ったのである。併しながら総長任免の衝に当るに於ては、勢い情実に因はれる虞有り、又た文相が任免の実権を握るに於ては、行政上の都合によりて学問の独立を侵害するの虞無を能はざるを以て、教授任免権を文相の手に復活するの利害得失は、一朝一夕に言い尽すとは出来ぬが、総長選任に就ては、吾輩が文部大臣たりし際に、大体大学評議員会の選挙権を認め、文部大臣と評議員会との合議に俟つ可き成案を得て、内閣に提出したので有るが、不幸増師案の為めに内閣の顛覆となって、遂に闇から闇に葬られて終った」(43)。

その後文相は、第二次西園寺内閣の長谷場、牧野から、第三次桂内閣の柴田家門に交代した（明治四五〔一九一二〕年一二月二一日）が、この時東京帝国大学の教授有志が文部省の一部高等官と計り、総長問題にかかわって文相に穂積陳重を推して奔走したと伝えられる(44)。

さらに山本内閣が成立し、奥田が文相に就任した直後の『教育時論』（大正二〔一九一三〕年三月一五日）は以下のように報じている。「大学総長問題と直接に関係したる東京帝国大学官制改正案は、第二次西園寺内閣の制度整理局に提出せられたるも、決定を見るに至らずして同局は廃止の運命に遭遇し、柴田前文相に及びたるも総長は依然として決定せざりしを以て、此際奥田文相は同問題の解決に当らざるべからざる事となれり、而して大学教授多数の意見としては、教授を以て総長たらしむべしとの説有力なる模様なれば、結局官制改正案再び討議に上るに至るべしと」(45)。

奥田はこうした事態のもとで、帝国大学総長の任命権を握る文相の地位についたのである。そして本問題に対する奥田の解答が「四帝大総長総更迭」であった。後に(4の二)見るように奥田文政下の官制改革案中に総長公選につながる規定はない。奥田は再度「調停役」を自ら選定することによって、総長選任問題に関しては現行制度を維持しようと意図したと考えられるのである。

世論は大旨この更迭に対して好意的であったように見える。「……難懸案たる東京大学総長後任問題を解決すると共に、四帝国大学総長の総交迭を断行したり。その人選と配置との適否を暫く別問題とするも、奥田新文相の腕の冴え加減の鮮かさに至っては感服の外無し」(南木摩天楼「大学総長の総交迭」『太陽』一九巻八号、大正二(一九一三)年六月一日)。「四ケの帝国大学は新たな総長を得たり。何れも適任適所なりとは一般の認むる所にして、我々亦これに同す。……遮莫我等は四総長新任に於て、一面新文相の手腕を認むる」(「新帝国大学総長」(時事寓感)『教育時論』一〇一一号、大正二年五月一五日)。

ともあれ、ここに東京帝国大学にとっては第二次山川総長時代が開始され、これより大正九年九月までの長きにわたり在任したこの山川のもとで、大正期の大学制度改革の波を東京帝国大学は乗り切っていくこととなった。それは「能吏」として外から乗り込んで、いわば必然的な歴史的大学自治事件を引き起し、早々に京都を去るに至った沢柳と、あまりにも鮮かな対照をなすものであった。

四　教育調査会設立

続いて奥田は、これまた懸案たる学制改革問題解決のための「有力なる教育調査機関」設立の問題に取り組んだ。そもそも学制改革のための調査機関設立の議は学制改革問題とともに起り、明治二九（一八九六）年の高等教育会議の設置もそれへの一定の対応であった。

明治三二（一八九九）年、学制改革同志会の結成に象徴される学制改革運動昂揚の中で第一四議会貴衆両院に「学制改革調査会設置に関する建議案」(46)が提出された際、当時の奥田文部次官（樺山文政）は、この高等教育会議あるをもって特別の調査機関必要なしと、この要求をはねつけていた(47)。しかし高等教育会議は学制改革問題に関しては目立った成果をあげることもなく、本節第一項でのべた明治末以来の「学制調査問題再発」期を迎えていたのである(48)。

大正元（一九一二）年になると前ハーバード大学総長C・W・エリオットが来日し、その日本教育の画一主義を批判する論説が公表され(49)、意見書が枢密院顧問官有志等に配布されたなる噂が流れるや(50)、それは学制改革問題を学制改革論者のみでなく、「何事も翻訳説にあらざれば、真理は窺はれざるが如く思ひ」「西洋人の言といへば之に注意し、之によりて覚醒せらるゝ」「我が国の学者識者」「衆俗」(51)の関心にのぼらせる効果をもった。

明けて大正二（一九一三）年一月、来る三〇議会に「貴族院側より内閣直属の大規模学制調査機関設立の建議を提出」(52)といった噂の乱れ飛ぶ中で、元文部次官（久保田文政）、貴族院議員木場貞長は『教育時論』第一〇〇〇号に「文部省以外に教育調査機関を設くるの議」なる論考を掲げた。その主旨とするところは、所管大臣がしばしば更迭し、さらに内務、大蔵両省、法制局、枢密院に狭まれてその権限弱く、学制改革の業に当る力無き文部省の外に、司法省に対する法典調査会の存置を例として、力強きこと陸軍における「参謀本部」のごとき機関を設けようというものであった。「第一流の声望家」を総裁にあおぎ、副総裁二名中の一名を文部大臣をもって当て、その下に参議官及び貴衆両院議員、在野教育家等よりなる員外参議官を配し、「大事の場合又は議論の終結し難き場合等には総裁の裁定権を保留」しておくことによって必ず成案を得て、「上奏裁可を仰ぎ文部大臣に移して之を執行せしむる」という強力さが要請されたのである。

折から山本内閣の存亡をかけた予算案のかかっている第三〇議会貴族院において松平康平、山田春三、木場貞長提出の「教育調査機関設置の建議」がまさに出されんとした時、奥田は機先を制するように予算案中に教育調査機関費一万五千円を計上、建議提出の前々日の三月一七日、弁護士法中改正案が上程された際、江木千之の大学制度改革の質問に答えて、その設立を明言したのであった(53)。

かくて木場の建議は可決に至ったものの腰砕けに終り(54)、奥田は自己の指導性のもとで教育調査会の編成に取り組んだ。大正二(一九一三)年六月一三日教育調査会官制公布、同三〇日には委員全員の人選を発表(55)、ここに高等教育会議に代えて教育調査会が設置された。総裁に超大臣級の人物、海軍、内務、文部大臣の歴任者樺山資紀をいただき、奥田自ら副総裁に就任、「高等教育会議議員に多数を集めたる文部省直轄学校職員より、全然委員を任命せ」ず「広く委員を枢密院、貴族院、衆議員、実業界、私立学校等の各方面より推薦」(56)して、人的構成においては学制改革論者の意見を入れ、しかし権限においてはこれを文部大臣の監督の下に置き、退けた(57)。世論はこれを見て「少なからず失望」(58)し、また若干の期待をもって迎えた(59)。

かくて奥田は高等中学校令施行を無期延期とし、帝国大学総長問題に小康を与え、教育調査会を新に組織して、学制改革問題の処理に当ったのである。

3　大正初年の高等教育界と東京帝国大学評議会

一　商科大学設置問題

奥田文政下の学制改革問題論議の中心は、言うまでもなく前記（2の四）の教育調査会であった。同調査会への奥田文政時代の諮問事項は下記の五件であった。（1）教育基金令改正ニ関スル件、（2）帝国大学高等学校及官立専門学校学年開始期変更ニ関スル件、（3）帝国大学法科大学修業年限短縮ニ関スル件、（4）商業学校規程改正ノ件、（5）地方学事通則改正ニ関スル件[60]。このうち可決に至ったのは実に学制改革の一端たる（2）直轄学校学年開始変更（九月→四月）（3）法科大学修業年限短縮（四年→三年）の二件のみであった[61]。

しかし奥田文政が推進していた学制改革への取り組みは、教育調査会に諮詢されたこれら事項のみにはとどまらなかった。調査会発足以来、その調査に付された、あるいは付されるべく文部当局によって調査中と報じられた事項は多い。この中で『教育時論』大正二（一九一三）年一一月一五日号[62]に掲載されたものを紹介すると、（1）法科大学学制問題（法科大学の修業年限短縮）。（2）局等学校年限短縮（高等学校修業年限三年を二年に短縮、高等学校、大学の学年開始を四月に繰上げ、それによって法科にして二年半、他科にして一年半の年限短縮をはかる）。（3）商科大学設置（高等商業学校の組織を変更し、大学の商科に併合し、これを法科大学より独立）。（4）高等師範学校廃止。（5）私学待遇如何（単科大学制度を認め、帝国大学と同一の待遇を与える。それには私立大学が修業年限等の水準を向上させるのが条件）。

この中で（1）及び（2）のうちの学年開始期繰上のみが実際に教育調査会に諮詢されたことになるが、後に詳しく述べるように（2）の高等学校年限短縮に関しては帝国大学総長会議を通じて、（3）に関しては直接に東京帝国大学評議会に事実上の諮詢がなされている。また教育調査会に諮られた事項についても、同評議会はそれ以前に審議を行なっているところからみると、奥田文相は同調査会に諮る以前に、関係直轄学校長等に事実上諮詢し、その解答を得て後、同調査会に諮詢を行なったと考えられる。従って教育調査会の審議にかけるに至らずに奥田退陣を迎えることになった学制改革諸案が当然に存在したのである。

奥田は前述したように教育調査会より文部省直轄学校職員を全く排したが、このことは「是等の学校関係者の意見をば、決して不必要と認めたる結果にあらず。否大に参考とすべき価値あるを信ずるものなれども、大学総長若くは直轄学校長等の意見は、校長会議其他に於て、文部大臣は随時に聴取する機会を有するを以て、特に調査会員たらしむるを避けたるに過ぎず」(63)と明言していた。奥田はこの通りを実行したし、またそうすることなしには法科大学修業年限短縮のごときは、とうてい実現不可能であった。かくして東京帝国大学評議会は、奥田文政の推し進める学制改革問題に深いかかわりあいを持つに至ったのである。

大正二(一九一三)年七月一日の東京帝国大学評議会は文部大臣より諮詢の件につき協議している。評議会記録にはこれが何に関する諮詢だったかについての記載はないが、それがいわゆる商科大学設置問題であったことは想像するに難くない(64)。さらに一〇月二九日の臨時評議会は総長より諮詢の商科大学設置に関する左案を審議し、原案通り可決した。

一　本大学法科大学ノ経済科并ニ商業科ヲ同大学商科大学ニ移スコト

一　本大学商科大学ニ商業専門科ヲ附属セシムルコト

一　現ニ東京商業学校専攻科ニ在学スル学生ハ之ヲ本大学商科大学ニ移シ其卒業迄東京高等商業学校従前ノ規則ニ依リ修業セシムルコト但シ学生ノ志望ニヨリテハ直ニ商科大学商業科学生ニ引キ直スコト

一　商科大学ノ修業年限ハ三年トスルコト
一　商科大学商業科ニハ高等学校卒業者ノ外商業専門科及高等商業学校ノ卒業者ニ本科生トシテ入学ヲ許可スルコト但シ毎年収容スル高等学校卒業者ト商業専門科并ニ高等商業学校卒業者トノ部合ヲ定ムルコト

そもそも商科（業）大学問題は東京高等商業学校の大学昇格運動に端を発する。本運動は明治三三（一九〇〇）年の商議員渋沢栄一の還暦・授爵祝賀会の席上での渋沢自身の演説中「此の商業学校をして大学の位置にまで進めたい」の一言をもって嚆矢とすると言われる(65)。議会場裡では明治四〇（一九〇七）年の第二三議会における根本正他の提出になる「商科大学設置の建議案」の衆議院における可決、同議会貴族院における「商業教育に関する建議（商業に関する大学程度の教育機関の設立を求める）の可決(66)を始めとして、続く二四議会衆議院での「商科大学設立の建議」可決(67)、さらに明治四二（一九〇九）年、二五議会では根本が商科大学設立に関する質問を試み、政府答弁が慎重調査中とするのを遺憾として「商科大学に関する建議」を可決(68)と、建議を重ね、その勢いは無視し難いものになっていた。

こうした状勢の中で、当時の文相小松原英太郎は東京帝国大学の法科大学内に商業学科を設置、一方東京高等商業学校の専攻部（修業二カ年で学士の称号を与えた）を廃止という挙に出たためいわゆる「申酉事件」を引き起した。その問の経緯は『一橋五十年史』(69)、『一橋大学百年史』(70)、『一橋大学年譜』(71)等に詳しいのでこれらに譲るが、結局学生総退学という事態にたちいたり、渋沢栄一や中野武営らの努力によって東京高商の専攻部存続、一方東京帝大法科大学の商業学科も開設（明治四二年六月）という結果で、一時小康を得たのであった。

それが再度問題化したのがこの時であった。奥田は教育調査会委員早川千吾郎等の実業家側より建議されこの問題

表1　法科大学商業学科入学志願者及び入学者の推移

年度	明治42	43	44	大正1	2	3	4	5
入学志願者	22	10	11	16	6	51	46	54
入学者	22	10	11	13	1	51	42	54

出典）『文部省年報』より作成。

の解決に乗り出したと言われる(72)。この時期には、むしろ東京帝大法科大学の商業学科が目下教員養成中といったこともあって学生が集まらず（**表1**参照）、その廃止説が流れていた(73)。東京帝国大学評議会が上記決議を行なった後の大正二（一九一三）年一一月五日の『教育時論』は、なおも「高商を帝大の一分科として商科大学を特設するは文相が、実業家多年の宿望を容れて決定せし所なりと云ふ」(74)といった、東京高商側を主体とした商科大学設立の観測を流している。しかし奥田は、東京帝国大学評議会の決定、つまり商科大学は東京帝大法科大学中の経済学科及び商業学科を独立させてこれに当て、東京高等商業学校はこれの附属とする、高商専攻科はこれを廃すという線で事を進めた。これによって惹起された反対運動とその経緯については再び『一橋五十年史』等(75)に譲る。が、この問題の終期については一言付言しておく必要があるだろう。『一橋五十年史』等は、それを同年一二月一〇日の奥田文相による提案撤回に置いている。しかし後（4の二）に述べるように、翌年三月三日・一〇日の両日東京帝国大学評議会において逐条審議された「帝国大学官制改正案」は東京高等商業学校を東京帝国大学商科大学附属とすることを既定のこととして作成されていた（二二条及び附則）。時あたかも東京高等商業学校の「研究部臨時大会」において「渋沢栄一・中野武営の両商議員を招聘して先年の商業大学問題についての尽力に対して深甚なる感謝」(76)の会を開いていた（三月一八日）、その時期のことであった。本問題の実際上の終期は、奥田文相が司法大臣に転出し、やがて山本内閣そのものが崩壊したその時だったと言わなければならないだろう。

なお、この高等商業学校を商科大学附属とする条項に対して、東京帝国大学評議会が「本学ニ必要ナシ」と決議したことは注目に値する。この後同学は東京商業高等学校の存廃・所属問題と関係なく、商科大学独立の意向を固め(77)、その動きは大正八（一九一九）年の経済学部新設へと接続するのである。

二　学年改正及び法科大学・高等学校の修業年限短縮問題

学制改革問題中、その発端より終始一貫した主要論点は修業年限短縮問題である。小松原文政下に公布され、奥田の手によって施行延期となった高等中学校令も、その解決を主要なねらいの一つにしていた。高等中学校令案が初め中学校における一年間の短縮（四年修了者を高等中学校へ入れる）を意図し、高等中学校の学年四月開始、修業年限二年半を結果したことは前述（1の二）した。奥田案は、この学年始期の九月より四月への繰上げを大学にまで及ぼし、高等学校の修業年限をさらに半年短縮して二カ年としようとするものであった。また東京帝国大学では明治三一（一八九八）年以来、京都帝国大学では同四〇（一九〇七）年以来、法科大学の修業年限が四年に引き上げられ(78)、医科を除く他科より一カ年、私立諸「大学」より数カ年の開きを生じていた。これが法科大学卒業生の特権（高等文官試験予備試験免除、判検事弁護士無試験資格授与）廃止問題とからまって議論となっていた。奥田はこれを旧に復せしめる案を推進したのであった。学年始期改正及び法科大学・高等学校の年限短縮、これが奥田文政の修業年限短縮案であった。これが実現されれば、もし高等中学校令が施行されていた場合より法科でさらに一年半、他科でもさらに半年の年限短縮が実行されることになる。

奥田は、これらの件に関して、教育調査会の議に付す以前に、四帝国大学総長会議を開き各帝国大学の意見を徴したと推測される(79)。大正二（一九一三）年一一月一〇日の東京帝国大学評議会は旧来九月より開始されていた帝国大学の学年を四月開始に改める件につき審議し、これを「異議ナク可決」している。

さらに同月一八日には第二回の「四大学総長会議」[80]が開かれ、同日の東京帝国大学評議会は左記の七項について審議を行なった。

一　法科大学ノ修業年限ヲ三ヶ年ニ短縮スルコト
二　大学ノ学年ヲ四月ヨリ始ムルコト、ナスコト
三　大学ノ講座制ヲ廃止スルコト
四　各分科大学教授ヲ帝国大学教授トスルコト
五　高等学校ノ修業年限ヲ二ヶ年トスルコト
　但シ医科志望者ニ関シテハ従来ノ通三ヶ年トスルコト
　（学年ハ四月ヨリ始ムルモノトス）
六　高等学校中第一、第四、第八ノ三校ヲ以テ専ラ東京帝国大学ニ入学セントスル者ヲ収容スル学校トシ第三第六ノ二校ヲ以テ専ラ京都帝国大学ニ入学セントスル者ヲ収容スル学校トシ第二高等学校ハ之ヲ東北大《ママ》学附属予科トシ九州ニ在ル高等学校ハ之ヲ九州帝国大学附属予科トスルコト
七　帝国大学令中ニ分科大学ノ修業年限及入学資格ヲ明ニ規定スルコト

審議は主に第五項、すなわち高等学校の年限短縮の可否について行なわれ、その結果全会一致でこれを否決した。そして第一項に関しては単に意見を徴するにとどめ、すでに前回可決している第二項以外を「宿題」としたのである。

第一項は法科大学教授会の議に附すべき事項であった。法科大学では本件に関して大正二（一九一三）年二月一四日、総長臨席のもとで臨時教授会を開き、修業年限短縮案を二六人中一四対一二の小差で可決決定していた。

第三、四、七項は帝国大学令の改正に繋がる事項であり、後（4の二）に見る帝国大学令改正案中に盛り込まれており、第六項は同じく（4の二）帝国大学官制改正案中に盛り込まれており、審議はそこに継続された。特に第六項に関しては、従来「奥田は高等学校大学予科を……各帝国大学に直接分属する大学予備校と為さんとする意見を抱いて居た」(81)と言われてきたが、その方針が推進されようとされていたことが知れるのである。

さて、一一月二六日に開催された教育調査会に附議されたのは、帝国大学法科大学の年限短縮案と直轄学校の入学期変更の二件のみであった(82)。高等学校年限短縮案が附議されなかったのは帝国大学側の反対にもとづくと考えられる。上記二件は特別委員会に附託され、「議論沸騰」(83)の末、一二月一七日の総会において全会一致をもって可決されたのである(84)。

なお、翌日の教育調査会特別委員会は「官私立大学生待遇を同一にすべし、との建議案」の一部である「高等文官、判検事、弁護士、及外交官試験に就ては、官私立大学生平等に受験せしむる事の条項」に関して左記の決議を全会一致で可決した。

決　議

行政官、司法官、弁護士は其出身官公私立の区別奈何に拘らず、一定の方法に依り考試して其就職の資格を与ふるを相当とす。而して試験方法に至っては十分の改善を加ふるの要ありと認む(85)。

これは法科大学の特権廃止に対応する決議であり、当時法制局長官を委員長として審議中であった各種試験改正の委員会の調査と対をなすものであった(86)。

かくして、奥田の考案した修業年限短縮案は、高等学校の年限短縮を除いて実現へと向ったのである(87)。

4　帝国大学令及び同官制改正案

一　帝国大学令改正案

越えて大正二(一九一三)年二月一〇日、東京帝国大学評議会は帝国大学令改正案の逐条審議にはいり、この審議は同月二四日、三月三日の三回にわたった。さらに三月三日、一〇日の両日には帝国大学官制改正案についても逐条審議を行なったのである。

本節では帝国大学令改正案とその審議結果を掲げ検討を加え、帝国大学官制改正案については次項で考察することとする。

帝国大学令(改正案)

第一条　帝国大学ハ高等ナル学術技芸ヲ教授シ及其蘊奥ヲ攻究スルヲ以テ目的トス

第二条　帝国大学ハ大学院及数箇ノ分科大学ヲ以テ構成ス大学院ハ学術技芸ノ研究ヲ指導シ分科大学ハ学術技芸ヲ教授スル所トス

第三条　分科大学ノ修業年限ハ三箇年トス但シ医科大学ニ在テハ四箇年トス

第四条　分科大学ニ入学スルコトヲ得ル者ハ高等学校又ハ修業年限二箇年以上ノ帝国大学附属予科ヲ卒業シタル者若クハ之ト同等以上ト検定セラレタル者タルヘシ
第五条　分科大学ノ学科ヲ卒ヘ定規ノ試験ヲ経タル者ニハ学士ノ称号ヲ与フ
第六条　分科大学ノ卒業者若クハ之ト同等ノ学力ヲ有スルモノニシテ五箇年以上大学院ニ入リ学術技芸ヲ研究シテ定規ノ試験ヲ経タルモノ及論文ヲ提出シテ分科大学教授会ノ審査ヲ経タルモノニハ博士ノ称号ヲ与フ
前項ノ外学術上効績アル者ニ対シテハ教授会ノ決議ヲ経テ博士ノ称号ヲ与フルコトヲ得
第七条　帝国大学ニ評議会ヲ置ク
評議会ハ各分科大学長及各分科大学ノ教授各一名ヲ以テ会員トス
帝国大学総長ハ評議会ヲ召集シ其ノ議長トナル
第八条　教授ニシテ評議員タルモノハ各分科大学毎ニ教授ノ互選ニ依リ文部大臣之ヲ命ス
前項ノ評議員ハ三箇年ヲ以テ任期トス但シ満期ノ後再選セラルヽコトヲ得
第九条　評議会ハ左ノ事項ヲ審議ス
一、各分科大学ニ於ケル学科ノ設置廃止ノ件
二、大学内部ノ制規但シ勅令又ハ省令ヲ発スルノ必要アルモノハ其建議案
三、其ノ他文部大臣又ハ帝国大学総長ヨリ諮詢ノ件
評議会ハ高等教育ニ関スル事項ニ付其ノ意見ヲ文部大臣ニ建議スルコトヲ得
第十条　各分科大学ニ教授会ヲ設ケ教授ヲ以テ会員トス
分科大学長ハ教授会ヲ召集シ其ノ議長トナル

第十一条　教授会ハ左ノ事項ヲ審議ス
一、分科大学ノ学科課程ニ関スル件
二、学生試験ノ件
三、博士称号授与ノ件
四、其ノ他文部大臣又ハ帝国大学総長ヨリ諮詢ノ件
第十二条　分科大学長ハ必要アリト認ムルトキハ教授ノ外助教授又ハ嘱託講師ヲ教授会ニ列席セシムルコトヲ得
第十三条　帝国大学ニ功労アリ又ハ学術上効績アル者ニ対シ勅旨ニ由リ又ハ文部大臣ノ奏薦ニ由リ名誉教授ノ名称ヲ与フルコトアルヘシ
第十四条　帝国大学分科大学ノ種類及各分科大学開設ノ期日ハ文部大臣之ヲ定ム

（以上二月一〇日）

（審議結果）
第一条　改正ノ必要ヲ認メス
第二条　同上
第三条　大学令ヨリ撤去スルコト
第四条　同上
第五条　現在ノ儘ナルモ改正セラル、モ何レニテモ差支ナキコト
但農科ハ改正案ニ賛成
第六条　称号ヲ学位トスルコト

第七条　異議ナシ
第八条　文部大臣トアルヲ帝国大学総長ニ改ムルコト
第九条　評議会ハ高等教育云々トアル高等ノ二字ヲ削除スルコト
第十条　異議ナシ
第十一条　同上
第十二条　同上
第十三条「又ハ文部大臣ノ奏薦ニ由リ」ノ十二字ヲ削ルコト
第十四条　期日ハノ下ニ「当該帝国大学ニ諮詢シテ」ノ十一字ヲ加フルコト
（以上二月二四日）
第十五条　帝国大学分科大学ノ種類ハ別ニ勅令ヲ以テ之ヲ定ム
各分科大学開設ノ期日ハ当該帝国大学ニ諮詢シテ文部大臣之ヲ定ム
（以上三月三日）

本帝国大学令改正案に関して、まず注目されるのは第一条の帝国大学の目的規定である。ここには帝国大学令発布（明治一九（一八八六）年）以来帝国大学を特徴づけ、数次の同令改正においても触れられることなく、大正七（一九一八）年の大学令に引き継がれた「国家ノ須要ニ応スル」の一句がない（帝国大学令第一条　帝国大学ハ国家ノ須要ニ応スル学術技芸ヲ教授シ及其蘊奥ヲ攷究スルヲ以テ目的トス）。単に「高等ナル」とされている。従来、政府作成の大学令案等で「国家ノ須要ナル」の文句がとれたのは一木文政下の大学校令案(88)をもって嚆矢とされているから、本案の存在はそれに先立つ。さらに、大学校令案が帝国大学と別系統の「大学」を認めようとする案であったのに対し、本案は帝国大学令そのものの改正案であるから、さらに画期的なものと言えよう。ここに大正政変の影響を見るべきであろうか。

もっとも東京帝国大学評議会はこの改正を必要なしとして退けたのであるが。

第二条は当時の帝国大学令が分科大学に関し「分科大学ハ法科大学医科大学工科大学……」（九条）と列挙していたのに対して、単に「大学院及数箇ノ分科大学ヲ以テ構成ス」とした。これは帝国大学をもって官立総合大学であることを明示したものと言えよう。また帝国大学令は「大学院ハ学術技芸ノ蘊奥ヲ攷究シ分科大学ハ学術技芸ノ理論及応用ヲ教授スル所」（二条）とし、一方教援、助教授の所属を分科大学としていた（一一条）ことから、とかく大学院生のみが研究し、教授等が研究の主体でないように読めるとの批判があった。改正案は大学院を学術技芸の「研究ヲ指導」する所とし、教授、助教授らの所属を帝国大学そのものに移し（官制改正案　二条　次項参照）たことと合せて、当問題の解決をはかったものと言えよう。

第三条は旧来帝国大学令中に規定なく、なかば分科大学にまかされていた修業年限を同令の規定事項にするもので、修業年限短縮問題との関連がうかがわれる。なお、医科を四年としているが、これも実際上帝国大学医科大学は四年半の過程となっていたから、実施されれば半年の短縮となった。

第四条の帝国大学の入学資格に関しても、旧来は規程がなかった。また大学予科過程を二年とする意図がすべり込まされている。

第五条の入学資格、六条の大学院の修業年限、称号の名称（博士）もまた旧来は規程のなかった事項である。第七〜九条の評議会関係事項はほぼ従来のままであるが、八条では講座制廃止を前提に評議会の審議事項から「講座ノ種類ニ付諮詢ノ件」を落とし、「学位授与ノ件」（同令　八条　四項）を教授会権限に降ろしている。

第一〇〜一二条の教授会関係事項での改正は、教授会の審議事項中、旧来学位に関しては授与資格の審査に限られていたものが「博士称号授与」にまで拡大したにとどまる。一三条の名誉教授規程は新出。第一四条は帝国大学の分科大学の種類を勅令事項から文部大臣権限に移し、開設期日も大臣権限としている。さらに総長・分科大学長権限を完成事項に降ろした点などに特色がみられる。

本案各案に対して東京帝国大学評議会は、帝国大学目的変更は不要（一条）、分科大学修業年限および入学資格を帝国大学令に規定することには反対（三、四条）博士称号は学位であること（六条）、教授より互選した評議員は文部大臣ではなく総長の任命とすること（八条）、評議会の文部大臣への建議権を高等教育から教育一般にまで拡大すること（九条）、名誉教授称号授与は文部大臣の奏薦にはよらないこと（一三条）、分科大学の種類に関しては文部大臣の権限ではなく勅令によること、開設期日については帝国大学への諮詢を要すること（一四条）等の変更を求める決議を行なった。総じて文部大臣の権限強化、あるいは現状維持的条項を問題として、帝国大学の権限の維持、拡大を指向していると言えよう。

二　帝国大学官制改正案

次に帝国大学官制改正案の検討にうつろう。大正三（一九一四）年二月二四日の評議会は、官制改正にかかわって「官制ハ各大学個別ニ制定スルコト」、「講座制ハ之ヲ存置シ講座俸ハ廃止スルコト」の二件を官制案逐条審議に先立って決議した。続く三月三日、一〇日の両日にわたって審議されたのが左案である。審議結果とともに左に記す。

帝国大学官制（改正案）

第一条　帝国大学ハ東京帝国大学京都帝国大学東北帝国大学及九州帝国大学トス

第二条　帝国大学ニ左ノ職員ヲ置ク

総長
教授
助教授
書記官又ハ事務官
学生監
助手
書記

第三条　総長ハ勅任トス文部大臣ノ監督ヲ承ケ帝国大学ヲ総括シ所属職員ヲ統督ス
総長ハ高等官ノ進退ニ関シテハ文部大臣ニ具状シ判任官ニ関シテハ之ヲ専行ス
第四条　教授ハ奏任又ハ勅任トス各分科大学ニ分属シ学生ヲ教授シ其ノ研究ヲ指導ス
第五条　助教授ハ奏任トス各分科大学ニ分属シ教授ヲ助ケテ授業及実験ニ従事ス
第六条　書記官ハ奏任トス総長ノ命ヲ承ケ庶務会計ヲ掌理ス
事務官ハ奏任トス上官ノ命ヲ承ケ庶務会計ヲ分掌ス
第七条　学生監ハ帝国大学高等官ノ中ヨリ之ニ兼任ス
学生監ハ総長ノ命ヲ承ケ学生ノ取締ニ関スル事ヲ掌ル
第八条　助手ハ判任トス各分科大学ニ分属シ教授助教授ノ指揮ヲ承ケ学術技芸ニ関スル職務ニ服ス
第九条　書記ハ判任トス上官ノ命ヲ承ケ庶務会計ニ従事ス
第十条　第二条職員ノ外東京帝国大学及京都帝国大学ニ司書官及司書ヲ置ク司書官ハ奏任トス上官ノ命ヲ承ケ附属

図書館ニ於ケル図書記録及閲覧ニ関スル事務ヲ掌理ス
司書ハ判任トス上官ノ命ヲ承ケ附属図書館ニ於ケル図書記録ノ整理保存及閲覧ニ関スル事務ニ従事ス
第十一条　教授中其ノ大学所設ノ某学科ヲ担任スヘキ者ヲ得サル場合ニ於テハ若ハ総長ニ於テ臨時ニ嘱託セル講師ヲシテ其ノ学科ノ授業ヲ担任セシムルコトヲ得
第十二条　各分科大学ニ学長ヲ置キ教授ヨリ文部大臣之ヲ補ス
分科大学長ハ総長監督ノ下ニ於テ各其ノ分科大学ノ学務ヲ掌理ス
第十三条　東京帝国大学京都帝国大学及九州帝国大学ノ医科大学ノ附属医院ニ医院長ヲ置キ医科大学ノ教授ヨリ文部大臣之ヲ補ス
医院長ハ総長監督ノ下ニ於テ医院ノ事務ヲ掌理ス
第十四条　東京帝国大学医科大学附属医院薬局ニ薬局長ヲ置キ医科大学ノ教授助教授ヨリ文部大臣之ヲ補ス
薬局長ハ総長監督ノ下ニ於テ医院薬局ノ事務ヲ掌理ス
第十五条　京都帝国大学及九州帝国大学ノ医科大学ノ附属医院ニ薬局長ヲ置ク奏任トス
薬局長ハ総長監督ノ下ニ於テ医院薬局ノ事務ヲ掌理ス
第十六条　京都帝国大学及九州帝国大学ノ医科大学ノ附属医院ニ薬剤手ヲ置ク判任トス
薬剤手ハ薬局長ノ指揮ヲ承ケ医院薬局ニ関スル職務ニ服ス
第十七条　東京帝国大学理科大学附属東京天文台ニ天文台長ヲ置キ理科大学ノ教授ヨリ文部大臣之ヲ補ス
第十八条　東京帝国大学理科大学附属臨海実験所ニ臨海実験所長ヲ置キ理科大学ノ教授助教授ヨリ文部大臣之ヲ補ス

臨海実験所長ハ総長監督ノ下ニ於テ臨海実験所ノ事務ヲ掌理ス
第十九条　東京帝国大学理科大学附属植物園ニ植物園長ヲ置キ理科大学ノ教授助教授ヨリ文部大臣之ヲ補ス
植物園長ハ総長ノ監督ノ下ニ於テ植物園ノ事務ヲ掌理ス
第二十条　東京帝国大学農科大学附属演習林ニ演習林長ヲ置キ農科大学ノ教授助教授ヨリ文部大臣之ヲ補ス
演習林長ハ総長監督ノ下ニ於テ演習林ノ事務ヲ掌理ス
第二十一条　東京帝国大学農科大学附属農場ニ農場長ヲ置キ農科大学ノ教授助教授ヨリ文部大臣之ヲ補ス
農場長ハ総長監督ノ下ニ於テ農場ノ事務ヲ掌理ス
第二十二条　東京帝国大学商科大学ニ高等商業学校ヲ附属セシメ教授助教授ヲ置ク
教授ハ奏任トシ助教授ハ判任トス生徒ノ教育ヲ掌ル
第二十三条　東北帝国大学ニ医学専門部及工学専門部ヲ附属セシメ教授助教授ヲ置ク
教授ハ奏任トシ助教授ハ判任トス生徒ノ教育ヲ掌ル
医学専門部及工学専門部ニ主事及生徒監一人ヲ置キ専門部教授ヨリ文部大臣之ヲ補ス
専門部主事ハ総長ノ命ヲ承ケ専門部ノ事務ヲ掌理シ職員ヲ監督ス
生徒監ハ専門部主事ノ指揮ヲ承ケ生徒ノ訓育ヲ掌ル
第二十四条　東北帝国大学及九州帝国大学ニ予科ヲ附属セシメ教授助教授ヲ置ク
教授ハ奏任トシ助教授ハ判任トス生徒ノ教育ヲ掌ル
予科ニ主事及生徒監各一人ヲ置キ予科教授ヨリ文部大臣之ヲ補ス
予科主事ハ総長ノ命ヲ承ケ予科ノ事務ヲ掌理シ職員ヲ監督ス

生徒監ハ予科主事ノ指揮ヲ承ケ生徒ノ訓育ヲ掌ル

第二十五条　東京帝国大学農科大学附属農業教員養成所ニ農業教員養成所主事ヲ置キ農科大学ノ教授助教授ヨリ文部大臣之ヲ補ス

農業教員養成所主事ハ農科大学長監督ノ下ニ於テ農業教員養成所ノ事務ヲ掌理ス

第二十六条　東京帝国大学及京都帝国大学ノ附属図書館ニ図書館長ヲ置キ教授助教授又ハ司書官ヨリ文部大臣之ヲ補ス

図書館長ハ総長監督ノ下ニ於テ図書館ノ事務ヲ掌理ス

第二十七条　第十一条ノ規定ハ附属高等商業学校医学専門部工学専門部及予科ニ関シ之ヲ準用ス

附　則

本令ハ大正三年四月一日ヨリ之ヲ施行ス

東京帝国大学官制京都帝国大学官制東北帝国大学官制及九州帝国大学官制ハ本令施行ノ日ヨリ之ヲ廃止ス

本令施行日ヨリ東京高等商業学校ハ東京帝国大学商科大学附属高等商業学校トシ第二高等学校ハ東北帝国大学附属予科トシ第五高等学校ハ九州帝国大学附属予科トス但シ現ニ東京高等商業学校専攻部ニ在学スル生徒ハ之ヲ東京帝国大学商科大学ニ編入ス

本令施行ノ際東京高等商業学校教授ニシテ東京帝国大学商科大学附属高等商業学校教授ニ任セラレタル者第二高等学校教授ニシテ東北帝国大学予科教授ニ任セラレタル者及第五高等学校教授ニシテ九州帝国大学予科教授ニ任セラレタル者ニ関シテハ高等官官等俸給令第十条第四項ノ適用ニ付前官ノ在職年数ヲ通算ス

（審議結果）

第一条　削除ノコト

第二条　東京帝国大学ニ左ノ職員ヲ置ク

総長

教授

助教授

書記官

事務官

学生監

司書官

技師

書記

司書

技手

但史料編纂官及史料編纂補ノ件ハ後廻ハシトシ助手ノ件ハ総長ニ一任スルコト

第三条　第一項「勅任トス」トアルヲ実際勅任官又ハ親任官トナスコト

第四条　第二項ヲ左ノ通改メ左ノ第三項ヲ加フルコト

教授ハ各分科大学ニ置ク所ノ講座ヲ担任シ学術ヲ研究シ学生ヲ教授シ其研究ヲ指導ス

教授ハ学術研究上ノ都合ニ依リ講座ヲ担任セサルコトアルヘシ
第五条　「実験」トアルヲ「研究」ニ改ムルコト
第六条　異議ナシ
第七条　第一項ヲ削リ第二項学生監ノ次ニ「奏任トス」ノ四字ヲ加フルコト
第八条　異議ナシ
第九条　異議ナシ
第十条　第一項ヲ削ルコト
第十一条　「若ハ総長ニ於テ臨時ニ嘱託セル」ノ文字ヲ削リ「授業」トアルヲ「講座」ニ改ムルコト（但字句ハ総長ノ意見ニ一任ス以下同断）現帝国大学令第十二条（必要アル場合ニ於テハ帝国大学総長ハ講師ヲ嘱託スルコトヲ得）ノ趣旨ノ一条ヲ総長ニ於テ適当ト認メラルヽ位置ニ挿入セラルヽコト　（以上三月三日）
第十二条　学長ハ教授ノ互選ト為シ任期ハ三ケ年トスルコト
第二項「学務ヲ掌理ス」トアルヲ「事ヲ掌ル」ニ改ムルコト
第十三条　異議ナシ
第十四条　薬局長ハ医院長監督ノ下ニ於テト改ムルコト
第十五条　削除
第十六条　薬剤手ヲ置キ適当ノ位置ニ挿入スルコト
第十七条　異議ナシ
第十八条　異議ナシ

第十九条　同上

第二十条　農科大学附属演習林ニ演習林長一人主事四人ヲ置キ農科大学教授助教授ヨリ文部大臣之ヲ補ス

演習林長ハ総長監督ノ下ニ於テ演習林事務ヲ掌理ス

主事ハ総長監督ノ下ニ於テ演習林長ヲ輔ケ演習林ノ事務ヲ分掌ス

附　農科大学附属演習林ノ事業ノ整理進展ヲ為サシムル為農料大学ニ左ノ職員ヲ置ク

演習林技師　　専任五人奏任

演習林技手　　専任十八人判任

演習林書記　　専任八人判任

右ノ一ケ条ヲ適宜ノ位置ニ追加スルコト

第二十一条　異議ナシ

第二十二条
第二十三条
第二十四条　本学ニ必要ナシ

第二十五条　異議ナシ

第二十六条　異議ナシ

第二十七条　本学ニ必要ナシ

附則ハ附議セラレス

一　史料編纂掛文科大学ノ附属トシ編纂官編纂官補書記及掛長一人ヲ総長監督ノ下ニ置クコト

一　看護婦ノ判任ニ進ムルノ途ヲ開キ医科大学附軋属病《ママ》ノ職員ト為スコト
一　講座制ト講座俸トノ関係ニ就キ更ニ協議ノ上去二月二十四日決議ノ通講座俸ヲ廃スルコトニ決ス（以上三月十日）

まず本官制案の一大特色は、これまで各帝国大学ごと個別に官制が定められていた（明治三〇〔一八九七〕年京都帝国大学設立以来）のに対して、四帝国大学を包括する一つの官制案となっている点にある。これには行政整理的な指向が感じられる。前述したように、東京帝国大学評議会は逐条審議に先立ってこれをした。従って逐条審議は東京帝国大学関係事項に対してのみ行なわれたのである。

評議会では政府案が教授・助教授など旧来分科大学職員とされてきた者を帝国大学職員とすることを可としまた政府案の人員整理的意図に反して、帝国大学職員中に技術要員（技師、技手）を含めるよう要求している（二条）。三条に関して評議会は総長に親任官へ昇る道を与えるよう要求しているが、こうした案は従来よりあり、総長選任難の一因はその地位待遇にあると言われていたのである(89)。政府案の講座制廃止を前提とした規定に対しては、二月二四日の決議にもとづき講座制を維持した規定を対置させており、さらに「教授ハ……学術ヲ研究シ」と規定し教授が研究の主体であることの明記が意図された（四条）。

第一二条では評議会が分科大学長の互選を打ち出し、注目される。第二二条の東京帝国大学に高等商業学校を付属せしむる規定を「本学ニ必要ナシ」としている点については前（3の一）に述べた。付則に関しては評議会は審議を行なっていないが、前項で見た各高等学校を個々の帝国大学の所属とする構想が、第二高等学校（東北帝国大学予科）と第五高等学校（九州帝国大学予科）に限って官制案レベルまで検討されていたことが知れる。また東京高等商業学校の帝国大学商科大学への併合形態もはっきり示されている点が注目されよう。

以上二項にわたって、帝国大学令及び同官制改正案の内容を紹介し検討してきた。これらを通じて言えることは、奥田文政が帝国大学を官立総合大学として整備しようとしていたこと、そこには行政整理的指向がからんでいたこと、修業年限の短縮に留意したこと、そして帝国大学職員の人事権に関しては徹底的に現行を維持し、各領域で文部大臣権限を拡大し、勅令による裏付けを強化しようとした点などである。その一方、帝国大学評議会は、これの審議を通じて旧来の権限を守り、さらに自治拡大の要求を盛り込もうと意図したといえよう。

三　帝国大学令改正問題と「単科大学令案」

以上、帝国大学令及び同官制案の特徴について述べてきた。本項では、さらに、この時期に帝国大学の包括的な改正案が準備されたことの大学法制史上、学制改革問題史上の意義を明らかにしたい。

そもそも帝国大学令は森文政時代の明治一九（一八八六）年三月発布以来、同二三（一八九〇）年の分科大学種別の追加（農科大学）、さらに井上文政下の明治二五、六（一八九二、九三）年の管理組織大幅変更（評議官一名の互選制、教授会の法制化等）、講座制の導入、一部条項の官制への移譲等、若干の改正は行なわれたものの、根本的な改変は受けずに大正の初頭に至っていた。しかし、条文上の改正の有無にかかわらず、帝国大学制度そのものは構造的な変化を引き起こしており、それが学制改革問題に大きな影響を及ぼしていた。

つまり帝国大学令は当初、東京の帝国大学一校を支配すべく生み出され、明治三〇（一八九七）年に京都帝国大学が設立されると、それをも包摂する規定となり、さらにこの時期までに東北、九州の両帝国大学が生まれることによって、いわば官立総合大学――その統合性もずいぶんあやしげなものとなっていたが――の包括規定となっていた。にもかかわらず、同令は小学校令や中学校令などと基本的に異なる構造を持っていた。つまり小学校令、中学校令、専門学校令はともに国公私立いずれの学校をも包括する規定であったの対し、帝国大学令は官立総合大学たる帝国大学のみを支配する規定にとどまっていたのである（このことは高等学校令についても言える）。私・公立の高等教育機関の昇格運動が力を得、帝国大学以外の官立高等教育機関の大学昇格への動きが活発化するようになると、早晩帝国大学令の改正問題が議論の俎上に上らざるを得なかったのである。

議会場裡では、明治四二（一九〇九）年第二五議会、同四三（一九一〇）年第二六議会衆議院に藤沢元造他提出になる左記のような建議案が提出されている(90)。

帝国大学令改正に関する建議案

現今の帝国大学令は各分科の綜合大学のみを認めて一分科の独立大学を認めす国立大学のみを認めて官公私立の大学を認めす是れ学術の進運を防遏し教育の発達を阻害するの甚しきものなり依りて速に之か改正を為し一科分立の大学も亦之を許し且官公私立を通して適用し得る様大学令を改正せられむことを望む

右建議す

これは旧来の修業年限短縮問題とは別に、新たに帝国大学令改正によってその適用範囲を単科あるいは公私立大学にまで広げることを求める学制改革問題の新展開への画期をなすものであった。そして、この時期にこうした意見が有力になった背景には先（2の二）に述べたように、新設の東北、九州両帝国大学の設立事情があった。東北帝国大学は明治四〇（一九〇七）年に設置の勅令が公布されたが、この時存在したのは札幌農学校を昇格させた札幌の農科大学のみで、仙台の理科大学の開設はやっと四三（一九一〇）年の末であった。以降札幌の農科大学は北海道帝国大学として独立し医学部を設置する（大正八〔一九一九〕年）まで、仙台の理科大学は医科大学開設（大正四〔一九一五〕年）まで事実上単科大学として存在したのである。また九州帝国大学の場合は、明治三六（一九〇三）年福岡に医科大学を京都帝国大学福岡医科大学として開設、明治四三年工科大学とともに九州帝国大学となるまで、事実上単科大学として存続させていた。前述の建議はこうした事実のもとに、帝国大学令の適用範囲を拡大する改正を要求するものであった。

奥田が、私公立、単科大学を認める方向で勅令の整備を考慮した際も、これを帝国大学令の改正による適用範囲拡大――帝国大学と他の官立、公私立大学を同一勅令支配のもとにおく――によってするのか、帝国大学令とは別に、いわゆる「単科大学令」（「私立大学令」とも俗称された）を公布することによるのかの選択を迫られた。大正三（一九一四）年早々の『教育時論』は、文部当局がこれを後者によろうと決した旨の報道を流している(91)。

　単科大学案内容
文部省より教育調査会に提案せんとする単科大学案は、現行帝国大学令には何等の関係なく、単行法を以て公布する由にて、其内容は官公私立大学にして基礎鞏固なるものに対し、一定の条件の下に単科制度を許可し、以て多年の宿題たる官私待遇を平等になさんとするにありて、……

この記事に限らず、この時期に文部当局が「単科大学令案」の作成に取り組んでいたことを示す記事は多い。奥田は、一方で帝国大学以外の官公私立大学を認める「単科大学令案」を構想し、その一方で帝国大学令を官立総合大学の規定としてより「整備」されたものに改正しようとした。これが前項、前々項で検討してきた帝国大学令及び帝国大学官制案だったと考えられるのである。この二勅令並立の構想は、大正七（一九一六）年の大学令の制定によって帝国大学令が勅令となったことと合せ考えると、その過渡的――一木、高田案につながる――意義がより明らかになるだろう。

奥田は大正三（一九一四）年三月六日松田司法大臣の死後兼任（大正二〔一九一三〕年一一月一一日）していた司法大臣に専任し、文部大臣の職を去った。この転任の原因には二説ある。その一つは学制改革問題に行き詰っての遁走(92)、他の一つは折から起ったシーメンス事件により重要性の増加した司法大臣職へ請われての専任(93)である。確かに奥田の学制改革案は順調に実現に向かっていたとは言えないが、しかしそれは遁走を必要とするほどの状況であったろうか。ともあれ文相は大岡育造に交代、ほどなくかのシーメンス事件は山本内閣そのものを倒閣に追い込んだ。それとともに本帝国大学令改正案も一片の空文と化し、評議会記録中の片隅に埋もれた。

5　おわりに

以上、本章は従来学制改革問題史において注目されることの少なかった奥田文政時代について東京帝国大学評議会記録中より発見された奥田文政時代の帝国大学令及び同官制改正案を軸に、その再評価を試みてきた。こうして、奥田文政を明治期学制改革問題のいわば尾と見る従来の見方に対して、それをかの大正政変によって生れた第一次山本内閣の文相という歴史的位置にふさわしく、大正期学制改革論の頭として再評価してみると、さらに次の推論をたてる誘惑にかられざるを得ない。

つまり、従来、大正の学制改革論議の頭として疑われることなく位置づけられてきた、かの一木文相の大学校令案は、実は奥田文政下に帝国大学令改正案と対で準備されていた「単科大学（私立大学）令案」ではなかったか、少なくとも、その立案作業の継続の結果ではないか、という推論である。

この推論に僅かながら傍証はある。大学（大学校）の目的規定に「国家ノ須要ニ応スル学術技芸」に代えて「高等ナル」（奥田案）「高等ノ」（一木案）という文言を用いている点の類似、奥田時代の本令は学位令とともに用意されていると言われていたが(94)、一木案がやはり学位令改正案と組で提出された点などである。また文部次官（福原鐐二郎）に交代がなかったことは、立案作業の継続の可能性を暗示している。さらに、第二次大隈内閣のもとで一木喜徳郎が文相に就任したのが大正三（一九一四）年四月一六日、大学校令案が教育調査会に提出されたのが同年六月二〇日で、その間僅かに二カ月余であり、本案がこれまで主として内務畑を歩んできて、特に学制改革問題に明るかったとも思えない(95)一木文相の作成になるものとは考え難いのである。

もとより、この推論に直接の証拠はない。しかし、いずれにしても従来の学制改革問題の研究は『明治以降教育制度発達史』に収録された資料に援けられ、またそれによって視角を規定されてきたように見える。新たな資料の発掘と、それを可能とする研究視角の確立が望まれる次第である。

注

(1) 海後宗臣『日本教育小史』一九四〇年、一八二頁。
(2) 大久保利謙『日本の大学』一九四三年、三五四頁。
(3) 同上、三五九頁。
(4) 久保田譲「学制改革の発端」国民教育奨励会編『教育五十年史』一九二二年、一六三～四頁。
(5) 大久保、前掲（2）、三五二頁。

（6）国民教育奨励会、前掲（4）、二九五〜三一七頁。
（7）同上　三〇四頁。
（8）教育史編纂会編『明治以降教育制度発達史』四・五巻　一九三八、三九年。奥田評価は五巻一一八〜二〇頁。
（9）大久保、前掲（2）、三六七頁。
（10）海後宗臣編『臨時教育会議の研究』東京大学出版会、一九六〇年。
（11）国立教育研究所『日本近代教育百年史』第四巻、教育研究振興会、一九七四年。
（12）坂野潤治「桂園内閣と大正政変」『岩波講座　日本歴史一七　近代四』岩波書店、一九七六年、二九〇頁。
（13）升味準之助『日本政党史論』第三巻（東京大学出版会、一九六七年）一〇八頁。
（14）坂野、前掲（12）、二〇九頁。
（15）内田糺「明治後期の学制改革問題」仲新監修『日本近代教育史』講談社、一九七三年、二〇九頁。
（16）国立教育研究所、前掲（11）一二二四〜三〇頁。
（17）安部磯雄編『帝国議会教育議事総覧』第二、一九三二年、三八八頁。
（18）同上、第三、一七〜二五頁。
（19）同内閣では長谷場が病気で辞任、一時農商務大臣牧野が文部大臣を兼任した。
（20）鵜崎鷺城「山本内閣の智嚢」（「奥田文相論」）『中央公論』（二八年七号、一九一三年六月）五九頁。
（21）岡田朋治『嗚呼奥田博士』一九二二年、三六〜七頁。
（22）鵜崎、前掲（20）、六〇頁。岡田、同上、二〇一頁。
（23）山本と奥田のコンタクトは第四次伊藤・第一次桂内閣時代の台湾彩票発行問題で意見を同じくして以来のことと言われている（鵜崎、前掲（20）、六〇頁）。
（24）三宅雪嶺「奥田文相」（「奥田文相論」前掲（20））、五七頁。
（25）「奥田文相に望む」（時評）『太陽』十九巻五号、一九一三年四月、三一頁。
（26）「新文相と私学」（時事彙報）『教育時論』一〇〇四号、一九一三年三月五日、四一頁。
（27）教育史編纂会、前掲（8）、五巻一一七八〜九頁。

なお、高等中学校令の起案より公布までの叙述は同書(一一五一～八一頁)におっている。
(28) 例えば「高等中学校令(その実施延期を望む)」(社説)『教育時論』、一〇〇四号、一九一三年三月五日、一頁。
(29) 花見朔巳編『男爵山川先生伝』故男爵山川先生記念会、一九三九年、一四〇～一頁。
(30) 家永三郎『大学の自由の歴史』塙書房、一九六二年、四二～三頁。
(31) 例えば、伊ケ崎暁生『大学の自治の歴史』(新日出版社、一九六五年)二七～三〇頁。国立教育研究所、前掲(11)、四巻、一二一九～二〇頁(寺﨑昌男執筆)、一三一二～一三頁(麻生誠執筆)。
(32) 伊ケ崎、同上、三〇頁。
(33) 京都大学七十年史編集委員会編『京都大学七十年史』一九六七年、五〇頁。
(34) 下村寿一『岡田良平』一九四三年、八四頁。
(35) 京都大学七十年史編集委員会、前掲(33)、五〇頁(例えば「曾て岡田良平が総長になった時、教授時間に各教室を見舞ったというので、総長は我々の教授振りを迄監視せんとするのが怪しからぬ振舞だといって憤慨し……」佐々木醒雪「両大学総長――浜尾総長と菊池総長」『中央公論』二五年四号、一九〇九年、一六九頁。
(36) 三宅雄二郎「東西両大学総長」(「浜尾総長と菊池総長」同上、一五四頁)。
(37) 同上、一五三頁。
(38) 国立教育研究所　前掲(11)、四巻一一二二頁。
(39) 京都大学七十年史編集委員会、前掲(33)、五三頁。
(40) 『福岡日日新聞』一九一一年一二月二日(花見、前掲(29)、二二〇～二二頁所収)。
(41) 『大阪毎日新聞』一九一二年八月九日(同上、二二三頁所収)。
(42) 花見、同上、二二二頁。
(43) 「長谷場前文相学制談」(時事彙報)『教育時論』一〇二一号、一九一三年八月二五日、三一頁。
なお、本官制改正案は当時の『教育時論』の伝えるところによれば以下のごときものであった。「改正案によれば、帝国大学総長は官名に非ずして一種の補職に過ぎず、故に総長は独立せる行政官たるの資格を失し、学長同様一の事務官となり、総長の儘教授として講座を担当するを得べし、学長が分科教授会に於て推挙せらるゝが如く、総長は各分科の希望を比較的に実現し得る訳にて、所謂自治案に近きものたる也」「帝国大学官制改正案」（時事彙報）『教育時論』九八九号、一九一二年一〇月五日、三七頁。

(44)「文相排斥運動」（時事彙報）『教育時論』九九八号、一九一三年一月五日、四三頁。

(45)「帝国大学官制の改正」（時事彙報）『教育時論』一〇〇五号、一九一三年三月一五日、三二～三三頁。

(46) 安倍、前掲（17）、九〇頁。

(47) 同上、一〇三頁。

(48)『教育時論』（社説）九九九号、一九一三年一月一五日、一頁。

(49)「日本の教育制度」（時事彙報）『教育時論』九八七号、一九一二年九月一五日、四三～四四頁。「エ博士の日本教育評」（時事寓感）『教育時論』九九二号、一九一二年一一月五日、九九二号、四五頁。

(50)「エ博士と某氏」（時事彙報）『教育時論』九九三号、一九一二年一一月一五日、四二頁。

(51)「エリオット博士の説」（時事寓感）『教育時論』九九二号、一九一二年一一月五日、四五頁。

(52)「学制調査機関」『教育時論』九九三号、一九一二年一一月一五日、四六頁。

(53) 安倍、前掲（17）、一六四頁。

(54) 同上、一五九～一六七頁。

(55)「教育調査会人選発表」（時事彙報）『教育時論』一〇一六号、一九一三年七月五日、三七頁。

(56)「教育調査会問題」『教育時論』一〇一七号、一九一三年七月一五日、一八頁。

(57) 当時該調査機関の所属、権限に関しては三説があった。つまり（一）「陛下直隷案」――組織権限を参謀本部に則り、全然政争政変以外に超越――枢密院、貴族院に賛成者多数、（二）「内閣直属案」――法典調査会の如く、朝野各方面、殊に政府側は各省より有力なる委員を任命し、陸海軍、文部、逓信、農商務各省の教育、訓練の統一連絡を計る――各方面に多数の賛成者、（三）「文部省直轄案」――現高等教育会議の規模拡張――文部省内に賛成者多数。（「教育調査機関世説」『教育時論』一〇〇六号、一九一三年三月二五日、三七頁）。

(58)「教育調査会」（社説）『教育時論』一〇一七号、一九一三年七月一五日、一頁。

(59)「教育調査会問題」、前掲（56）、一八～二二頁。なお、本記事は調査会に対する世論を収集している。

(60) 文部省教育調査部『学制に関する諸調査会の審議経過』一九三七年、一一頁。
(61) 平原春好『日本教育行政研究序説』東京大学出版会、一九七〇年、三三九～四〇頁。
(62) 「学制諸問題解決近」(時事彙報)『教育時論』一〇二六号、一九一三年一〇月二五日、二九頁。
(63) 「教育調査会問題」、前掲(56)、一八頁。
(64) 同月中に奥田と渋沢栄一の会見が行なわれ、商業大学問題が勃発する。
(65) 東京商科大学一橋会『一橋五十年史』一九二五年、四七頁。
(66) 安倍、前掲(17)、三三四～三五頁。
(67) 同上、三四五～六頁。
(68) 同上、三八九～九〇頁。
(69) 東京商科大学一橋会、前掲(65)、一〇七～七九頁。
(70) 作道好男他編『一橋百年史』財界評論社、一九七五年、三二六～九二頁。
(71) 『一橋大学年譜』I、一橋大学、一九七六年、四五～八頁。
(72) 「商科大学と当局」(時事彙報)『教育時論』一〇二六号、一九一三年一〇月二五日、二九～三〇頁。
(73) 法科大学では一九一四年度より商科定員五〇名に満たざる場合、高等学校文科及び学習院高等科卒業生の入学、転科、転学を許可する方針に決したが、この年より入学希望者が定員に達し、実施されなかった。
(74) 「商科大学の争点」(時事彙報)『教育時論』一〇二八号、一九一三年一一月五日、四〇頁。
(75) 東京商科大学一橋会、前掲(65)、一九三～九頁。
(76) 同上、三〇三頁。
(77) 一九一五年七月一二日の評議会記録によれば、法科大学より商業及び経済学科を分離し、一分科大学を新設するための予算の計上(学長の補職給)を五年度に行なうことに決している。
(78) 京都帝国大学法科大学は開設時は四年制をとり、一九〇三年の学科制廃止を期に三年制に改めていたが、一九〇七年旧に復していた(『京都大学　七十年史』、前掲(33)、三四九～五〇頁)。
(79) 一九一三年一一月五日の『教育時論』(一〇三〇号、四五頁)中には、該三件に関して「頃日大学四総長と、文部当局との間に協議」を開いた旨の記事がある。あるいは帝国大学総長会議の嚆矢かと思われる。
(80)「学制案の大勢」（内外雑纂）『教育時論』一〇三一号、一九一三年一二月五日、二六頁。
(81) 教育史編纂会、前掲（8）、五巻、二八二頁。
(82)「学制新案附議」（時事彙報）『教育時論』一〇三一号、一九一三年一二月五日、二六頁。
(83)「教育調査諸案」（時事彙報）『教育時論』一〇三二号、一九一三年一二月一五日、三一頁。
(84)「教育調査会」（時事彙報）『教育時論』一〇三四号、一九一三年一月一五日、六〇頁。
(85) 同上、六一頁。
(86)「帝国特権廃止」「試験制度改正大会」（時事彙報）同上、六二頁。
(87) 実際に学年開始期が四月に改められたのは一九二一年度からである。
(88) 本案には「高等ノ学術技芸ヲ教授スル学校ハ本令ニ依リテ大学校ト為スヲ得ルコト」（教育史編纂会、前掲（8）、五巻一一八三頁）と規定している。なおこれは専門学校令第一条の規定を生かしたものと言われる（海後、前掲（10）、五八八頁）。
(89)「大学官制の改善」（時事寓感）『教育時論』九八六号、一九一二年九月五日、四四頁。
(90) 安倍、前掲（17）、三八八頁、前掲（18）、三七頁。
(91)『教育時論』（時事彙報）一〇三四号、一九一四年一月一五日、三一頁。なお、文部当局は、帝国大学令とは別に公私立大学を支配する新大学令も制定するという構想をすでに長谷場文相時代に抱いていたと言われる。（「新大学令問題」（時事彙報）『教育時論』九八一号、一九一二年七月一五日、三五〜六頁。
(92)「文部大臣の更迭」（社説）『教育時論』一〇四一号、一九一四年三月一五日、一〇四一号）、一頁。
(93) 岡田朋治、前掲（21）、二〇六〜七頁。
(94)「学位令改正か」（時事彙報）『教育時論』一〇三六号、一九一四年一月二五日、三七頁。
(95) 一木は自伝（『一木先生回顧録―一木喜徳郎自伝』一九五四年　六〇〜一頁）中で、文部大臣就任事情について以下のごとく述べている。「文相として（大隈内閣）入閣の交渉があったので、他にも相談した処『貴族院から一人も加はらぬと云ふことは今迄も無いことであるし、将来にも悪例を作ることになるから』とのことで承諾することになった」。なお、本自伝では大学校令案については全く触れていない。

（本章中、評議会及び教授会の審議経緯の記述については、それぞれ『評議会記録』、『教授会記録』等による）。

第七章　帝国大学制度調査委員会に関する一考察

1　はじめに

大正七（一九一八）年三月一九日評議会の決議にもとづき、東京帝国大学内に帝国大学制度調査委員会(1)が設置された。山川健次郎総長を委員長とし各分科大学より選出された三〇名の委員により、同月二七日より四月三〇日にいたる一〇回にのぼる会合で一三件の帝国大学制度改革に関する審議決定を行なった。法定の最高決定機関たる評議会を補助するべく設けられた大規模委員会の、そして大学制度問題検討のために設けられた専門的委員会の嚆矢である。

そもそも帝国大学評議会は、今日の一国立大学の評議会と異なり、こと高等教育に関しては文部大臣の諮問機関的地位を法的に占め、建議権をも付与されていたのである。帝国大学令は明治一九（一八八六）年三月に制定（勅令第三号）されたが、井上文政下の明治二五、六（一八九二、九三）年に大学の自治を拡大する大改正がなされた。明治二五（一八九二）年九月の改正で旧来評議会構成員たる評議官（員）の選出を文部大臣による各分科大学教授よりの「特選」としていたものを、一名は各分科大学長（法科は教頭）に固定し、他の一名は各分科大学教授会の互選にもとづく任命と改めた。さらに同二六（一八九三）年八月の改正で、従来「学科課程ニ関スル事項、大学院及分科大学ノ利害銷長ニ関スル事項」（第七条）に限定されていた審議権が大幅に拡大されたのである。

つまり、（1）学科の設置廃止、（2）講座の種類、（3）大学内制規、（4）学位授与のほか、（5）文部大臣または総長より諮詢の件、がその審議事項とされ、さらに「高等教育ニ関スル事項ニ付其ノ意見ヲ文部大臣ニ建議」する権限を持つ旨付記されたのである（「帝国大学令」明治二六（一八九三）年八月一日、勅令第八二号、第八条）。

右の高等教育に関する建議権は、第五項の文部大臣による諮詢事項の審議権とともに、明治二九（一八九六）年の高等教育会議に始まる文部大臣または内閣直属の教育政策に関する諮問委員会の存在にかかわらず、また明治三〇（一八九七）年の京都帝国大学設立以来の帝国大学の増設、さらに大正七（一九一八）年一二月に官公私立大学を統轄する大学令が制定され帝国大学令がいわばその下位法令となった（改正は大正八（一九一九）年二月）後も存続し（第七条）第二次大戦後の教育制度の全面的改編に至るまで失われることがなかったのである。

帝国大学の高等教育制度に関する発言権はこのように法制上のものであったが、それによって帝国大学評議会は大正期の大学制度改革の中でも少なからぬ役割を果したのである。そもそも大正七（一九一八）年の大学令制定に至る大学制度改革の端初をなす奥田文政下の「帝国大学令改正案」（大正三（一九一四）年）は奥田文相みずからが高等教育会議にかえて設置した文相諮問機関たる教育調査会に提出される以前に、総長諮詢というかたちをとって東京帝国大学評議会の逐条審議に付されている(2)。結局この案は山本内閣の瓦解によって教育調査会に提出されることなく終ったが、続く大隈内閣、高田文相によって帝国大学評議会を素通りして教育調査会に提出された大学令案は、帝国大学側の座視し得ない内容をもっていた。この問題への東京帝国大学評議会の対応の経緯は後述するところであるが、この対応の中で教授会→評議会といういわば法定の形式的プロセスを越えた大学としての意志決定過程が論議にのぼり、そこに委員会設置の構想が芽生えたのである。

政権再び交代して寺内内閣、岡田文相のもとで、大正六(一九一七)年内閣直属の諮問機関として臨時教育会議が設置され、官公私立大学を統轄する大学令の制定が日程にのぼると、山川総長の発議によって東京帝国大学評議会は、帝国大学制度検討のために帝国大学制度調査委員会の設置に踏み切ったのである。その後戦前の東京帝国大学には小野塚総長時代に「大学制度調査委員会」(昭和三(一九二八)年)、長与、平賀両総長にまたがって「大学制度(臨時)審査委員会」(昭和一二(一九三七)〜五(一九四〇)年)が設置されたが、帝国大学制度調査委員会はこれら大学制度関係委員会の端初をなすものである。

本章はこの帝国大学制度調査委員会の成立、審議の経緯、教授会、評議会との関係、実施の状況等を資料的に明らかにすることを通じて、その大学制度史上の位置を究明する糸口を得ることを目的とする。

2　高田大学令案への対応と委員会の萌芽

大正四(一九一五)年八月、大隈内閣の内閣改造によって早稲田大学総長高田早苗が文部大臣の座についた。これより先、一木喜徳郎文政下の教育調査会では「大学校令案」が諮詢されているところに、委員の一人である菊池大麓からいわゆる「学芸大学案」が提出され、さらに諮詢案を検討するはずの特別委員会が独自の案を作成するといった具合に紛議を極めていた。こうした事態の中でようやく「中学校卒業者ヲ収容シテ四箇年以上ノ教育ヲ授クル学校ヲ大学トス」という、いわゆる先決問題の一件が可決された。高田は菊池らとともに本件の提案者の一人であり、文相就任とともに大学制度改革に相当の意欲をみせた。そしてこの先決事項にそった大学令案を教育調査会に諮詢したのである(3)。

この問題に関して東京帝国大学評議会は、大正四年九月二八日に協議を行い、左記の申請書を文部大臣に提出することに決した。

今回教育調査会ニ提出セラレタル大学令案ハ事東京帝国大学ハ勿論一般高等教育ニ関スル重要ナル事項ヲ含メルモノト存セラレ候ニヨリ本大学評議会ニ御諮詢相成候様致度右評議会ノ決議ニ因リ比段申請候也

年　月　日　　　　　　　　　総　　長

文部大臣宛

東京帝国大学のこの動きに対して高田文相ははじめ、大学令案は帝国大学には関係なしとしてこの申請を承認しなかったが、山川健次郎東京帝国大学総長は直接文部省に出向き、これを強硬に主張したと言われる。その結果一〇月一日付けで文部次官より左記の諮詢がなされた(4)。

今般教育調査会ニ諮詢セラレタル大学令案ハ帝国大学ニハ直接ノ関係ナシト認メ諮詢セラレサル予定ニ有之候処先般御申出ノ次第モ有之候ニ付別記大学ノ要項及御回付候間評議会ニ於テ御審議ノ上御意見開相成度候尚帝国大学ノ修業年限短縮ハ世論ノ一般ニ希望スル所ニシテ適当ナル成案ヲ得バ誠ニ教育界ノ慶事ト被存候ニ付御審議ノ際ニハ独リ右大学令案ノ各条項ノミニ限ラス帝国大学修業年限ノ短縮方法ニ関シテ十分御攻究相煩ハシ度其結果同時ニ御報告相成度候尚又本件ハ目下教育調査会ニ於テ審議中ニモ有之候間可成急速ニ御取纏相成候様特ニ御配慮ヲ得度不堪希望候

右大臣ノ命ニ依リ得貴意候　　　　　　　　　　　　　　　　　　　　　　　　　　　敬　具

大正四年十月一日

文部次官　福原鐐二郎

東京帝国大学総長

理学博士山川健次郎殿

本諮詢事項は、まず一〇月二日の評議会で協議され、各分科大学教授会の意見を徴した上で更に評議会を開くこととなったが、この際、場合によっては「教授総会」を開くよう協議された点が注目される。さらに一〇月六日の評議会は大学令案と帝国大学の修業年限短縮問題に関して、次のような答申を早々に決議している。

御諮絢相成候大学令案并帝国大学修業年限ノ件ニツキ評議会ニ於テ審議ヲ遂ケ左ノ通決議致候

一、大学令案ハ其主要ノ条項ニ於テ不備ノ点有之ト被存候間当局ニ於テ更ニ御考究ノ上其成案ヲ御諮詢相成度コト

一、各分科大学ノ修業年限ハ之ヲ短縮スルノ余地ナシト雖モ予備教育以下ニ於テ現今ノ学力ヲ低減セスシテ年限ヲ短縮スル良法アルヤモ計リ難シ此等ノ方法御調査ノ上其成案ヲ更ニ御諮謁相成度コト

右及答申候也

年　月　日　　　　　　　　　　　　　　　　　　　　　　　　　　　総　長

文部大臣宛

しかし評議会はこの決議で大学令案への対策を終えたのではなかった。一一月二三日の評議会は左記のように、大正三年の帝国大学令改正案のごとく、教育調査会へ提出する前に帝国大学評議会に諮詢をするよう求める上申案を決議するとともに、大学制度問題に関する東京帝国大学内の意見取り纏め方に関して、各分科大学教授会の意見徴集を決めたのである。

文部大臣　上申案

大学令制定ノ件ニ関シテハ先般御諮詢ノ際答申ノ次第モ有之候処其後教育調査会ニ於テノ調査モ追ゝ進行致候由ニ承リ候就テハ帝国大学及高等学校ニ関スル事項ニツキ原案御作成ノ節ハ之ヲ教育調査会ニ御提出相成候前ニ本学ニ御諮詢相成候様致度評議会ノ決議ニヨリ此段上申候也

附本案提出ノ上ハ各帝国大学総長へ其旨通知スルコト

この意見徴集の内容は①大学令案に対する本学の意見を教授助教授の総会に於て決定することの可否。②（1）もしこれを可とするときはまず総会を開き若干の委員を選定して意見案を作成せしめ更にこれを総会の議に付すべきか、または各分科大学教授会に於て委員三名を選定し連合委員会に意見案を作成せしめ総会の議に付すべきか。（2）総会開催を否とするときは、各分科大学教授会に於て委員三名を選定し連合委員会に於て意見案を決定せしむること、にあった。この総会または連合委員会なるものに諮詢すべきとされた事項は、第一　帝国大学と他の大学とを同一法令の下に支配せしむるの可否、第二　大学修業年限の件、第三　高等学校廃止の可否、若し廃止するとすれば帝国大学の予備教育とその年限は如何にするか、第四　学位令の件、の四件であったが、教授助教授の総会開催は結局、一一月三〇日の評議会で可否同数で見合わされることとなった。各分科大学のこの問題に対する意見を掲げると以下のごとくである。

	総会開催の可否	備考
法	否	委員三名選出、連合委員会も必要なし
医	否	
工	可	大多数の意見
文	可	全会一致
理	可	全会一致
農	否	委員三名を仮に選出

総会を開かなかった場合開催がもくろまれた連合委員会も、明確な記録はないが備考に記したように必要なしとの意見が出たこともあってか設置されないこととなり、予定した諮詢事項は各分科大学教授会で検討されることとなった。一二月二一日の評議会に報告されたその意見を纏めると次のようになる。

<table>
<tr><th></th><th>法</th><th>医</th><th>工</th><th>文</th><th>理</th><th>農</th></tr>
<tr><td>一、同一法令下支配</td><td>○</td><td>○</td><td>×</td><td>×</td><td>×</td><td>○</td></tr>
<tr><td>二、大学修業年限短縮</td><td>×</td><td>×</td><td>×</td><td>×</td><td>×</td><td>×</td></tr>
<tr><td>三、高等学校廃止</td><td>×</td><td>×</td><td rowspan="2">×</td><td rowspan="2">×</td><td rowspan="2">×</td><td rowspan="2">×</td></tr>
<tr><td>年限短縮</td><td>×</td><td>○</td></tr>
<tr><td>四、学位の称号化</td><td>△</td><td>△</td><td rowspan="2">○</td><td rowspan="2">×</td><td rowspan="2">○</td><td rowspan="2">×</td></tr>
<tr><td>授与権を各大学に</td><td>○</td><td>○</td></tr>
</table>

以上のように第一の帝国大学と他の大学とを同一の法令の支配のもとに置くかに関しては可否同数であったが(5)、可とするものは大学はすべて帝国大学と同一水準でなければならないという趣旨より出たものであり、否としたものはいわゆる低級大学を認めようというものであった。このうち低級大学の存在を認めようとした工科大学は、大学令問題に関して最初の協議が行なわれた九月二八日の評議会に先立つ九月二七日に臨時教授会を開催し、その趣旨とするところを以下の文面にまとめた。

一、熟ら世界工業教育の趨勢を見るに一面に於ては専ら社会の需要に応じ実務に従事するの技術家を養成すると共に日進月歩の斯界に対し常に研究の態度を持するの士を養はざるを得ず　近来欧米各国に於る状態亦然りとす之を我国の現状に徴するに新大学令に示せる如き工業大学は固より其必要あるべしと雖之と同時に帝国大学工科大学に於て教育せる程度若くは其以上の教育を授け以て欧米先進の諸国と馳騁して毫も遜色なからしむるは工業教育の上より見て重要事に属す　況んや明治維新以来数十星霜を経基礎漸く成り程度昂進以て現時の状態に達せる我工業教育をして一朝程度を低下せしむる始きは国家の不祥時実に之より大なるはなし

一、新大学令には研究科を設くるの条項ありと雖如に高等の工業教育に於て必要なるは其基礎学科の修養に在りて普通工業大学修了の後に之を為さんとするも到底満足の効果を期すべからず

上記の趣意書は同月三〇日の教授会で幾分文面が変更され(6)提出されたが、そこでは低級大学なるものの必要を認めながらも、高等学校、帝国大学という制度、水準の維持を必須のものとして主張しているのである。そのことは他の五分科大学においても共通しており、等二、第三の諮詢事項への解答に現われている。ただ医科の

み高等学校修業年限の一年短縮を可能としている点が注目される。第四の学位称号化の権に関しては可とするものがなお過半ではあったが、とりわけ積極的な賛成ではなかった。

ともあれ、これらを参酌して大学としての意見を調整することは総長に一任され、東京帝国大学の意見として文部大臣に上申されたのである(7)。一方、高田大学令案に反対の意向は京都、九州、東北の各帝国大学でも同じであり、文部省と帝国大学側とが真向から対立するうち、大正五(一九一六)年一〇月、大隈内閣の総辞職となり、大学令案は断ち切れとなったのである。

以上のように、高田文相の大学令案への対応の中で、東京帝国大学内に大学としての意志決定の機関として教授助教授総会や各教授会の代表からなる連合委員会が構想された。これらは実現にはいたらなかったものの、次に大学制度の根本改革が現実の政策課題となる大正七(一九一八)年に組織された、帝国大学制度調査委員会の萌芽をなすものと言えよう。

3 帝国大学制度調査委員会の成立と審議経緯

大隈内閣総辞職の後、寺内正毅が組閣、岡田良平が文部大臣に就任した。岡田は教育調査会を廃し、学制改革問題に決着をつけるべく内閣直属の諮問機関として臨時教育会議を設置(大正六(一九一七)年九月)、大学令に関する討議の場もここに移った。臨時教育会議における大学制度改革の方向性は大学といわれるものの程度を引き下げるものではなく、むしろ帝国大学の水準で公私立のさらに単科の大学を認めるといったものだったので、今回は高田案当時のような文部省と帝国大学側との直接的対立を引き起こすようなことはなかった。

大学令に関する審議の方向も見えた大正七（一九一八）年三月一九日、東京帝国大学評議会に山川総長より左記の諮詢案が提出された。

一、学年学級制度廃止
二、試験全廃
三、学士試験
四、教授助教授停年制度設置
五、総長推薦ノ件（銓衡委員ヲ置クコト）
六、学長推薦ノ件（銓衡委員ヲ置クコト）
七、教授助教授ノ黜陟（銓衡委員ヲ置クコト）
八、学年始メヲ四月トスルコト
九、大学院改良

そしてその決定のために、各教授会より選出する教授各五名からなる委員会による調査、その結果の教授会への附議、更に評議会における審議、決定というプロセスを経ることが決議された。

大正七（一九一八）年三月二七日、山川総長を委員長とし、各分科大学教授合計三〇名を委員とする委員会が初の会合をひらいた。帝国大学制度調査委員会の成立である。委員の構成は医および文科が六名、法、理科が各五名、工、農科が各四名を出し、各分科大学とも学長が、さらに工、農を除く各分科大学では評議員が委員として参加した(8)。

同委員会は四月三〇日(9)までの一カ月余の間に合計一〇回の会合を開き、前記九件の諮問事項案のうち「学士試験」を欠く八件に、「評議会の改造」、「名誉教授推薦」、「優等生と特待生の存廃」、「卒業式廃止」、「学位問題」の五件を加えた合計一三件の総長諮詢案件について審議し、決議を行なった(10)。審議決議内容は以下の通りである。

一、総長推薦ノ件（銓衡委員ヲ置クコト）　（出席二九名）
総長の任命は現状とするか推薦とするか
　推薦説　多数二三名
補職とするか任官にするか
　任官説　多数二二名
推薦は教授全体にて直接選挙とするの説　多数一九名
被選人は大学の内外を問はず広く適任者を求むるの説　多数二八名
任期を附するや否や
　任期説　多数一六名
任期は五年とするの説　多数一七名　（以上三月二七日）

一、学長推薦ノ件（鉄衡委員ヲ置クコト）　（出席二九名）

学長は各分科大学毎に教授の互選とするの説　全会一致
任期を附するの説　多数二八名
任期は三年とするの説　全会一致
再選は妨げなきの説　多数二七名
再選は何回にても可なりとの説　多数一八名　（以上三月二九日）

一、教授助教授ノ黜陟（銓衡委員ヲ置クコト）　（出席二七名）
任命は教授会の議を経るの説　全会一致
免黜は教授会の議を経るの説　多数一七名　（以上三月二九日、四月八日両日）

一、教授助教授停年制度設置　（出席二五名）
停年制度を設くる説　多数一五名
教授助教授の停年は六十歳とするの説　多数一七名
但除外例を設け教授会の議に附すること　（以上四月九日）

一、評議会ノ改造　（出席二八名）
評議員学長以外の教授一名を増加するの説　多数二四名
任期を二年とするの説　多数二七名　（以上四月一一日）

一、名誉教授推薦ノ件
評議会に於て推薦するの説　（出席三〇名）
多数二六名

一、学年始めを四月とすること　（出席二八名）
四月に改むるの説
多数二一名　（以上四月一五日）

一、学年学級廃止　（出席二五名）
学年学級を廃止する説
多数一八名
試験全廃を可とする説
少数　四名　（以上四月一六日）

一、優等生及特待生ノ存廃　（出席二九名）
特待生を廃止する説
多数二六名
優等生を廃止する説
多数一六名

一、卒業式廃止　（出席二九名）
廃止を可とする説
多数二三名

一、試験方法　（出席二七名）
科目試験の結果には数字評点を廃する説
多数二四名

試験の成績に階段を設けざる説　少数　五名
階段を設くる説　多数一八名
　但階段の数は教授会に一任すること
総評を附せざる説　多数二四名
在学年限に限度を附する説　多数二三名
　但年限は各分科大学の教授会に一任すること　（但し出席二六名）　（以上四月一八日）

一、大学院改良　（出席二四名）
大学院の名称を廃する説　少数　九名
兵役に関する特典を廃する説　多数二〇名
絶対に他の職務に従事することを禁ずる説　少数　二名
他の職務に従事する場合には
当該分科大学教授会に於て許否する説　全会一致
他の職務に従事する件は教授会に於て決議したる
上更に評議会の議に附する説　少数　九名
在学年限を無期とする説　少数　六名
在学年限を三年とする説　多数一四名　（以上四月二七日）

一、学位問題　（出席二七名）

国家が授与する説　少数

大学が授与する説　多数一七名

博士名称を改むる説　少数　七名

学位を学士と博士との二種にする説　多数二一名

学位と大学院との関係を全く絶つの説　少数　八名

（論文の審査は当該分科大学の教授会に於て為すの説は議論なく従って採択せず）

博士会の推薦を廃止する説　多数二五名

総長の推薦を廃止する説　全会一致

教授会より推薦を為すの説　少数一一名

学位令細則中の自著論文とある論文なる語の意義は広義に解釈する説　多数二六名

学位を授与する大学の件は決議せざる　少数　七名

大学院を併置する大学は博士の学位を授くるを得ることとし其他の大学にありては単に学士を授くるを得るの説　多数二一名

従来の博士は現状の儘とし本改正案を適用せざる説　多数二三名

（以上四月一一七日、三〇日両日）

こうして帝国大学制度調査委員会は一三件全部の審議を終えたが、これと並行して各分科大学教授会おいても同様の審議がなされた。そして大正七（一九一八）年五月一四、二八両日の評議会は調査委員会の審議結果と、各分科大学教授会の決議に基づき左記の決定を下したのである。

一、総長推薦ノ件
　総長ノ任命ハ推薦ニ依リ専任トスルコト
　推薦ハ教授全体ニテ直接選挙トスルコト
　被選人ハ大学ノ内外ヲ問ハス広ク適任者ヲ求ムルコト
　任期ヲ設ケ之ヲ五年トスルコト
一、学長推薦ノ件
一、学長ハ各分科大学毎ニ教授ノ互選トスルコト
一、任期ヲ附シ之ヲ三年トスルコト
一、再選ハ妨ケナキコト　何回ニテモ可トス
一、任命免黜共ニ教授会ノ議ヲ経ルコト
一、教授助教授ノ黜陟
一、教授助教授停年制度ノ設置
一、停年制度ヲ設ケ六十歳ヲ停年トスルコト
　但シ除外例ヲ設ケテ教授会ノ議ニ附スルコト

一、評議会ノ改造
一、学長以外ノ評議員一名ヲ増加スルコト
一、任期ヲ二年トスルコト
一、名誉教授推薦ノ件
一、評議会ニ於テ推薦スルコト
一、学年始ヲ四月ニ改ムル件
大学以外ノ諸学校凡テ四月ヲ学年始トスルトキハ止ヲ得ス同意スルコト
一、学年学級廃止及試験全廃
一、学年学級ハ廃止スルコト
一、試験ハ全廃セザルコト
一、優等生及特待生存廃ノ件
一、特待生ハ廃止スルコト　（以上五月一四日）
一、優等生ヲ廃止スルコト
各分科大学教授会ノ存廃意見数左ノ如シ
参照 ｛ 存スル説　五三
廃止説　八八
一、卒業式ヲ廃止スルコト

各分科教授会ノ意見左ノ如シ

参照 廃止説　八九
　　 存スル説　二九（但農科ヲ除ク）

一、試験ノ方法

科目試験ノ結果ニハ数字評点ヲ廃スルコト

試験ノ成績ニ階段ヲ設クルコト

　但階段ノ数ハ各分科大学ノ教授会ニ一任スルコト

総評ヲ附セサルコト

在学年限ニ限度ヲ附スルコト

　但年限ハ各分科大学ノ教授会ニ一任スルコト

一、大学院改良

大学院ノ名称ハ之ヲ存スルコト

兵役ニ関スル特典ハ之ヲ廃スルコト

他ノ職務ニ従事スル場合ニハ当該分科大学教授会ニ於テ許否スルコト

在学年限ヲ三ケ年トスルコト

　但延期ノ許可ハ現在ノ通

一、学位問題

大学カ授与スルコト

各分科大学教授会ノ意見ハ左ノ如シ
参照｛国家カ授与スル説　五五
　　　大学カ授与スル説　八〇
博士会ノ推薦ヲ廃止スルコト
総長ノ推薦ヲ廃止スルコト
学位令細則中ノ自若論文トアル論文ナル語ノ意義ハ広義ニ解釈スルコト
従来ノ博士ハ現状ノ儀トシテ本改正案ヲ適用セサルコト
（以上五月二八日）

以上見てきたように評議会の決定は全くと言ってよいほど帝国大学制度調査委員会の結論にそったものであった。しかしこれは同委員会の委員に分科大学長の全員と学長外の評議員の大多数が加わっていたことからすれば当然の結果でもあった。同委員会は構成員から見ればあたかも拡大評議会の観を呈していたのである。ただ評議会の審議では各分科大学教授会の意見が参考にされ、わけても各分科大学単位の結論ではなく教授総数中の可否数が参考にされた点が注目される。高田案への対応の折は教授総会の開催が云々されながら各教授会単位の可否が評議会の意志決定につながったいきさつを考えると、今回の審議過程はより教授総会方式に近いものだったと言えよう。

4　決議事項の実施

『東京帝国大学五十年史』によれば、帝国大学制度調査委員会における決定事項は、「或は大正九年七月改正の学位令中に現われ、或は本学の内規として実行せられ、或は大正九年制定の本学分科大学通則（学部通則の誤り――引用者注）中に現われたり」とされる。本節の課題はこの実施の具体的展開をみることにある。

一　総長、学長候補者の選挙

いわゆる帝大総長公選問題は大学自治の要として帝国大学創設当初より学の内外で唱えられ、総長交代のたびに常に問題化してきた(11)。いわゆる大正二・三（一九一三・一四）年の沢柳事件の折の京都帝国大学でも、荒木総長の選任（大正四（一九一五）年）に京都帝国大学の意志を実質的に反映し得たものの、総長公選の制度化に至らなかった。東京帝国大学では今回の評議会決定にもとづき文部大臣に上申、内規による総長候補者選挙に踏み切ったのである。大正八（一九一九）年七月八日の評議会は右内規を決議している。

総長候補者選挙内規

第一条　総長候補者ハ教授ノ選挙ニ依リ之ヲ推薦ス
第二条　総長ノ任期ハ五年トス
第三条　総長ハ任期満了前ニ教授ヲシテ総長候補者ヲ選挙セシム任期中辞職セントスル場合亦同シ
第四条　総長死亡スルトキ又ハ選挙ヲ行ハスシテ退職スルトキハ総長代理者教授ヲシテ総長候補者ヲ選挙セシム
第五条　選挙ヲ為スヘキ場合ニ於テハ総長又ハ総長代理者ハ各学部長ニ其ノ旨ヲ通告ス
第六条　各学部長前条ノ通告ヲ受ケタルトキ其ノ学部ノ教授ヲシテ協議員三名ヲ互選セシム
各学部ノ協議員ヲ以テ協議会ヲ組織ス

第七条　協議会ハ総長又ハ総長代理者之ヲ招集ス
協議会ハ総長又ハ総長代理者ヲ以テ議長トス
第八条　協議会ハ候補者タルニ適当ナリト認ムル者三名ヲ選定ス
前項ノ選定ハ一名毎ニ無記名投票ヲ以テ之ヲ行ヒ投票ノ過半ヲ得タル者ヲ以テ当選者トス当選者ナキトキハ最多数ノ得票アリタル者二名ニ就キ決選投票ヲ行ヒ之ニ決ス決選投票ノ結果得票同シトキハ年長者ヲ取ル最多数ノ得票アリタル者二名ヲ取ルニ付得票同シキ者アルトキ亦同シ
第九条　協議会ニ於ケル選定ノ結果ハ総長又ハ総長代理者之ヲ学部長ニ通知ス
第十条　前条ノ通知アリタルトキハ各学部長ハ其ノ学部ノ教授ヲ招集シ総長候補者ノ選挙ヲ行ハシム選挙ハ協議会ノ選定ニ拘束セラルヽコトナシ
第十一条　選挙ハ無記名投票ヲ以テ之ヲ行フ
投票ノ効力ハ各学部教授ノ多数ニ依リ之ヲ決ス
第十二条　各学部ニ於ケル投票ノ結果ハ学部長之ヲ総長又ハ総長代理者ニ報告ス
第十三条　総長又ハ総長代理者ハ各学部長ノ報告ニ基キ各学部ニ於ケル投票ヲ通算シテ選挙ノ結果ヲ定ム　但シ各学部長ヲシテ之ニ立会ハシムヘシ
第十四条　投票ノ過半ヲ得クル者ヲ以テ当選者トス
第十五条　前条ノ規定ニ依ル当選者ナキトキハ最多数ノ得票アリタル者二名ニ就キ決選投票ヲ行ハシム　第八条第二項ノ末文ノ規程ハ此場合ニ之ヲ準用ス
第十六条　当選者定マリタルトキハ総長又ハ総長代理者ハ当選者ノ承諾ヲ求メ其ノ諾否ヲ各学部長ニ通知ス

現任ノ総長当選者トナリタル場合ニ於テハ総長ハ其ノ諾否ヲ各学部長ニ通知ス
第十七条　当選者其ノ当選ヲ拒辞スルトキハ第五条以下ノ規定ニ依リ更ニ選挙ヲ行フ
第十八条　当選者其ノ当選ヲ承諾スルトキハ総長又ハ総長代理者ハ其ノ当選者ヲ文部大臣ニ推薦ス
但シ現任ノ総長当選者トナリクル場合ハ此ノ限ニ在ラス
第十九条　総長代理者ヲ置クヘキ場合ニ於テハ学部長中ノ年長者ヲ文部大臣ニ推薦ス

この内規にもとづく最初の総長候補選挙は大正八（一九一九）年一二月二日に実施され、山川自身が最初の公選総長に選ばれている。

一方学長の選挙のほうは法科大学を例にとるならば、早々の大正七（一九一八）年七日五日の教授会においてその互選が行なわれ、総数二五票中一九票を獲得して小野塚喜平次が初代公選学長（大正七年七月二〇日～八年七月一八日）に任じている。

二　教授助教授の黜陟

教授助教授の任命を教授会決議にもとづかせることは、今時の評議会決定以前にも一部の分科大学では実行されていた。法科大学の場合、すでに大正二（一九一三）年二月一三日の教授会決定で「教授助教授ノ任命ニ関スル教授会ノ決定方法」を決定し、以降実施していたのである。

新ニ教授助教授ニ任命セラルヽ場合ニハ出席教授ノ三分ノ二以上ノ同意ヲ要スルコト

兼官ノ教授ヲ本官トスルトキ亦同シ

但　渡辺鉄蔵　上野道輔両氏及現在兼任ノ教授ニツキテハ此決議ニヨラサルコト

助教授ノ教授ニ昇任スル場合ニ特ニ異議ノ申立ヲナス者アリテ議題トスルニアラサレハ採択ヲ要セサルコト(12)

従って法科大学にとっては今回の決議はその追認の意味しかなかったと言えよう。

しかし工科大学の場合は評議会決議にもとづいて教授助教授の教授会決定方式を発足させたものと思われる。大正八（一九一九）年三月二五日の工科大学教授会は「助教授推薦ノ件ニ関シ先決問題」として「向後人事ニ関スル件ハ凡テ無記名投票ニヨリ出席者数四分ノ三以上ノ同意ヲ要スル」旨決議し、当日より適用した。

なお工学部と改称した後の大正一二（一九二三）年一二月六日の教授会は左記の内規を制定している。

教授助教授任免ニ関スル内規

一、新ニ教授ヲ任用スルノ必要アル時学部長ハ其旨ヲ教授会ニ報告シ候補者ノ推薦ヲ請求ス

二、教授会ニ於テ前項ノ請求ヲ認メタル上候補者ヲ学部長ニ推薦スル者アル場合学部長ハ無記名投票ニヨリ五名ノ人事委員ヲ選挙セシム

三、学部長ハ人事委員会ニ出席シ推薦者ヲシテ候補者ノ氏名経歴及其学力等ヲ説明セシム

四、人事委員会ニ於テハ全員ノ出席ヲ要シ二名以上ノ同意ヲ得タル候補者ニ限リ学部長之ヲ教授会ニ提出ス

五、教授ニシテ退職ノ必要アリト認メラレタル者アル時学部長ハ教授五名以上ノ同意ヲ得テ人事委員ノ選挙ヲ教授会ニ請求ス

六、前項ノ場合教授会ハ無記名投票ニヨリ五名ノ人事委員ヲ選挙ス
七、退職ノ必要アリト認メラレルタル者ニシテ人事委員ニ当選シタル場合ニハ残余ノ委員ヲ以テ委員会ヲ組織ス
八、学部長ハ人事委員会ニ出席シ当該教授ノ名ヲ明示シ其理由ヲ説明スベシ
九、人事委員会ニ於テ全員一致ヲ以テ当該教授ノ免黜ヲ可決シタル時ハ学部長之ヲ教授会ニ提出ス
十、第四及第九項ノ教授会ヲ招集セントスル時ハ少クトモ一週間前ニ各教授ニ通知ヲ発スルヲ要ス
十一、前項教授会ノ決議ハ教授総数ノ三分ノ二以上出席シ出席者四分ノ三以上ノ同意アルヲ要ス
　但旅行中ノ教授ハ本項ノ数ニ算入セズ又同一事項ニツキ再招集ヲナシタル場合ニ於テハ出席者ノ数ニ拘ハラズ決議ヲナスコトヲ得
十二、助教授ノ任命ニ関シテハ学部長之ヲ教授総会ニ提出シ出席者四分ノ三以上ノ同意ヲ得テ之ヲ決定ス
十三、自己ノ進退ニ関シ教授会若クハ教授総会ノ議ニ附セラレタル教授若クハ助教授ハ教授会若クハ教授総会ニ出席スルコトヲ得ルモ決議ノ数ニ加ハルコトヲ得ス

三　教授助教授停年制度の設置

本問題を山川総長が調査委員会に諮問した動機は「老朽教授を強制的に整理し、之に代ふるに新進教授を以てし、一は以て日進月歩の学術界の趨勢に応ずると共に、又大学内に一つの新陳代謝作用を行はしめんとする」にあったと言われる(13)。本件は「委員会に於ては議論が相当に紛糾した」(14)とされ、事実出席二五名中一五名の賛成という少差で可決された(15)。

そして決定後も、停年退職者に増加恩給を与えるためには法改正が必要とされたにもかかわらず、この件に関す

る政府の同意が得られず、その見込みがたたないままに山川総長の辞任となってしまった。そして古在総長時代の大正一〇（一九二一）年五月、司法官の停年並びに恩給加増が法律をもって制度化されたのを機に、政府との交渉を再開したのである。しかしこの折も、法制化に関しては当時の原敬首相の同意を得ることができず、結局翌大正一一（一九二二）年三月、大学の内規と経費によって実施されることになった。この間の経緯については当時の法学部長中田薫の「古在氏の想出」（安藤円秀編『古在由直博士』一九三七年）にくわしいのでそれにゆずるが、当時のこうした事情を反映してかこの内規が成文化された記録がない。次にかかげるものは昭和三二（一九五七）年二月一六日に制定された現行の内規であるが、旧来のものと同趣旨とされる。

東京大学教官の停年に関する規程

第一条　東京大学に勤務する教授、助教授及び常勤講師（以下「教官」という）の停年については、この規程の定めるところによる。

第二条　教官の停年は、満六〇歳とする。

2　教官の停年による退職の時期は、停年に達した日の属する学年の末日とする。

附　則（略）

四　評議会の改造

評議員を一名ずつ増員する件に関しては改正帝国大学令（大正八〔一九一九〕年二月七日勅令第十二号）に、「帝国大学ニ評議会ヲ置キ各学部長及各学部ノ教授二人以内ヲ以テ之ヲ組織ス」（第五条）という形で反映がみられる。実際に増員された評議会が初めて開催されたのは大正八年四月一五日であった。

任期を二年に短縮する件は、上記改正帝国大学令では従来通り三年と明記（第六条）されており、実現されなかった。

五　名誉教授の推薦

名誉教授の推薦については従来から評議会が行なってきたが、大正七（一九一八）年一二月三日の評議会において推薦手続きを確認議決した。

一　推薦提出者ハ総長又ハ評議員何レニテモ可ナルコト
一　採決ハ無記名投票ヲ以テスルコト
一　評議員四分ノ三以上出席ニアラザレバ投票ヲ行ハサルコト
一　出席員四分ノ三以上（四分ノ三ハ含ム）ノ賛成アルニアラサレバ推薦セサルコト
一　候補者提出アリシ会議当日ハ説明ニ止メ議決ハ次回ニ於テスルコト
（候補者ノ功績調査等ノコトヲ教授会ニ諮詢スルコトハ差支ナシ）

なお本内規はその制定当日、理科大学長代理藤沢利喜太郎より推薦を提議された元工科大学教授渡辺渡に適用された。渡辺は次回（大正八〔一九一九〕年一月二一日）、無記名投票による全会一致で名誉教授推薦が決定した。

六　学年開始の四月への変更

そもそも官立諸学校の学年始を従来の九月より、小、中学校と同じ四月に始める件は、奥田文政下の教育調査会において決議され、東京帝国大学評議会もこれに先立ってその承認を決定していた[16]事項であり、今回の決定はその追認であった。

文部省の実施の意向を受けて、大正八（一九一九）年二月四日の評議会は、再度教授会の意見を徴し、総長に結果を報告するよう協議した。この意見徴集には翌年の二月までを要したが、改正しても支障なしとする教授会や、高等学校のほうが改められる以上は同意するほかなしとする教授会等種々の意見が出たものの、絶対拒否という意見もなく、大正九（一九二〇）年二月三日の評議会で大正一〇（一九二一）年より改正の見込で調査する旨決定したのである。

学年開始を四月とするための学部通則改正は同年五月一一日の評議会で決定、大正一〇年四月一日をもって施行された。

七　学年学級の廃止

今、学年学級制廃止にまつわる制度改革を工学部にみてみよう。まず工科大学から工学部と改称された直後の大正八（一九一九）年五月二二日の教授総会で学科課目整理委員会[17]が設置される。この委員会の審議にもとづく学科課程、試験規定は同年七月に制定されたが、そこでは学年制が廃され科目制がとられた。即ち、授業を完了した科目について毎年三月に科目試験を行ない、各学科所定の必修科目、選択科目、それに論文の試験に合格した者を卒業としたのである。

工学部ではさらに改革を推し進めるために大正一二（一九二三）年一月二五日の教授総会で学制研究委員会を設置した[18]。本委員会は同年一二月六日、前記「教授助教授任免ニ関スル内規」とともに「学制ノ大体方針、教授助教授ニ関スル事項」[19]を教授総会に提出、同「方針」は翌年二月二一日に承認された。

学制ノ大体方針

一、工業ニ関スル基礎学ニ重キヲ置クコト

二、学修ヲ一定型ニ箝制セシメザルコト

三、必修科目ヲ成ルベク減少シ学生ヲシテ学修ニ自由ナラシムルコト

四、各研究機関ノ価値ヲ発揮セシムベキコト

この後同委員会は約一年を要し「新学制案」を作成し、大正一三（一九二四）年一二月四日の教授総会にこれを提出したが、これは従来学科が一一に別れていたものを機械系、土木建築系、応用化学系及び基礎学系の四科に再編し、さらに研究組織と教育組織を分離しようとする画期的な改革案(20)であった。

しかし大正一四（一九二五）年一月二二日に決定、四月より実施された「工学部規定」によって実現したのは従来通り一一の学科を置くものであった。しかし科目制からさらに進んで単位制がとられ、第四科（基礎学系）に構想されていた科目がそっくり学部直属科目となり(21)、卒業必要単位四〇単位中一三単位がこの内から取るよう定められるなど、学年学級制廃止の趣旨をさらに進める改革がなされたのである(22)。

八　優等生、特待生の廃止と試験方法の改善

優等生、特待生の廃止は試験成績の点数制の廃止と結びついた問題である。つまり細かな点数による順位がつかなくなり、これにともなってこれらの制度は意味を失ったと言えよう。

特待生制度は明治一九（一八八六）年の分科大学通則制定以来、その通則の一項に規定されてきたもので、各分科

大学学生中の学術優等品行方正者を選び特待生とし、授業料免除の特典を与えるという制度である。しかし本制度に関しては帝国大学制度調査委員会以前に、大正五（一九一六）年五月二三日の評議会決定で授業料免除の特典が「経費補足」を理由に廃止されてしまい、単に名誉的なものに変質していた。そして大正七（一九一八）年六月一八日の評議会は分科大学通則中の特待生規定そのものを廃止したのである。

優等生の選定は明治三二年、始めて卒業式に明治天皇の臨幸を仰いだ際、御下賜賞品銀時計の授了者の選定に始まる。以来、毎年この優等生選定は行なわれ、後に述べる卒業式の廃止事由にも数えられるなど、その中心的位置をしめるようになっていたが、大正七年を最後に行なわなくなった。

なおこうした動きと関連して、大正七年六月一八日の評議会は卒業学生の席次を次年、つまり大正八（一九一九）年より成績順から五〇音順と変更することに決した。

九　卒業式の廃止

東京帝国大学の卒業式は、明治三二（一八九九）年以来臨幸を仰ぎ、優等生が銀時計の下賜を受けることを例としたこともあって、同大学における一大行事となっていた。しかしこのいわゆる恩賜の銀時計をめぐって「恩賜を拝するの栄誉に浴せんが為めに努力勉励し、只管他に優らんことを欲するの弊」(23)を生み、批判の対象となっていた。

その廃止問題はすでに大正五（一九一六）年末の理科大学教授会の決議にもとづき理科大学長より評議会に提案されたことがあった。この提案は翌六（一九一七）年五月一五日の評議会での議決では否決されたのである。しかし、前述のように帝国大学制度調査委員会は再びこの問題を検討しその廃止を決議、評議会もこれを追認したので、卒業式は大正八（一九一九）年より廃止されたのである。

一〇　大学院および学位制度の改良

大学令の発布、帝国大学令の改正によって形式上一番大きい変更をこうむったのは大学院制度である。旧帝国大学令は大学院を分科大学とともに帝国大学の独立の構成要素とし、分科大学を「学術技芸ノ理論及応用ヲ教授スル所」とする一方、大学院に「学術技芸ノ蘊奥ヲ攷究」する使命を与えていた（第二条）。ところが新帝国大学令は帝国大学を「数個ノ学部ヲ綜合シテ之ヲ構成ス」（第一条）るものとし、大学院はその「帝国大学ニ……置ク」（第三条）ものとした。この大学院とは、大学令による学部に置かれた研究科を「連結協調ヲ期スル為之ヲ綜合」したといった性格のものである。

旧制度では東京帝国大学では大学院に関して独立の大学院規定を設けていたが、大学院が学部に従属した性格のものとなったため学部通則（大正九（一九二〇）年二月一七日評議会議了）中の一節（第八節　大学院学生）に組み込まれた。これによると大学院学生の在学年限は二年とされ、帝国大学制度調査委員会と当時の評議会の決議である三年とは異なる。他業従事に関しても従来通り教授会ではなく学部長（分科大学長）の許可事項であり、帝国大学制度調査委員会当時の決議は実施されていない。

学位制度に関しての帝国大学制度調査委員会および評議会の決議と、大正八（一九一九）年三月二八日の臨時教育会議の学位制度に関する答申の主旨は一致していた。つまり、学位は各大学が授与すること（ただし文部大臣の許可を要す）、博士会や帝国大学総長の推薦による博士の廃止（博士会そのものの廃止）を答申は主張しており、大正九（一九二〇）年七月五日制定の新学位令はこの線にそったものであった。

新学位令制定に伴ない、東京帝国大学評議会は東京帝国大学学位規則の協議を大正九年一〇月五日より開始、同年一一月一六日に議了し、翌一〇（一九二一）年三月二三日文部大臣の認可を経て施行した。

5　むすび

臨時教育会議による大学教育及び専門教育の改善についての答申（大正七（一九一八）年六月二二日）を目前にし、大学令の公布（同年一二月六日）、帝国大学令の改正（大正八（一九一九）年二月七日）に先立って東京帝国大学は帝国大学制度改革に関する意志を固めた。帝国大学制度調査委員会はその過程で生れ、機能した。しかしそれはいかなる役割を果したのか。

法科大学教授会が「教授会ノ意見ヲ代表スルコトナキヲ条件トシ」てその委員の選出を行なった（大正七（一九一八）年三月二〇日）ように、同委員は大学の正規の意志決定機関たる教授会→評議会にかわってその権限を行使するものでは勿論ない。それはあくまでも調査委員会であった。

しかし同委員会は評議員のほぼ全員が構成員と成ったため、2節でもふれたようにいわば拡大評議会の観を呈した。一〇回におよぶ会合においても格別に資料を検討した様子もなく、初会から議決を行なっている。この委員会の議事録全体が評議会の記録中に書き残されたのも、これが評議会の延長的性格を持っていたことを示唆する。

これらの点は、実はこの帝国大学制度調査委員会を先例と意識して設置された昭和一二（一九三七）年の大学制度（臨時）審査委員会が三つの特別委員会を軸に、内外の資料をもとに調査し結論を出していったことと大きな対照をなす。こうしたことから考えると、帝国大学制度調査委員会は「調査」という名称にかかわらず、各分科大学教授会の意志決定に先立ち評議会メンバーに教授会の選挙による代表を加えた拡大評議会によって一応の結論を出し、学内世論をリードするといった機能を、帝国大学制度始まって以来最大の制度変革の場面で果すものであったと言えるのではないだろうか。

注

(1) 本委員会の名称については当時一定のものがあったわけではない。たとえば評議会記録中に残された委員会議事録では「大学学制調査委員会」と記されており、他にも「帝国大学学制調査に関する委員会」と呼ばれている例などがある。しかしここでは『東京帝国大学五十年史』(下冊　八三頁)で用いられ、一般に通用しているこの名称を用いることにする。

(2) 拙稿「大正三年の帝国大学令改正案と東京帝国大学——奥田文政下の学制改革問題」『東京大学史紀要』第一号、一九七八年二月参照。

(3) 教育史編纂会『明治以降教育制度発達史』第五巻、一九三九年、二八二〜九一頁参照。

(4) 花見朔已編『男爵山川先生伝』、一九三九年、三二三頁。

(5) 『東京帝国大学五十年史』(下冊、五五七頁)は「可とする者多数」としているが誤りである。

(6) 教授会決定の趣意書は以下の通りである。

一、最高ノ工業教育ヲ授ケンニハ帝国大学工科大学ニ現存スル程度若クハ其以上ノ程度ニ依ルヲ必要トス　今欧米諸国ノ実況ヲ観ルニ皆益其程度ヲ昂進セシメントセリ　故ニ我工業教育ノ程度モ亦斯ノ始キ世界ノ大勢ニ鑑ミ将来益向上セシメザルベカラズ　現今新ニ学制ヲ改定セラレントスルニ際シ若シ帝国大学工業教育ノ程度ヲ低下セシムルガ如キコトアラバ国家ノ不祥之ヨリ大ナルハナシ

一、如ト高等ノ工業教育ニ於テ最モ必要ナルハ其基礎学科ノ充分ナル秩序的修養ト健全ナル常識ノ涵養トニ在リ　低度大学修了ノ後ニ新大学令ニ示ス所ノ研究科ナルモノヲ以テ補ヒ之ヲ遂ゲントスルモ到底満足ナル効果ヲ期スベカラズ

(7) このことの直接の記録はないが花見(前掲(4)、三二六頁)による。

(8) 帝国大学制度調査委員会名簿

委員長	山川健次郎	

委員	土方寧	法	学長
同	小野塚喜平次	法	評議員
同	美濃部達吉	法	
同	仁井田益太郎	法	
同	山崎覺次郎	法	
同	佐藤三吉	医	学長
同	田代義徳	医	
同	入沢達吉	医	
同	林春雄	医	
同	小金井良精	医	
同	片山国嘉	医	評議員
同	渡辺渡	工	学長
同	広井勇	工	
同	塚本靖	工	
同	大河内正敏	工	
同	三上参次	文	評議員
同	上田万年	文	学長
同	建部遯吾	文	
同	吉田熊次	文	
同	芳賀矢一	文	
同	服部宇之吉	文	

同	藤沢利喜太郎	理	
同	桜井錠二	理	学長
同	寺尾壽	理	評議員
同	藤井健次郎	理	
同	長岡半太郎	理	
同	古在由直	農	学長
同	横井時敬	農	
同	田中宏	農	
同	川瀬善太郎	農	

以上は評議会記録中の議事録による。しかし『検印録』（大正七〔一九一八〕年一一七頁）中の委員会召集者の名簿では、医科では片山、文科では上田を欠き、工科では寺野精一が記載されている。また農科では古在を欠き、町田咲吉、麻生慶次郎の名前がみえる。これが何故上記のような人数のアンバランスを結果したのか不明であるが、上田、古在が加わったことは明らかに他の分科にあわせて学長を委員としたものであり、医は評議員である片山を追加したものと考えられる。

なお、『東京帝国大学五十年史』（下冊、八五頁）は委員数を三五名としているが誤りである。

（9）『東京帝国大学五十年史』（同右）には「四月十四日に至るまで」とあるが誤りである。

（10）なお京都帝国大学では同じ時期（大正七〔一九一八〕年四月二五日～五月二三日）に臨時学制改革問題審議委員会が設けられ、東京帝大とほぼ同様の件について審議している。ただ「教授助教授の黜陟」を欠き、「帝国大学特別会計法の廃止」「大学の開放」「講座制度の廃止」「大学教官優遇の方法」とより広範な議題を取り扱っている（『京都大学七十年史』一九六七年、六九頁）。

（11）拙稿、前掲（2）参照

（12）なおこの決議は定足数にあいまいな点があり、大正六年六月七日には「教授助教授任命ニ関スル教授会ノ決議ニ関スル大正二年二月十三日の決議ノ出席教授三分二以上ノ同意ヲ要スルコトトアルハ教授三分二以上ノ出席ヲ定足数ト為シタル上ノコトナリト解釈」する旨定められた。
(13) 花見、前掲（4）、三三二頁。
(14) 同上、三三二頁。
(15) これは停年制度実施後も尾を引いた。工科大学教授の広井勇がこの制度に反対の意志を貫くために停年を待たず辞職したという後日譚まである（故広井工学博士記念事業会『工学博士広井勇伝』一九三〇年　七七頁）。
(16) 拙稿、前掲（2）、参照
(17) 工学部学科課目整理委員名簿
柴田畦作（土木）、内丸最一郎（機械）、※井口常雄（船舶）、※山内鎮一、大河内正敏（造兵）、※西健（電気）、佐野利器（建築）、鴨居武（応化）、楠瀬熊治もしくは※山家信次（火薬）、舟橋了助（採鉱）、俵国一（冶金）（※印は助教授）
(18) 工学部学制研究委員会名簿
山口昇（土木）、斯波忠三郎（機械）、末広恭二（船舶）、栖原豊太郎（航空）、青木保（造兵）、瀬藤象二（電気）、佐野利器（建築）、大島義靖（応化）、西松唯一（火薬）、舟橋了助（鉱山）、俵国一（冶金）（但し大正一二〔一九二三〕年一月三〇日時点）
(19) 「教授励教授ニ関スル事項」を参考までに掲げる。
五、教授及助教授ハ毎年一回（三月末日迄）講義ノ梗概指導ノ実況研究ノ経過及育英ノ情況等ヲ録シ学部長ニ報告スルモノトス
六、教授及助教授ハ従来ノ研究論ヲ域ルヘク学部長ニ差出シ尚向後ノ研究論文ハ之ヲ学部長ニ提出スベシ学部長ハ之ヲ輪講会又ハ其他教授助教授集会ノ機会ニ於テ発表スルコト
七、助教授又ハ在外研究員ハ必スシモ教授ノ候補者ニアラザルコト
(20) 「工学部ヲ四科ニ分ツ」（「内田祥三文書、学科学生関係、其二百年史編集室蔵）。
(21) 「工学部規程内規」第六条。
(22) これら一連の工学部「学制改革」と当時の工業教育改革の動きの関連については、拙稿「連合工業調査会『工業教育刷新案』と東京帝国大学工学部『学制改革』」（『大学史研究通信』第一一号、一九七八年）参照。
(23) 『東京帝国大学五十年史』下冊、一一七頁。

（なお評議会、各教授会における審議経緯は各記録による）

第八章　連合工業調査委員会「工業教育刷新案」と東京帝国大学工学部「学制改革」

1　はじめに

第一次世界大戦の戦局も確定した大正七年（一九一八）六月、工学会をはじめとする一四の主要工学関係学協会を母体として連合工業調査委員会が組織された。そして「度量衡及工業品規格の統一」、「工業振興策」と並んで「工業教育の改善」がその調査研究目的にあげられたのである。「工業教育の改善」を担当した第二特別委員会は寺野精一を委員長として大正七年一二月以来一七回に及ぶ会合を重ね、九（一九二〇）年二月に「工業教育刷新案」を議定、さらに五月にはこれが調査委員会案として公表されるに至ったのである。

本案に関しては、その全文が『日本科学技術史大系』（第九巻、一九六五年）に復刻されており、国立教育研究所編『日本近代教育百年史』（第一〇巻、一九七四年）にも数ページにわたって言及されている（執筆者　原正敏）。そこでは、本案は「寺野、佐野は文部省の工業調査委員会の委員でもあり、……委員会で本案を説明しているが、理想案にすぎるとしてしりぞけられ、陽の目をみなかった」(1)が「その後も工学関係者の支持をえつづけ、昭和一〇(一九三五)年の……日本工学会の意見『工業教育制度改革案』の基礎となった」(2)と位置づけられている。

しかし、後述するように本案は「陽の目をみなかった」とは言い切れない。また一方、昭和九(一九三四)年の『工業教育制度改革案』の基礎となった」とは言い難い面を持っている。さらに、この「工業教育刷新案」は工学者、技術者の集団的意見として公式に表面化された最初の教育制度改革案として、学制改革問題史上の画期をなすものとさえ考えられる。以上の問題意識から、本案の高等技術教育史上学制改革問題史上の意義について、特に東京大学における大正一四年の「学制改革」との関連のもとで、若干の考察を行なおうというのが本章の意図である。

2　第二特別委員会(工業教育改善)の審議過程

大正七(一九一八)年六月四日、有楽町の帝国鉄道協会内において、日本の主要工学系学協会を代表する三一名の工学者が参集し、工学界の「元老」古市公威を座長として議事を進め、「工業用材料並機械類ノ規準」「工業教育改善」「工業の発達助長」に関する事項の調査研究を目的とする委員会規則を議定した。連合工業調査委員会の成立である。同委員会は、上記の調査をすべく工学会の主唱に応じた日本鉱業会、日本鉄鋼協会、土木学会、火兵学会、暖房冷蔵協会、造船協会、建築学会、工業化学会、帝国鉄道協会、電気学会、電信電話学会、機械学会、照明学会の計一四学協会より選出された各五名、合計四二名の委員より構成されており、当日上記規定の議定に続き古市を理事長に、理事に加茂正雄(工学会　東大教授)と近藤茂(電気学会　逓信省後大同電力)を選出したのである(3)。

同年七月一八日の第二回委員総会においては度量衡及工業品規格統一について、一一月四日の第三回総会においては工業教育改善、戦後工業発展についての調査方針が審議され、それぞれ特別委員会（第一、第二、第三）が発足する。第三回総会の席上、古市理事長は下記のように工業教育改善に関する調査方針を述べている。「戦後に於ける我国運の進展に関しては、……就中工業の発展策を講ずることは急務中の急務に属すること論を俟たず随て工業に関する知識を普及しその進歩を図ること最も緊要なり吾人工業に関係するもの此際卒先して工業教育改善に関する方策の研究に従事すべき責務を有す……欧州諸国に於ては夙に本題に着眼し夫々調査の企を為し大に努力しつつある状況を聞知せり我政府に於ても中外の情勢に照し国家の将来に稽へ内閣に臨時教育会議を設置せられたるが吾人の最も緊要なりと認むる工業教育に就ては特に何等の考慮せらるるなき如し故に本会に於ては特に右の調査を進め度考へなり」(4)。ここで言及されている臨時教育会議は、すでにこの年の六月二二日に「大学教育及び専門教育の改善について」、一〇月二五日には「実業教育の改善について」の答申を総理大臣に提出していたが、古市自身がその委員の一人であったにもかかわらず、この答申が工業教育の側から見た場合、全く意に満たないものであったことを言明したのである。そして工学者、技術者自身の「責務」として、工業教育改善の方策を探ることを方針として掲げたのである。

第二委員会すなわち工業教育改善に関する特別委員会が第一回の会合を開いたのは、その年もおしつまった一二月一八日のことである。同月六日公・私立大学、単科大学の設立を認めた大学令、公・私立を認め、七年制を原則とする高等学校令が公布された直後、二六日中橋徳五郎文政下に高等教育機関大拡張計画が発表される直前のことであった。第二特別委員会のメンバーは寺野精一（造船協会　東大工学部長）鴨居武（工業化学会　東大教授）清水三貞（同左　不詳）鳳秀太郎（電気学会　東大教授）斯波忠三郎（機械学会　東大教授）佐野利器（建築学会　東大教授）岡田竹五郎（鉄道協会　不詳）中村幸之助（照明学会　東京高工教授）大河内正敏（火兵学会　東大教授）青山忠次（電信電話学会　不詳）渡辺渡（日本鉱業会　東大名誉教授）香村小録（鉄鋼協会　釜石鉱山）門野重九郎（土木学会　大倉組）西原種雄（暖房冷蔵協会不詳）辰野金吾（工学会　東大名誉教授）計一五名(5)よりなり、過半が東京大学教授、名誉教授で占められていた（なお、理事長または理事が各会合に必ず出席、審議に参加している）。この会合では寺野を委員長に、佐野を幹事に選出し、参考資料の収集とともに、「エンヂニーヤ」の階級種類を調査する旨の方針が決定されたのである(6)。これより大正九年二月まで一七回に及ぶ同特別委会合の開始であった。

審議はこの「エンヂニーヤ」の階級種別の確定と、それに応じた教育系統、制度及び内容・方法の研究という形で進められた。第二回委員会（大正六（一九一七）年一月二五日）において委員長、幹事、各委員より提出された報告にもとづき、第三回以降具体的な検討が進められた。以下、各回の主要議題、議決事項を列記する。

第三回(7)（大八・一・三一）――工業技術者の種別階級に関する幹事案について討議、修正、可決。（委員補助　高木太郎）

第四回(8)（大八・二・二四）――工業教育を高等、中等、初等教育の三種に大別する系統案（幹事原案）を決議。（この回から東京化学会より吉武栄之進を特別委員として加う。客員水崎基一）

第五回(9)（大八・三・二四）――高等教育機関の制度及組織の大綱審議（幹事原案）。（桂弁三加わる。客員真野文二）

第六回(10)（大八・四・七）――同上大綱決定。

第七回(11)（大八・四・二二）――同上大綱補充審議。

第八回(12)（大八・五・二九）――同上大綱修正。中等工業教育制度に関する審議開始（吉武委員原案）。（来賓松浦鎮次郎専門、山崎達之輔実業両学務局長他文部官吏三名）

第九回(13)（大八・六・六）――高等教育制度組織大綱再修正、可決、中等教育制度審議。山崎局長実業教育に関する提案。（来賓山崎局長他一名）

第十回(14)（大八・六・一八）――中等工業教育制度審議、決定。（山崎局長他一名）

第十一回[15]（大八・七・四）――同上修正、決定。（山崎局長他一名、及び東京高工付属徒弟学校主事河津七郎、同工業補習学校主事秋保安治、客員として出席）

第十二回[16]（大八・七・一五）――初等工業教育機関の制度組織大綱審議（幹事立案、吉武成案）（客員前回に同じ）

第十三回[17]（大八・七・二五）――同上大綱議決。

（工学会大正八〔一九一九〕年度総会中の事業報告中[18]には特別委員会は一六回、「刷新案」[19]中には一七回開催されたと記されているが、これは二回の総会を回数に入れて計算しているためである[20]。一四、一五回目に当る会合については記録が見当らないが、一三回でほぼ審議を尽していたと言えよう）

3　「工業教育刷新案」の特質

こうして「工業教育刷新案」は大正九（一九二〇）年三月、連合工業調査委員会案として公表されるに至ったのである。本案は第一章諸言、第二章制度及組織、第三章説明よりなり「工業技術者の業務の種類と階級とを考究し之を基礎として工業教育の機関を高等、中等、初等の三に大別し各教育機関の制度及組織の大綱」[21]を定め、その説明を付すという形をとっている。

以下、高等教育機関＝大学を中心に本案の特質についてふれておこう。まず本案は技術者の種別を、

「調査」に従事するもの（計画、設計、研究等）

「作業」に従事するもの（製造、工作、運転等）

「事務」に従事するもの（企業、経営、商務、監理等）

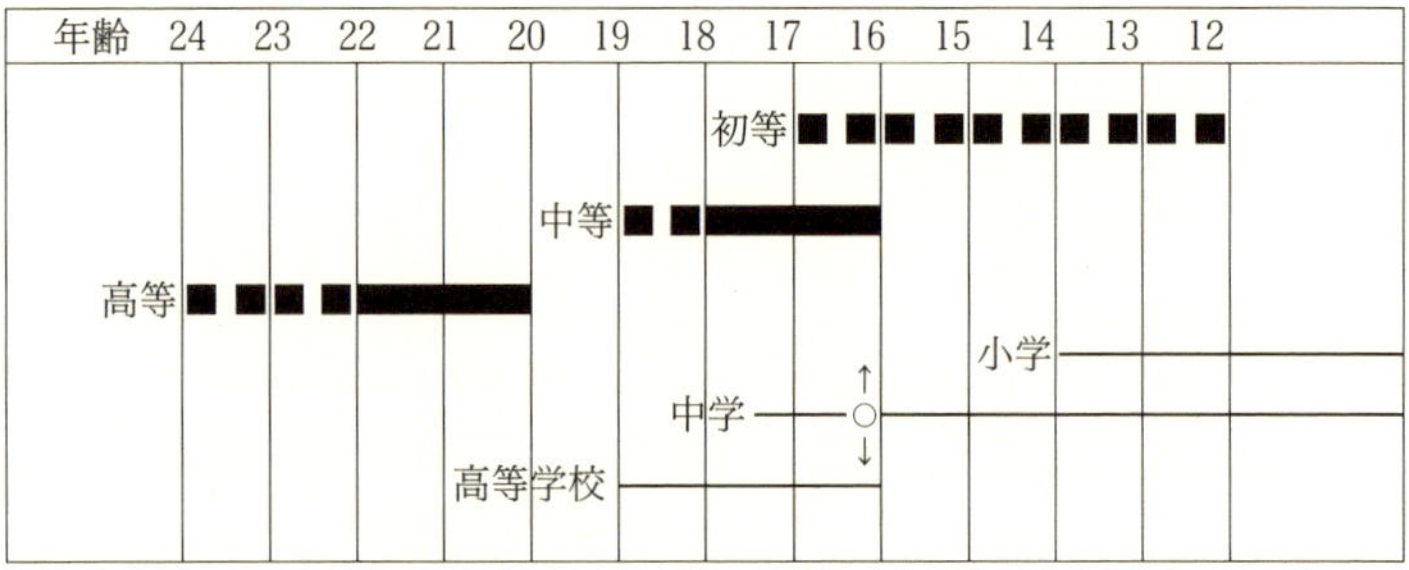

の三種とし、その階級を、

甲―技師、乙―技手、丙―工手及職工

の三階級とした。技師養成に高等教育、技手養成に中等教育、工手・職工養成に初等教育がそれぞれ対応する。そしてそれぞれの機関は、

甲、高等教育機関に於ては高等学校卒業以上のものに対して三ケ年以上の専門教育を施すものとす。

乙、中等教育機関に於ては中学校第四学年修了以上のものに対して二ケ年乃三ケ年の専門教育を施すものとす。

丙、初等教育機関に於ては義務教育第六学年修了以上のものに対して普通及専門の教育を施すものとす（補習教育を含む）。

という形で制度化される。図示すると上図のようになる。

高等教育機関すなわち大学について、年限や予備教育機関に当る高等学校の改変は目指されず、組織内面に関する改革のみが提案されている。

第二　高等教育機関の制度及組織の大綱

一　高等教育機関は高等学校卒業以上のもの及び中等教育を終り検定試験に合格した

るものを収容して三ケ年以上の専門教育を施すものたること。
二　高等教育機関は同時に学術の研究機関たるべきこと。
三　研究科を設け高等教育卒業以上の学力あるものを収容して研究するを得せしめ又選科並に講習部を設けて一般の学修に便ならしむること。
四　一、二、三項の目的を達する為に充分なる学修設備並に研究設備を設置すること。
五　高等教育機関は重要なる学科目に対する研究並に学修の機関（インステチュート）を以て組織すること。
六　学修の為の数個の部門を設くること。
　但一部門の範囲を可成大ならしむべきこと。
七　各部門には基礎科目、主要科目、補助科目を設け一部門内に於て基礎科目の外、一定数又は一定組の主要科目修了したるものを以て卒業となすこと。

この高等教育改革の主眼は、大学を学術の研究機関としてふさわしい組織とすること、つまり、「大学は現制の如く学修の為の学科に依って組織せらるゝ状にあるによるも寧ろ重要なる学科目の研究部（インステチュート）に依て組織」して「国家学術の淵源」とし、「学修の為めに設くる部門の範囲は成るべく之を大にし基礎的科目に重きを置き其他の科目につきては選択なすを得べからしめ教育を一定型に強制せざる」ようにするため、科目に基礎＝必修、主要＝教員の指導の下に選択、補助＝随意履習の区別を設けようというものであった（第三章）。第九回特別委員会において議決された「高等教育機関の制度及組織の大綱」にはインスティチュート及び部門の組織例が付されている。それによるとインスティチュートとは応用力学研究室、熱機関研究室、機械工作研究室、有機化学研究室、電気化学研究室、高周波電気工学研究室……といったものであり、学科(部門)は第一学科(機械、船用機関、電気、船舶、造兵、航空、採鉱等の工学を包含するもの)第二学科(土木、建築)第三学科(応用化学、火薬学、冶金学等)に分類され、それぞれ基礎、主要、補助科目が例示されている。

教官組織については、当時の縦割りの学科組織では「一定型技術家の養成の為め授業本位に流れ一教授は一専門学者たるの暇なき嫌あり担当課目の研究者たるよりも八百屋的に教うることに追はるるの状況たり土木学科とか応用化学科とか云う所の一学科の教育には其科の全教授が責を感ずるが如きも一専門学に対し責任を感ずる点少なきの嫌あり」[22]といった状況を生み、専門の分化、高度化の時代に対応し得なくなっていたのである。

一方学生の教育に関しては、例えば東大の工学部(工科大学)の機械工学科に例を取れば、明治一九(一八八六)年の工科大学発足時に一年七課目、二年六課目、三年五課目、計一六課目であったものが、明治四〇(一九〇七)年には船用機関学専修の課程を独立させたにもかかわらず(同専修課程は、当時一年一一課目、二年一一課目、三年四課目、計二六科目)、大正四(一九一五)年には遂に選択課目を一部導入するほどの課目数に達した(一年一三科目、二年一三科目＋選択必修一課目、三年三課目＋選択必修四課目、計三四課目・船用機関専修はこれより一課目多い)[23]。学科構成、学科課程の抜本的な改革が要請される段階に来ていたのである。

こうした事態に対して、本案は高等教育機関＝大学を教官には研究を、学生には一定の型にはまらない(各種別に対応できる)教育を可能ならしめる制度に改変すべく意図したのであった。

中等教育制度に関して注目すべきなのは、いわゆる「高専廃止論」である。本案は、既存の専門学校(高等工業学校)については「技師の養成機関としては欠くる所多く又之を技手養成機関として見る時は程度年令高きに過ぎ能率却って甚だ悪しき者あり」(第三章)、「所謂帯に短く襷に長く中途半端の制度」[24]と評している。そこで本案は技手養成のための中等教育機関を中学四修後二〜三年の専門教育を施す機関として、「現専門学校にして設備教員等の具足せるものは之を昇格して大学となすべく、然らざるものは或は寧ろ低下して教育能率の増進を計るを可とせん」(第三章)と提案している。

しかしこれは原正敏の指摘するような(25)「高専廃止論」ではない。あえて言えば「高専格下げ論」とでも呼ぶべき主張である。つまり本案は技術者の階級を明確に三階級とし、そのそれぞれの養成を学校教育の任務とした。決して技術者の階級が二階級でよいと言っているのでもなければ、その養成機関が二種でいいと言っているのでもない。技手級の養成機関の必要を指摘し、これを「一職業に対し須要なる教育を施し之に従事し得るの実力を養成する」と「同時に技術の研究機関」としての役割を期待する。既存の高工は技手養成に徹し切っていないから、その一部は昇格、一部は降格し、専門学校制度としては年限等を短縮する、いわば格下げをするというのがこの主張するところである。これに対して日本工学会(工学会の後身)の「工業教育改革案」(昭和九(一九三四)年)は「中等技術者ノ養成ハ之ヲ新制工業学校ヲ俟チ得ベキ」とし、技手級の養成を工業学校の役割とし、高等学校を廃して中等学校よりただちに大学へと結ぶ構想であった。

本案を、昭和九年案の「基礎となった」(26)両案の考え方は「基本的には……共通する」とする見解は、高等学校制度の上に大学(高等教育機関)を築き、中学校の上に高専(中等教育機関)を築こうとする本案と、中等学校の上に直接大学を築き、中級技術者養成機関(工業学校)を小学校の上にもってこようとする昭和九年案との間の基本的な差異を無視するものであると言わなければならない。

4　「工業教育刷新案」と東大工学部「学制改革」

次に、本案が実際の大学改革に与えた影響について考えてみよう。3で見てきたように、本案は大学に関しては外的制度の改変を求めるものではなかった。そのねらいは、教官には研究を、学生には一定型にはまらない教育を可能ならしめる内部構造の改革にあったのである。この面で、同案と、特別委員会の委員の多くが所属していた東京帝国大学工学部における大正八（一九一九）年及び一四（一九二五）年の改革との内的つながりは、ぜひとも指摘しておかなければならない。

工業調査委員会第二特別委員会委員の過半が東京大学工学部の教授によって占められていたことは2で指摘した。「刷新案」が彼らの意見であった以上、お膝元の東大工学部の改革に何んらのつながりも持たなかったとしたら、それはむしろ奇異と言わなければならない。

ちょうど第二特別委が高等工業教育制度組織大綱を審議している最中の大正八（一九一九）年五月二二日、東大工学部教授総会は学科課目整理委員会を設置している。同委員会の構成員は以下の通りである。「柴田畦作（土木）、内丸最一郎（機械）、井口常雄（船舶）、山内鎮一（造兵）、西健（電気）、佐野利器（建築）、鴨居武（応化）、楠瀬熊治若クハ山家信次（火薬）、舟橋了助（採鉱）、俵国一（冶金）外ニ大河内正敏」。このうち第二特別委のメンバーは佐野（高等工業教育制度大綱の原案作成者）、鴨居、大河内であり、また同委員会には桂も出席している。

こうして東大工学部はこの時期、大正七（一九一八）年の大学令制定、帝国大学令等改正による分科大学制から学部制への制度改革にともなう諸規定の改正を行なうとともに、大正八（一九一九）年七月の学科課程の「一大改正」(27)で、学年制を廃して科目制を採り、その科目を必修、選択及び参考に分けたのである。ここには、明らかに「刷新案」の提案した科目の基礎、主要、補助区分の先き取りが見られる。

さらに東大工学部は大正一二（一九二三）年一月二五日の教授総会において「学制研究」のための委員会設置を決定し、同月三〇日以下の委員を選出した。「山口昇（土木）、斯波忠三郎（機械）、末広恭二（船舶）、栖原豊太郎（航空）、青木保（造兵）、瀬藤象二（電気）、佐野利器（建築）、大島義晴（応化）、西松唯一（火薬）、舟橋了助（鉱山）、俵国一（冶金）（途中若干交代有り）」。すでに特別委員だった者のうち退官したものが多かったが、斯波、佐野の両名がこの研究会に参加しており、鴨居、鳳、桂が当時も教授会メンバーであった。

「学制研究委員会」は俵、末広を幹事として出発したが、七月俵が学部長に就任、末広が委員長となり、原案づくりを進め、「教授助教授任免ニ関スル内規」及び「学制ノ大体方針、教授助教授ニ関スル事項」等を作成した。「学制ノ大体方針」は以下の通りである。

一　工業ニ関スル基礎学ニ重キヲ置クコト。
二　学修ヲ一定型ニ篏制セシメザルコト。
三　必須科目ヲ成ルベク減少シ学生ヲシテ学修ニ自由ナラシムルコト。
四　各研究機関ノ価値ヲ発揮セシムベキコト。
五　教授及助教授ハ毎年一回、三月末日迄ノ講義、梗概指導ノ実況研究、経過及育英ノ情況等ヲ学部長ニ報告スルモノトス。
六　教授及助教授ハ従来ノ研究論文ヲ成ルベク学部長ニ差出シ尚向後ノ研究論文ハ之ヲ学部長ニ提出スベシ学部長ハ之ヲ輪講会又ハ其他教授助教授集会ノ機会ニ於テ発表スルコト。
七　助教授又ハ在外研究員ハ必ズシモ教授ノ候補者ニアラザルコト。

ここには「現在の職業的に細分されて居る諸学科を学問系統において併合を行い、研究機関を発達助長せしめて、而して学生は一定型に篏制せしめざる方針」(28)がみえており、明らかに「工業教育刷新案」の主旨の継承がみられる。

同「方針」案は一二月六日に教授総会に提出され、年を越して大正一三（一九二四）年二月二一日に認められた。これにそって学制研究会はさらに審議を重ね、同年一二月四日工学部学科を四科に分かつ「工学部開闢以来、重大ナル」（俵学部長(29)）改革案(30)を教授総会に提出した。これによれば第一科は機械系、第二科は土木建築系、第三科は応用化学系に統合されており、連合工業調査会案の三学科制に対応している(31)。さらに第四科として「基礎学」系の科目（「工業基礎理学」、「材料」、「共通一般工学」《「建築学大意」等》、「測量」、「法律経済」）(32)が統合されていることが注目される。

本案は種々の修正を経て、大正一四（一九二五）年一月二二日、終に決定をみた。そして実行案作りのために、さらに工学部学制委員会が置かれ、四月の新学期より新工学部規程にもとづく体制が出発したのである(33)。

工学部学制研究委員会幹事であり、この改革の途中で学部長に就任した俵は「工業教育機関を縦い僅少の部門に分ち物理側と化学側との二つを或る三つ四つに分ちて（プロシヤの工科大学は基礎、機械、構造、及材料の四科に分った）加之に従前の如き堅固なる城壁を設けないで之を取去ることに努めたい」(34)と、その抱負を語っていたが、実際に実現したのは、従来通一一の学科を置き、ただ単位制を導入して、「授業科目、種類ヲ二分シ其ノ一ハ専ラ基礎学ニ属スルモノニシテ之レヲ工学部ニ直属セシメ一般学生ノ選択ニ便ナラシメ」(35)る程度の改革にとどまった。

しかし、第四科として構想されていた「基礎学」系科目が、そっくり学部直属科目(36)となり、卒業必要単位四〇単位中、この内から一三単位以上を取るよう定められた(37)。また分科に関しても、「工学部内規」第一条に「分科ハ当該学科若クハ学部長ニ於テ其ノ必要ヲ認ムル時ハ之ヲ教授会ノ議ニ付シ分合改廃ヲ行フコトヲ得」と規程され、改革努力続行の含みを残したのである。

「学制ノ大体方針」中（六）に出てきている教官による研究発表会（輪講会）が、この時期に発足した(38)ことなどとあわせると、これら東大工学部の一連の改革が、教官の研究能力を高め、学生には一定型にはまらない教育を可能ならしめる制度組織への改変という「工業教育刷新案」に示された方向にそった努力であったことが知れよう。本案は具体的な影響を東大工学部に与えていたと言える(39)。

また、いわゆる「初等工業教育」に関しても、「大正九年及大正十年ニ於ケル実業学校令並ニ工業学校規程ノ大改正ニ当リ、其ノ一部、実現ヲ見タ」(40)のであり、決して「工業教育刷新案」はこの面でも「陽の目を見なかった」わけではなかったことを付記しておく。

5　「工業教育刷新案」の歴史的位置——あとがきにかえて

ここで連合工業調査委員会が成立した大正七(一九一八)年という年に注目しよう。第一次大戦の末年、米騒動に象徴される社会変動の画期たるこの年の三月「邦家発展の基礎は工業にありとの信条の下に団結し、工業の独立を確保せんが為め、工業家の連絡を完ふし、工業に関する組織及び行政の刷新を遂行し、工業教育の振興に努め、又国家箇緊急問題を討議して国民を指導し、当局を誘掖するの任に当らん」(41)とする工学者、技術者団体である工政会が発足している。上記綱領の内容は、まさにテクノクラシー宣言そのものである。そして、「技術者の覚醒、団結、社会的機会均等」を綱領に宮本武之助に引きいられて日本工人倶楽部が成立したのは、その二年後の大正九(一九二〇)年のことであった(42)。

欧州における大戦は、新兵器(潜水艦、飛行機、戦車、毒ガス他)に象徴される直接戦闘における科学技術の重要性とともに、総力戦を支える産業基盤における科学技術の役割を顕著なものにした。そして社会そのものがロシア革命(一九一七年)に象徴される一大変革期に突入しており、工学者、技術者が政策批判者として登場し、制度改革を含めて団結する機運がそこにあった。自己のプロフェッションとしての確立のためにも、工業教育制度に対する関心も、おのずと高まったのである。そして、科学技術時代に突入して急速に展開し始めた工学そのものの発展が、工業教育に一大変革を追っていたのである。

アメリカ合衆国においても、一八九四（明治二七）年創立の SPEE（Society for the Promotion of Engineering Education. 現アメリカ工業教育協会＝ASEE の前身）が、初めて **R. Mann** を委員長として、工学者自身による総合的な工業教育調査を行ない、有名な **Mann Report** を発表したのが、一九一八年つまり大正七年、連合工業調査委員会の発足した年のことであった[43]。日本にあっては、明治一一（一八七八）年、第一回工部大学校卒業生たちによって設立された工学に関する全体学会たる工学会が、自らを生み出してきた工業教育制度に対して、始めて批判を行ない、その改革構想を表明したという意味において、「工業教育刷新案」はまさに学制改革史上の一画期をなすものと言えよう。

さて、本章では「工業教育刷新案がいずれの国の工業教育をモデルとしていたのか、それはいかなる程度においてなのか」という点には触れないできた。審議過程でそれが表面に出てこなかったためである。しかし、そのことの解明は、さらに本案の歴史的位置を浮き彫りにするものであり、今後の研究課題である[44]。

注

（1）日本科学史学会編『日本科学技術史大系』第九巻（第一法規、一九六五年）四四七頁。
（2）国立教育研究所編『日本近代教育百年史』第一〇巻（教育研究振興会、一九七四年）一三〇頁。
（3）「連合工業調査委員会成立」『工学会誌』第四一八巻、一九一八年六月、三四〇〜一頁。
（4）「連合工業調査委員会彙報」（以下「彙報」）『工学会誌』第四二二巻、一九一八年一一月、六五八頁。

(5) (1)の資料に付された解説に一二名とあるのは「刷新案」報告時の委員のみの合計。
(6) 「彙報」『工学会誌』第四二四巻、一九一九年一月、四九頁。
(7) 「彙報」同上、第四二五巻、一九一九年二月、一〇五~四頁。
(8) 「彙報」同上、第四二六巻、一九一九年五月、一五九~六〇頁。
(9) 「彙報」同上、第四二九巻、一九一九年六月、二五二~四頁。
(10) 同上、二五四~六頁。
(11) 同上、二五六~七頁。
(12) 同上、二五七~六一頁。
(13) 同上、二六一~四頁。
(14) 「彙報」『工学会誌』第四五〇巻、一九一九年七月、二九八~五〇〇頁。
(15) 「彙報」、同上、第四五二巻、一九一九年一〇月、五五五~六頁。
(16) 同上、三三六~三三九頁。
(17) 同上、三四〇頁。
(18) 「連合工業調査委員会経過大要報告」『工学会誌』第四三六巻、一九二〇年二月、六六~七四頁。
(19) 「工業教育刷新案」『工学会誌』第四四〇巻、一九二〇年七月、二四八~二六〇頁。
(20) 前掲、注(18)と同じ。
(21) 前掲、注(18)と同じ。
(22) 第五回会合における佐野幹事による原案説明。前掲(9)。
(23) 『東京帝国大学五十年史』上・下冊(一九三二年)より。
(24) 第九回会合における議論。前掲(15)。
(25) 原正敏「昭和初期の高専廃止論について」『科学史研究』第八四号、一九六七年、一七九頁。
(26) 「工業教育制度改革案」『近代日本教育制度資料』第一六巻、八三頁。
(27) 『東京帝国大学五十年史』下冊、七八五頁。

(28)「東大工学部の学制改革」、『工業雑誌』第六〇巻・第七五八号、一九二四年二月、五一頁。
(29)「教授総会ニ於ケル斯学制案ニ就テ討議記事　第五回」(「内田祥三文書、学科学生関係　其一」)。
(30)「工学部ヲ四科ニ分ツ」(「内田文書」同上)。
(31)但し、採鉱学は調査会案では第一学科に配属されていたが、本案では第三科に配されている。
(32)前掲(30)別表。
(33)同規程制定は大正一四(一九二五)年三月二三日。この時、「学科課程」「試験規程」等を一括して「工学部規定」が制定された。(『東京帝国大学五十年史』下冊)八三一頁。
(34)俵国一「工業教育に就て」『工業評論』一九二四年一一月、一二頁。
(35)「学部規程改正ヲ要スル理由」『東京帝国大学五十年史』下冊、八三二頁。
(36)「工学部規程内規」(大正一四(一九二五)年二月二六日議決)第六条。これによれば総科目数三一六中九二が学部直属である。
(37)「工学部規程」第一三条。
(38)「輪講会規程」は大正一四(一九二五)年二月一五日に議決されており、「工学ニ関スル智識ノ交換ヲ以ヲ目的」としている。
(39)以上、大正八(一九一九)年及び一四(一九二五)年改革の経緯等については、拙稿「帝国大学制度調査委員会に関する一考察」(『東京大学史紀要』第二号、一九七八年(本書第七章)参照。
(40)「工業教育制度改革案」前掲(26)八〇頁。
(41)「工政会綱領」『工政』第六六号、一九二五年五月。
(42)広重徹『科学の社会史』、一九七三年、中央公論社、九一〜二頁。
(43)拙稿「日本工業教育協会の設立に関する一考察――戦後日本の大学改革にかけるアメリカの影響」『大学史研究通信』第一〇号、一九七六年、四六頁。
(44)一応、研究組織としてのインスティチュートや学科の統合は、ドイツ工科大学の改革をモデルとしていたのではないかと推測できる。東大工学部の大正一四(一九二五)年改革では、明らかに、大正一二(一九二三)年の『文部時報』(第一二〇、一二一号)に掲載された「普国文部次官ベッカー氏大学改革論」、「普国文部省顧問アウムント教授の『工科及経済科大学』設立案」を参考にしている。

第九章　日本における大学学年暦の変遷

1　はじめに――三四郎や健吉の時代

夏目漱石の小説『三四郎』は、明治四一（一九〇八）年九月から同年一二月まで、一一七回にわたって朝日新聞紙上に連載され、同時代の知識青年の青春の典型を写しだして好評をはくした。母からの手紙の中に展開する伝統社会、偉大なる暗闇こと広田先生に垣間見る日本の学問の苦悩、そして主旋律をなす都会の女・美禰子との恋。これら三つの世界の織りなす青春模様は、今日でも多くの読者を引きつけて離さない。しかし、三四郎の青春の背景にある学年暦が、現代のものと大きく異なったものであることに気付く読者は、そう多くないのではあるまいか。

熊本の高校を終えて上京した直後の三四郎は、大学構内の池の端から岡の上に立つ女に眼をむける。美禰子の手の団扇に印象づけられたのである。つまり、出来事は夏に始まっている。以後、物語は旧学年暦にそって進行する。「学年は九月十一日に始まった」漱石は、明確にそう書いている。当初、講義に、図書館にと打ち込もうとした三四郎の関心は、急速に大学の外の世界へと移って行く。団扇の女の正体を知るのが天長節の休日、菊人形見物と借金で近づくかに見えた美禰子の姿が、冬の訪れとともに遠のく。美禰子の結婚披露の招待状を、冬の休暇からもどった三四郎は、下宿の机の上に見い出す。『三四郎』は、当時の東京帝大生の一学期分の青春であった。

久米正雄の『受験生の手記』は、主人公健吉の車中での黙想シーンから始まっている。「私に取っては、今度のそれは全く決死の首途なのだ。去年の一高の受験に於ける不面目な失敗、……。それにしても何故、去年もっとしっかりやらなかったろう。それは第一に上京が遅れたからだ。……、卒業後の大切な数月を刺激のない田舎で勉強しようとしたのが間違だった。早くから上京して、切迫した空気の中にいたら、或いは勉強ももっと緊張し、又受験術も巧妙になっていたかもしれない。」（『学生時代』新潮文庫版）ここには、中学校卒業後の数ヵ月への後悔が切々と綴られている。この小説は、大正七（一九一八）年に、数年前の事件として発表された。当時、小・中学校（師範学校も）は現在と同様に四月を学年始期、三月を学年終期としていたが、高等学校は帝国大学や専門学校とともに九月を学年の始期としていた。従って中学卒業と高校入学の間には半年近い空白が存在した。高校入試は七月に行われたから、健吉の後悔の数ヵ月とはこれまでの間をさす。

浪人である健吉の再上京は一月のことであるが、四月にはいると一年年下の弟が中学を終えて上京する。二つ屋根の下（義兄の家）に兄弟二人の受験生、浪人の兄・現役の弟、義兄の姪・澄子の出入り、健吉の下宿への逃避、やがて試験の当日、兄の失敗・弟の成功、絶望、健吉の入水。すべては、この空白の半年のドラマであった。このように、今も読みつがれている大学青年、受験生小説の古典は、旧学年暦を舞台に展開しているのである。

2　学年暦確立の経緯

伝統社会の高等教育機関である幕・藩校あるいは私塾にも、暦は存在した。釈尊の行事や大試験といったものが季節ごとに行われたからである。しかし、近代的意味での学年暦の起源はそこにはない。それは、近代的な学年暦が、組織されたカリキュラムと不可分の関係にあるからである。日本の伝統社会における高等教育は書物が中心であり、そのまるごとの習得に力点があった。従ってその作業は個人的であり、進度に学習者個々に応じたもので足り、それが入学を随時可能なものにした。ところが、近代社会の高等教育は、まとまった教育内容の積み上げ式の教授を軸としている。そのまとまりが学年あるいは学期を単位として組織されているのである。一方、それに対応して、被教育者の側も学年あるいは回生といった形で、その習得段階によって組織されることになる。従って、入学も随時可能なものから、学年あるいは学期の始期に限定されたものとなって来る。

では、日本の高等教育機関における近代的な意味での学年暦の起源はどこにあるのだろうか。この観点から注目すべきなのは、「私学慶応義塾開業願」である。この願い出書は明治六（一八七三）年四月一二日付で東京府に提出されたものであるが、その第五条に以下のような規定がある。

教則

一、教授の法を正則と変則と二様に分ち其規則左の如し。

正則科

一、学業の年数を七年と為す。内三年を予備等とし、四年を本等とす。

一、一年を分て三期と為す。第一期は八月下旬に始まり十二月下旬に終り十七週日、第二期は一月上旬に始まり四月中旬に終り十四週日、第三期は四月下旬に始まり七月下旬に終り十四週日なり。

一、停業時は第一期と第二期の間二週日、第二期と第三期の間一週日第三期終りて後四週日とす。

（『慶応義塾百年史』上巻）

つまり、ここでは八月を始期とする三学期制が採用されている。そして、これは管見でも最も古い学期制の規定である。もっとも、この時期の慶応義塾のカリキュラムは、上記のような意味で組織されたものではなく、例えば「本等の教授は全く講義を用ることなく、唯日々生徒をして暗誦せしむるのみ」（同上教則）という規定にみられるように、あい変らず書物中心、学習者まかせのものであった。しかし、慶応四（一八六八）年の開塾以来の規則の集大成とされる「慶応義塾社中の約束」（明治四（一八七一）年）には、学年・学期に関する規定はないのであるから、上記教則は、近代的学年暦確立への重要な一歩と言うことができよう。

この「私学慶応義塾開業願」に後れること数ヵ月（明治六（一八七三）年九月一〇日）、文部省より開成学校に達せられた下記の規則は、近代的学年暦の確立にさらに大きな意味を持った。

学歳

学歳ハ九月一日ニ始リ翌年七月十五日ニ終ル

第一半歳ハ九月一日ヨリ翌年二月二十八日（閏年ハ二十九日）ニ至リ第二半歳ハ三月一日ヨリ七月十五日ニ至ル

夏半期ハ五月一日ヨリ起リ十月三十一日ニ終リ冬半期ハ十一月一日ニ起リ翌年四月三十日ニ終ル

年中休業定式

日曜日
新年朝拝／元始祭／新年宴会／伊勢両宮例祭／紀元節／神武天皇例祭／孝明天皇例祭／天長節
暑中休業　自七月十六日至八月三十一日
歳末休業　自十二月二十五日至翌年一月八日

（『東京帝国大学五十年史』上冊）

ここでは、学年に当たるものが学歳、学期に当たるものが半歳と呼ばれている。夏半期、冬半期というのは、冬には生徒の日課表が三〇分から一時間繰り下げられて組まれていることに対応する。冬半期には、起床を三十分遅らせさらに「盥嗽服飾」、つまり洗面、着換え時間を三〇分長く取るなど、なかなか合理的にできている。

この後、開成学校は東京開成学校に改称するが、明治八（一八七五）年八月一〇日には「学歳及試験期等規則」が達せられている。ここでは大きな変更はないものの、半歳を期と改め、第一期を九月一日より二月一四日、第二期を二月一五日より七月一五日としている。また、半期試験と学歳試験を規定し、半期試験の後に三日の休業日を置いている。試験休みの起源といったところである。さらに、明治九（一八七六）年改正の校則では、学年始期を九月一一日とし、終期を翌年七月一〇日とした。また期を学期と改称している。これで、学年、学期の名称が出そろったことになる。この学年の始期と終期は、東京開成学校が東京大学法理文三学部に改組されても受け継がれたが、この折、学期に関してはは三学期制に改めている。第一学期は九月一一日から一二月二四日までの一〇五日間、第二学期は一月八日から三月三一日までの八三日間、第三学期は四月八日から七月一〇日までの九四日間、従ってその間を冬、春、夏の休業日とする三四郎時代の学年暦が、ここに出現したのである（明治一二〔一八七九〕年改正規則）。

もっとも、この時代、この学年暦が高等教育機関中で支配的だったわけではない。同じ東京大学でも医学部の学年暦は全く違っていたし、後に東京大学と合併して帝国大学工科大学となる工部大学校の場合も全く違っている。東京大学医学部では、東京医学校時代には東京開成学校と同じ学年暦が達せられていた。ところが、医学部時代の学年暦は、一二月一日より翌年一一月三〇日を学年とし、一二月一日より五月三一日までを冬学期、六月一日より一一月三〇日までを夏学期とする二学期制を取っているのである（医学部本科及予科）。

一方、工部大学校の学年暦は一風変っている。当校の教育課程は、在校修業と実地修業を相互に組み合わせることによってできている。学年の始期は四月であるが、四月から九月のまる半年は実地修業、つまり校外実習に当てられている。新入生の場合は、このうち四〜六の三ヵ月が校中での入門課程に使われる。工部大学校は六年制であるが、最後の二年は実地修業のみに当てられるので、学年暦とは無縁である。新入生にとっては七〜九の三ヵ月間は「休課期間」なのであるが、実はこの休課期間には工場実習をすることになっているので本来的な休暇とは言えない。今日でも、多くの工学部で夏休み中に工場実習をやっているが、その起源はこんなところにあるのかもしれない。工部大学校のカリキュラムは後期には大きく変化する。実地修業期間が大幅に減少しているのである。その結果、四月から六月を夏期、九月に夏期類似のカリキュラム、そして一〇月から三月を冬期とするユニークな学年暦が生まれた。もっとも、これが今日の学年暦に一番近いが。（『旧工部大学校史料』）

明治一九（一八八六）年に、東京大学と工部大学校が併合され、（東京）帝国大学が設立された。そして、帝国大学は旧東京大学法理文三学部の学年暦を、そっくり「分科大学通則」中に規定した。かくして、東京開成学校→東京大学法理文三学部で確立した学年暦は、後設の諸帝国大学、帝国大学予科としての高等学校、さらには官立専門学校の学年暦を規定することになった。また、私立の専門学校の場合も、帝国大学の学年暦をそのまま採用したところが多い。

もっとも、私立専門学校のすべてが東京大学→帝国大学の学年暦を踏襲したわけではない。むしろ、高等教育機関の範を欧米に取る限り、九月を学年の始期としたことは自然の成り行きであった。開成学校の場合も、その理由を示す資料こそないが、お雇外人を教師として設立した専門学校としての同校にとって、九月開始は当然なことだったのだろう。例えば、同志社も九月を学年始期としているが、これが開成学校→東京大学法理文三学部を範とした結果とは思えない。その上、三学期制は同志社の方が早い（「一年ヲ分ケ三開業期ト為シ第一期ハ九月十二日　明治九年ヨリ初ナリ十二月二十四日ニ至ル　第二期ハ一月四日ヨリ三月二十六日ニ至ル　第三期ハ四月四日ヨリ六月二日ニ至ル…」（同志社仮規則明治八（一八七五）年）『同志社百年史資料編』）。また、東京専門学校（早稲田大学の前身）の場合も、九月を学年始としているが、開始日は異なっている。そして、帝国大学成立後も二期制を続けているといった具合である。

さらに、慶応義塾の学年暦変遷は注目に値する。義塾では、明治一四（一八八一）年に学年始を一月一一日に変え、三期で一二月二五日にいたる学年暦を採用、明治二三（一八九〇）年の大学部の最初の規則でもこの学年暦が規定されている。しかし、明治三一（一八九八）年の義塾の「学制大改革」の折に五月から四月という独自の学年暦を生み出した。学期は五月一日から七月一五日、九月一一日から一二月二五日、一月一一日から四月一五日の三期制である。これは大学のみでなく、義塾全体の学年暦であり、同塾の特色である「一貫教育制度」の基礎となった。このように、この時代の学年暦は、なかなかバラエティーに富んだものだったのである。

3　大正一〇（一九二一）年の大改革

大正中期の学制大改革は、大学・高等教育機関の学年暦にも大きな影響を及ぼした。結論的に言えば、九月を始期とする学年が、今日と同様の四月を始期とするものに変更されたのである。事の起りは、当時教育界をさわがした学制改革問題、わけても大学卒業までの年限短縮問題であった。明治の末年に制定された高等中学校令は、この年限短縮論議の妥協の産物で、そこでは三年制の高等学校を二年半制の高等中学校に改組することになっていた。これは、高等中学校の学年始を中学校卒業に接続する四月とし、帝国大学の学年始を九月のままとすることによって、教育課程としては半年分の削減で、一年分の年限短縮をはかろうとしたものである。しかし、この高等中学校令施行を無期延期とした奥田文相は、高等学校を二年制とし、帝国大学の学年始をも四月に繰り上げる案を考えた。しかし、前者は帝国大学側の反対で撤回し、消極的ながらも賛意を得た学年始の繰り上げ案のほうだけを教育調査会にはかり、その決定をみた。そして、この議論は臨時教育会議へと持ち込まれ、大正七（一九一八）年の学制改革を通じて現実のものとなったのである。新高等学校令の施行規則である高等学校規程では、学年始期を四月と規定した。これは、七年制高校を原則とした以上は、当然の処置であったろう。もしそうしなければ、今度は小学校卒業の後に空白が生まれてしまう。そして、帝国大学も、新設の私立大学も、専門学校も、すべての高等教育機関の学年始期がこれにならった。帝国大学を例にとっても、高校がそうなるならしかたあるまいといった、消極的な学年暦改訂であった。五月を学年始めとして来た慶応義塾でも、この時四月に改めている。（拙論『東京大学史紀要』一、二）

さて、この改訂の結果、各校とも、移行期には、五カ月、実質的には三カ月分の教育課程を短縮しなければならなかった。官立の場合、この移行は大正一〇（一九二一）年に一斉に行われたが、この顚末をしるす記録は以外に少ない。

管見にはいったものとしては、下記の東京帝大工学部の例がある程度である。

僅か三カ月の短縮でも、それだけ学力は低下すると見なければならないので、それを避けようという建前から、九月入学早々から夜学が毎日続けられることになった。工学部では実験や製図が時間割の大部分を占める関係から、われわれの建築学科では午前と午後が講義で、夜は専ら製図に充てられた。その製図室は、本郷通りに近い赤煉瓦二階建の建物の階上にあったが、電車通りを越して向い側に中村屋というパン屋があり、夜食のパンを窓から大声で注文したり、夜が更けるままに各出身高校の寮歌が声高に歌われたり、また趣味の尺八を朗々と吹いて「製図室は倶楽部に非ず」など主任の先生に戒められたり、想い出してみると夜学もなかなか面白かった。（岸田日出刀「震災前後」、鈴木信太郎編『赤門教授らくがき帳』）

かくして、日本の大学の学年暦は、小・中学校と同様の四月一日を始期とするものに統一された。この四月始期の学年暦は、明治二〇（一八八七）年に高等師範学校で採用されたのが初めで（もっとも、2で述べたように工部大学校の例が以前にあった）、続いて全国の師範学校がこれにならった。さらに明治二五（一八九二）年には小学校で全面実施され、同時期に中学校でも個々に採用されたと言われる。そして、それは三四年目にして高等教育機関にまで及び、日本の学校の学年暦は四月を始期とするものに統一されたのである（佐藤秀夫「学年はなぜ四月から始まるのか」（『月刊百科』一九七八年四月号）。

では、当初、師範学校の学年を四月から始めなければならなかった理由は何だったのであろうか。佐藤秀夫氏は、その真の理由が陸軍と師範学校の人材「争奪」戦と、会計年度との一致による便宜にあったことを指摘している。つまり、明治一九（一八八六）年の徴兵令中改正によって、壮丁者の届出期日が四月一日から一五日までと改められ、九月学年始期の場合は師範学校入学志望者が先に四月期限で陸軍に徴兵される可能性が出て来たことへの対処と、全額給費制で設備も当時府県立学校中で最も整備されており、府県費の財政支出の多かった師範学校の学年と会計年度を一致させることの便宜が大きかったことが、その主な理由だったのである。四月学年始制は、学校の教育的必要から生まれたものではなかった。

さて、学年始は統一されたが、学期制のほうは相変らず二期制あり、三期制ありとバラエティーに富んでいる。その上、一つの大学の中でも、学部によって異なる学期制を取る例が現われた。東京帝大では、医・工学部は従来通り三学期制を取ったが、法、文、理、農学部はこの学制改革期に二学期制へ移行している。また、ちょっと面白いことには、旧学年暦時代には、学年終期（七月一〇日）と始期（九月一一日）の間の二ヵ月分の授業料は徴収していなかった。ところが、新学年暦は四月一日から三月三一日とされ、切れ目がない。学生は休暇中の授業料も払わなければならなくなったのである。もっとも、当時は一〇ヵ月分の額をそのまま一年分の額としたので、実質的には値上げになっていなかったのであるが、さて、休暇中も授業料は払うべきものなのであろうか。

4　おわりに――戦後の学年暦

日本の大学制度を根底からくつがえした戦後の教育改革も、こと学年暦に関しては何らの変更も加えていない。この改革の審議の場であった教育刷新委員会には、同問題に関する特別委員会が設置されたのであるが、学校当局者の意見のアンケート調査をもとに、とくに変更の必要なしという結論を出して、わずか二回で会合を終えている。さらに戦後は、学校教育法施行規則によって（第四四、七七条）、大学の学年も小、中、高等学校と同様に四月一日に始まり三月三一日に終るべきことが法定されている。この規定の変更なしには、個別大学による実験的試みさえ不可能になっているのである(1)。

大正一〇（一九二一）年の大改革より六〇年の歳月が流れた(2)。今また、共通一次試験の実施を機に、学年暦変更の議論が起っている。日本社会の国際化とともに、諸外国の学年暦との対応関係も論議の的である。こうした議論の際に、外国の例ばかりでなく、大正一〇年前の日本の豊富な経験が、大いに参考にされるべきではないだろうか。

注

(1)「緒言」に述べた趣旨から、本書は元となる論稿の初出時の記述に内容的な手は加えていない。本章の初出は、一九八〇年であり、その後の二〇〇七年の施行規則の改正で「大学の学年の始期及び終期は、学長が定める」とされた。また、その間何度か、秋季入学への移行が政策的な検討課題となり、施行規則上では学年途中でも学期ごとに入学や卒業を可能とするという、対処療法的な処置が取られてきた。

なお、この問題については、舘昭『原理原則を踏まえた大学改革を』（東信堂、二〇一三年）に所収の論稿「学年制と秋季入学を考える」で、その間の経緯と現在の状況について詳説している。

(2)「六〇年の歳月が流れた」としているが、左記と同様の趣旨からの、一九八〇年時点でのカウントであり、続く「今また、共通一次試験の実施を機に」も、その時期のものである。しかし、現在またまた起こっている学年暦の議論においても、「外国の例ばかりでなく、大正一〇（一九二一）年前の日本の豊富な経験が、大いに参考とされるべき」との末文は、意味を失っていないと確信する。

第一〇章　企業と大学——戦前の素描

1　寄付金による帝大新設——序にかえて

明治三九（一九〇六）年末の帝国議会をひかえて、文部省は次年度予算案中に九州及び東北両帝国大学の創設費を組み込んだ。日清の戦勝を機に、東京に次ぐ第二の帝大が京都に生まれたように、日露の「戦勝」は、第三、第四の帝大をあいついで誕生させるかにみえたのである。ところがその時すでに、日本経済は戦後不況へと突入していた。そして文部省の要求した帝大創設費は、予算折衝の段階で大蔵省によって大幅に削減をこうむってしまった。一転して帝大の新設は絶望視されるにいたったのである。敷地の提供をはじめとする応分の寄付を用意して、その誘致運動に全力をあげてきた地元の落胆ぶりは想像を絶するものがあった。

ところが、ここで破天荒の事態が起った。銅を中心とする鉱工業部門の財閥として知られていた古河家が、両帝大の建設費全額の寄付を急遽申し入れてきたのである。政府は、この出願を公然許可し、ここに一財閥家の寄付行為によって、帝国大学が創設されるという、異例の事態が出現したのである。

これによって、福岡に工科大学が新設されすでに開設されていた医科大学とあわせて、九州帝大が誕生した。さらに、仙台に理科大学が新設されて、札幌農学校から改組昇格した農科大学とともに東北帝大となったのである。この時の古河家の寄付金は約百万円で、福岡工科六一万円、仙台理科に二四万円、札幌農科に一四万円であった。福岡工科大学のために、地元が行った敷地買収寄付金の総額が約九万円であるから、それぞれの帝大創設にはたした、古河寄付金の比重の大きさが推し量れよう。

さて、この事件は、企業と大学の歴史の上では、単に一過性の事件にとどまるものではなかった。確かに、この献金は、当時古河家がその経営にかかる足尾銅山の鉱毒問題で、鉱毒被害民との間で激しい争いを展開し、厳しい世論の非難にさらされるという状態の中で行われたものである。つまりこれには、世論の批判をかわすという意図がかくされていたのである。そして、それを画策したのが、古河のブレインである内相原敬だったと言われている。しかし、これ以降、帝国大学の新設・拡充に対する財閥企業からの寄付は、一般なものとなった。一見、唐突なものにみえたこの事件も、実は、戦前の企業と大学の歴史の上では普遍的な背景をもっていたのである。

2　学校起して企業起す——発生期

企業と大学、この二つの近代組織の間には、発生期から上記のような関係が存在したわけではない。明治一九年設立(東京)帝国大学は、旧幕府の遺産を引き継ぎ、さらに維新以来明治政府によってなされた投資の集積であった。その前身校である東京大学、工部大学校、駒場農学校等は、近代官僚を求め、あるいは産業の国営を目指した明治政府の莫大な投資によって生まれたものである。当時、企業からの寄付が皆無だったわけではない。たとえば、すでに明治七（一八七四）年、三井組の工学寮（工部大学校）に対する千円の献金といった例もある。しかし、これは生徒の試験褒賞用に用いられるといった程度のものであり、その存廃にかかわるといった規模のものではなかった。

そして、企業は、その近代化に必要な人材の養成を官立の高等教育機関によって、先行的に行ってもらうという位置に立っているのである。官吏や教員の養成をねらって設立された官立諸学校も、結果としては企業人材の養成の一翼を担った。すでに明治一〇年代の東京大学からも、民間企業へ就職するものが出ている。たとえば、加藤高明は、明治一四（一八八一）年東大法学部を卒業すると、ただちに三菱会社に入社している。彼は、後に外務官僚・大臣として官界で活躍することになるが、それは三菱の女婿として、財閥三菱の富を背景としてのことだったのである。また、官業への奉職義務を課した工部大学校のような場合においてさえも、官業そのものの民間への払下げの結果、卒業生を多数企業へと送り出すことになったのである。

さらに、積極的に企業人材を養成する学校の設立も、企業からの要請に先立って国の手によってなされた。大量の企業人を生み出して、日本の民間企業の近代化に貢献した東京高商（一橋大学）も、啓蒙官僚・森有礼が明治八（一八七五）年に起した商法講習所に起源をもっている。そして、森の渡清後は東京会議所から東京府会によって管理されたが、その間農商務省等の官金の補助によってかろうじて維持されたのである。そして、結局、明治一八（一八八五）年には文部省直轄校となっている。その過程での企業の寄与は見られない。

こうした事情は、工場技術者の養成機関としての東京職工学校（東京工業大学）の場合も同様であった。同校卒業者中の民間企業就業者比率は、明治三〇年代の初めの段階で、すでに四九・五％にのぼっており、これに自営者を加えると実に六〇・四％の卒業者が民間で活躍している。これは一ツ橋の七三・〇％・七八・七％には及ばないものの、東京帝大の一六・九％・一九・七％をはるかにしのぐ高率である。しかし、この学校も、明治一四年に東京職工学校として創立された当初は、企業からの寄与は全く無かったと言ってよい。

また、こうした関係は官学と企業にとどまらず、私学と企業との間でも普遍的であった。私学の大部分を占める法律学校や宗派学校と企業との関係がとくに密接でなかったことは、むしろ当然だったかもしれない。しかし、企業向きの人材養成を行っていた慶応義塾の場合でも、事態は変らなかった。明治一一（一八七八）年、西南戦争後の学生数の激減から経営難に陥った福沢が、その資金の援助を求めた先は企業ではなく、政府であった。もっとも、この資金貸付の願い出は成功せず、義塾はそれ以降組織的な資金調達計画を練ることになるのであるが、ここでも企業の側からの積極的なアプローチはみられなかった。企業が私学に、その人材を求めるようになるのは、中上川彦次郎支配下の三井銀行が大量の義塾出身者を雇い入れ、その近代化をはかった例に示されるように、明治二〇年代後半以降のことに属するのである。

こうした発生期の大学・高等教育機関と企業との関係に、唯一例外ともみえる事例がある。すなわち三菱商船学校（東京商船大学）の存在がそれである。しかし、仔細にみれば、これとても、例外と言えるようなものではないことがかわる。明治八（一八七五）年に創設された三菱商船学校は、名称の示すとおり郵便汽船三菱会社の経営する私立学校であった。しかし、この学校は、政府が一万五千円の補助を与えて三菱に設立を命じたものであり、その経営費も政府の下附金一万五千円に対して、三菱会社の助成金三千円（明治一〇（一八七七）年）といった具合で、ほとんど官立と言ってもよい存在だったのである。この学校の特殊な存立形態の背景には、明治七（一八七四）年の征台の役における軍事輸送に始まった、政府による三菱の独占的保護育成策があった。従って、こうした関係が批判され、いわゆる明治一四（一八八一）年の政変を契機に三菱に対する独占的保護が破れると、一五（一八八二）年には、同校の官立移管が当然のこととして行われたのであった。

このように、発生期には国費にもとづく学校の先行、そしてそこで養成された人材をもってする企業の近代化という関係が、一般的にみられるのである。東京職工学校創設時をふりかえって述べた、当時の専門学務局長浜尾新の次の言葉は、ひとり東京職工学校の例にとどまらず、発生期の高等教育機関と企業との関係全般について言えるものであった。「本邦においては……工業工場があって而して工業学校を起すのではなく工業学校を起し卒業生を出して而して工業工場を起さしめんとしたのである。」

3　寄付の増大と地方産業——日露戦争後

ところが、こうした関係を一転させる時代がやって来る。日清、日露の戦争は、国庫による軍事費の膨張を招来し、文教予算を圧迫した。しかし、一方では旧政商を財閥企業へと成長させ、また多くの新興財閥を生み出すことになった。そして戦争を梃とした産業発展による利益は財閥家に厚く、一般庶民には薄かった。後者にとってそれは、しばしばマイナスの利益でさえもあったのである。たとえば物価騰貴は庶民生活を圧迫したし、足尾鉱毒被害民のように、直接の犠牲者もまた少くなかった。利益は財閥に集まり、国庫金もまた豊かとは言えなかった。ここに、企業と大学の新しい関係が始まる。

原敬は確かに、鉱毒事件に対する世論の非難から古河家を救うために献金を説いた。しかし、そのことの証拠とされる彼の日記中の次の文章は、また別の面からも注目に値するものである。「近来富豪より種々の寄附を出すものあり、授爵などの魂胆もあらんが、兎に角右様の次第故、古河も此儘に打過ぎては世間の非難を免がれざる事に付、兼て公共的に相当の寄附をなすを得策と考え、古河重役、陸奥等にも内話せし事あり、然るに今回……」。つまり戦争経済の最大受益者である「富豪」たちからの寄付行為は、すでに一般的なものとなっていた。古河寄付金は、ただこの対象を、高等教育機関へと拡大する契機となっただけだったのである。

従って、これ以降、帝国大学の創設や規模の拡張、試験研究施設の設立などの折に、企業からの応分の寄附がなされることがむしろ常例となった。たとえば、大正七（一九一八）年、札幌農科大学が北海道帝大として独立する際にも、三井、三菱、古河、住友、安田等三一人の富豪有志から計三七万円の寄付がなされている。さらに、財閥からの寄付がその設立に決定的役割を果たすといった例は、帝大にとどまるものではなかった。たとえば明治四三年に設立された秋田鉱山専門学校（秋田大鉱山学部）は、県内に事業所を持つ藤田、岩崎、古河三家からの計三五万円の寄付によって始めて創設が可能となったのである。

そして、これらの寄付の多くが、寄付者である企業の事業とは、必ずしも直接的な結びつきを持たない対象になされた点が、この時期の特徴である。つまり、寄付はあくまでも企業利益の国家への還元と考えられ、長期的な投資とは考えられてはいなかった。つまり、産学協同的な色彩を、直接には、持たなかったのである。こうした事態の一端を物語るのに好い例が、明治四二（一九〇九）年開校の明治専門学校（九州工業大学）の場合である。

同校は、この時期に炭鉱業によって産をなした安川家一家の財力をもって設立された工業専門学校である。安川によって財団法人明治専門学校になされた寄付行為は、創設時に敷地七万八千余坪の他、寄付金三三〇万円という破格のものであった。同校の開設した学科は採鉱、冶金、機械、応用化学、電気の五科で、安川の事業に無関係とは言えないが、その行為は、およそ投資効率など度外視したものであった。そして明治専門の名が示すように、安川はこの学校を単に工科にとどまらないものに拡張する意向をもっていた。従って、設立者安川敬一郎がその遺著の中で述べた次の言葉は、それを文字通りに受け取ることが許されるであろう。「我が鉱業の光明は日清日露両戦役がもたらしたる賜物にして、国家に対して感謝すべくんばあらざるものとす。……ゆえに、……明治専門学校を創立して、天恵にむくゆるの微衷をつくし……」。

一方、この時期になると、地方産業と直接の結び付きをもつ、官立専門学校が各地に設立されている。機業地に生まれた京都高等工芸（明治三五〔一九〇二〕年）や、米沢高工（明治四三〔一九一〇〕年）、桐生高等染織（大正五〔一九一六〕年）、福井高工（大正一二〔一九二三〕年）などは、みなその例である。たとえば桐生の場合、誘致の先頭に立ったのは、織物業関係者であった。そしてその創設には県費から三〇万円の支出がなされたほか、地元から寄付六万五千円が集められ、さらに、桐生織物同業組合から寄宿舎の貸与がなされている。その誘致運動は、深く地元産業と結びついたものだったのである。

4　産学協同の芽――昭和戦前期

地方産業と官立高専の結びつきを、ミニサイズの産学協同と言えないことはない。しかし、なんといっても本格的な産学協同は、科学が生産に先行する、いわゆる科学技術時代の企業と大学の関係である。技術の芽は、生産現場ではなく、科学的手続きのもとに実験室で生まれる。しかもその芽は、直接的に生産現場で適用できるのではなく、これまた生産現場からはなれた技術化研究を必要とする。この段階では、企業にとって大学は、単なる余剰の寄付対象としてではなく、その死活にかかわる投資の対象として浮かび上って来るのである。

もっとも、戦前の日本企業が積極的に産学協同に取り組んだとは言えない。輸入された完成技術と低賃金労働力の結合によって利潤をあげて来た企業には、完成技術が手にはいる限り、その技術の形成プロセスは、実はどうでもよいことであった。企業にとって大学は、単に人材の供給機関でありさえすればよかったのである。

従って、科学と生産の新しい関係に気づき、企業の側に働きかけたのは、理研の大河内正敏（東大教授）の例にみられるように、大学の側であった。日本で、最初の本格的な科学技術研究機関である理化学研究所の設立が、完成品・完成技術の輸入がとだえた第一次大戦下という状況のもとでのみ実現に向ったのは、こうした日本企業の体質と無関係ではなかったのである。

しかし、こうした状態は、徐々にではあるが打破られつつあった。生産技術の構造変化が必然的なものである以上、企業もまたこれに適応しなければならない。また、第二次大戦へと向う国際環境が、この傾向に拍車をかけた。たとえば、東北帝大に附置された金属材料研究所の発展は、こうした事態を示す格好の例である。

金属材料研究所の設立は、大正一一（一九二二）年のことであるが、その源は大正五（一九一六）年に理学部附属として出発した臨時理化学研究所の第二部にある。そして、その開設時に住友家から二万円の寄付がなされ、さらにこれが附属鉄鋼研究所へと昇格するに当って三〇万円、金属材料研究所として独立する際に三〇万円の寄付が追加されたのである。金研の研究成果はめざましく、後に所長本多光太郎はここで開発された新合金を、住友にちなんでＫＳ鋼と名づけている。住友の寄付は、はっきりと投資としての効果をもったのである。

もっとも、金研に寄付を行ったのは住友だけではなかった。大正九（一九二〇）年から一一（一九二二）年にかけて、神戸製鋼、三菱造船、三菱鉱業の各社が研究援助金を寄付しているし、昭和一四（一九三九）年には日本銅管が六〇万円という大口の寄付を行っている。ここではこれらの寄付が、金研の研究内容と深くかかわるところの各社からなされている点に注目する必要がある。これらの寄付は投資の性格を持ち、産学協同の色彩をおびていたのである。

そして、こうした傾向は、ひとり金研のみにとどまるものではなかった。この時期に、各帝国大学には、多くの独立の研究所が附置されているが、その中には産学協同の色彩をおびたものも少なくない。今、その中で阪大の産業科学研究所を取り上げてみよう。

もともと、大阪帝国大学は創設時（昭和六（一九三一）年）から、他の帝大に比して、地元産業界の支援が強かったが、この研究所の附置は、全く大阪産業界のイニシャチブによっていた。つまり、昭和一二（一九三七）年の大阪政治経済研究会役員会において「我国最大の工業地」大阪の要望を充たすに足る理工学研究機関の必要が提議されると、ただちに阪大に産業科学研究所の附置を目指す期成同盟会が生まれた。その活動の結果、一四（一九三九）年には産研が誕生するのであるが、大阪産業界はこの研究所を恒常的に援助する機関として財団法人産業科学研究協会を発足させた。同法人の理事長には住友本社総理事が就任、財界の寄付金約四百万円をもって活動を開始したのである。そして戦時体制下で、国費が不十分な折、この協会からのたびかさなる援助によって、産研はその事業を拡大していくことができた。

さて、最後に企業と私学との関係にふれておきたい。一般的に言えば、企業が投資の対象として大学をみるようになってからも、私学がその対象となったとは言いがたい。しかし、この時期に、きわめて特異な例が現われた。製紙王藤原銀次郎が、私財の大部分を投じて設立した藤原工業大学（慶応大学工学部）がそれである。そして、ここで注目すべきなのは、藤原がこの大学に、自己の抱く工業教育の理想の実現を求めたことである。この点で藤原は、明専の設立者である安川と決定的に異っている。安川は山川健次郎に学校の構想のすべてを託した。しかし藤原は自己の「産業人としての多年の経験に依」った、工業大学の組織を望んだのであった。その内容は「日本の工業教育は学問に偏して実地の応用に欠く」とか「外国語特に英語教育は頗る不充分にして」といったもので、特に高い識見と言えるほどのものではない。しかし、このことは、企業が大学に資金を提供することが恒常化するにつれ、また当然にその養成する人材の質に対する要望を抱くに至ったことを意味している。

以上にみて来たように、日本の急速な近代化は、企業と大学との関係の急激な変化をもともなうものであった。そして、それは戦後の激動へとつながって行くのである。しかし、今そのことに触れる余裕はない。ただ、戦前の素描を終えて言えることは、戦後の展開が、想像以上に戦前の経験を基礎においているのではないかということである。ただ、戦前と戦後では、大きな状況変化もまた存在する。そのことも含めて、企業と大学の歴史をふりかえってみることが、さらに必要とされているのである。

参考文献

『九州大学五十年史』、『東北大学五十年史』、『旧工部大学校史料』、麻生誠『大学と人材養成』（中公新書、一九七〇年）、『一橋五十年史』、『東京工業大学五十年史』、天野郁夫『旧制専門学校』（日経新書、一九七八年）、『慶応義塾百年史』、『東京商船大学九十年史』、『秋田鉱山専門学校秋田大学鉱山学部五十年史』、『五十年九州工業大学』、『群馬大学工学部五十年史』、神保元三「産学協同の現状と問題点」（『法律時報』一九七〇年一月）、『大阪大学二十五年史』

第一一章　日本高等技術教育政策史試論——戦前編

1　はじめに

組織された教育、そして高等技術教育は近代社会＝工業社会に不可欠の教育の層である。工場制、機械、技術革新に特徴づけられる社会の生産の層の形成は、それに携わる労働力に意図的、組織的な技術教育を課する。工業化社会への技術は科学的（秘技、秘伝ではない）であり、さらに近代社会において確立され、発展する（専門）科学の不断の技術化として存在するから、それは可能であり、不可避である。特に管理的技術者、設計技術者、工学研究者の養成としての高等技術教育は、科学の生産力化を担いうる社会成員の恒常的な供給（また個人の側から見れば科学技術能力の獲得による人間性の開花、それによる社会的地位の獲得）を課題として形成されるのである。

したがって、近代国家は産業および国防政策の一環として、またより安定的には総合的な教育政策の一環として高等技術教育の形成、維持に関与してきた。明治維新を契機に工業化社会へと歩を進めた日本国家も、またその歴史的個性を持って高等技術教育に対する政策を展開してきたのである。

後述するように、明治初年の大工業官営という特殊な国家活動のなかで日本の高等技術教育は急速に形成の途につくが、二〇年代にいわゆる明治国家体制がその基礎を固めると、高等技術教育政策は包括的な教育政策のなかに定位するのである。と同時に国家政策が直接に高等技術教育の形成を主導した時代は終わる。その後日清、日露、第一次世界大戦とあいつぐ戦勝を槓杆として展開する工業化の進行は、国家政策に枠づけられながらも私的資本の活動にゆだねられたからである。こうした近代社会の展開に対応して教育体制・政策は数次の改造を迫られる。

明治二六、七（一八九三、九四）年の小改造をへて、明治三三（一九〇〇）年前後のそれ、大正七（一九一八）年前後のそれ、そして戦時下昭和期の改造へと続く教育体制の変動、さらに科学技術政策の胎動のなかに高等技術教育政策は推移したのである。しかしこうした社会の変動と教育改革にもかかわらず、日本はさらに高度化する工業化社会の生産力を担いうる社会体制を創出し得ず、侵略戦争をビルトインしたこの社会体制は第二次世界大戦における敗戦による戦争能力の喪失によって瓦解する。

敗戦、占領下の外圧に助けられて日本の教育体制は大改造をうけ、高等技術教育は新たな出発点に立たされたわけであるが、本章は戦前日本の高等技術教育政策の検討を通して、その再度の出発点の意義を明らかにし、戦後日本の高等技術教育の展開把握の一助としようとするものである。

2　明治維新期の高等技術教育政策

一　幕府遺産の継承のなかで

一七世紀前半にその基礎を固めてより二五〇年余、日本社会の生産力を眠らせ続けた鎖国幕藩体制は一九世紀中葉には内には一揆、打ちこわしと幕府、藩財政の窮乏、外にはすでに工業化段階に成長した欧米列強の軍事的圧力のもとで解体に瀕していた。嘉永六（一八五三）年ペリーに率いられた四隻の黒船の来航はその体制の一主柱たる鎖国を破壊する（開国）。

歴史は今や、日本民族に工業化段階の生産力を担い得る社会体制を急速に確立するか、それとも欧米列強の植民地となるかの選択を迫った。この時まで、軍事技術を主とする洋式工業の摂取に積極的だったのは佐賀、薩摩、長州、水戸を先頭とする諸藩であったが、幕府はその体制整備において幕藩体制の頂点としての優位性を発揮する。長崎におけるオランダ軍人による海軍伝習所、邦人洋学者を集めた蕃書調所――開成所、さらにフランス人による横須賀製鉄所（造船所）の設立等々がそれである。

権威を失墜し、近代的軍隊の創出に失敗した幕府に代わって古代以来の天皇の権威を掌握し（王政復古のクーデター）、近代化された薩長軍に依拠して徳川氏を一地方藩（静岡）へおとしめた維新政府も、自己の権力の確立の場としてイデオロギーの地、京都よりも政治経済の地、江戸＝東京を選ぶ（東京遷都）ことによって、幕府の近代的遺産の継承をはかったのである。

教育体制面では京都における国学者・宮廷漢字者の主導による大学設立の動きを切り捨てて、東京での旧幕府直轄昌平黌（漢学）、医学所（西洋医学）、開成所（洋学）の復興、さらにそれらの大学への統合がなされたのである。昌平黌の後身である大学本校は、国・漢学派と洋学派の対立の処置として閉鎖されたが、医学所の後身・東校と開成所の後身・南校は、紆余曲折をへて明治一〇（一八七七）年の東京大学医学部、法・文・理学部の設立へとつながる。当時の教育政策面における洋学派開明官僚の主導性がここに見られるのである。

こうして維新政府は幕府遺産の近代的部分の継承と、古代天皇の権威の復活に中央集権的政治権力の統合を追求するとともに、ついに明治四年廃藩置県を断行、続いて地租改正、徴兵制、学制、秩禄処分の決行によって封建的社会構造の解体、工業化社会に対応する経済圏と労働力の形成をはかった。幕府・諸藩における工業と技術教育の遺産は、こうした開明政策をとる維新政府の行政諸機関の掌握するところとなったのである。

慶応元（一八六五）年、幕府のもとでフランス人ウェルニーによって起工された横須賀製鉄所は、仏人技師にかえて邦人技師をその任にあてる目的で付属横須賀黌舎を起こしていたが、維新政府がひきついだ後、明治三（一八七〇）年復興され、海軍省の所管のもとで、九（一八七六）年に予科・本科の教育体制を整備し、明治一二（一八七九）年には邦人教師を生みだすまでに成長した。

また前述の開成所――大学南校は明治四（一八七一）年、文部省の設立にともないその所管となり、五（一八七二）年の学制のもとでは第一大学区第一番中学に位置づけられる語学学校であったが、六（一八七三）年には専門学校に昇格、開成学校と改称され、法学、化学、工学科と臨時の諸芸学科（後仏語物理学科）と鉱山学科（後廃止）が置かれた。明治一〇（一八七七）年東京医学校（東校の後身）と合併して法・理・文・医学部をもつ総合大学、東京大学が誕生した時には、工学系の学科には工学（土木、機械）科、化学科および地質学及採鉱学科があり、理学部内に置かれた。明治一八（一八八五）年に工芸学部として理学部から独立するが、それまでに化学科より応用化学科が、地質学及採鉱学科より採鉱冶金学科が独立し、また横須賀黌舎の閉鎖に伴い造船学科を付属させていた。「東洋の道徳、西洋の芸術（技術）」と観念された当時にあっては洋学とは技術であり、技術学は当然に開明的大学の一大構成要素だったのである。

二　工部省事業と工部大学校

しかし明治初期の後進日本における高等技術教育の形成は幕府遺産の継承にとどまらないインパクトを必要として

いた。富国強兵の基礎たるべき殖産興業政策の展開である。明治三（一八七〇）年工部省は官営諸工業の経営と民間諸工業の勧奨を任務として発足、翌年工学、勧工、鉱山、鉄道、土木、灯台、造船、電信、製鉄、製作の一〇寮を配したが、これによって大隈重信ら開明派天皇制官僚は自らの手によって一挙に日本の工業化の基礎固めをはかったのであった。

しかし工部省予算の過半をお雇い外国人技師の給料にさかなければならないという事態は、邦人技術者養成機関設立への強い動機を生み出した。明治四（一八七一）年、伊藤博文と山尾庸三らの建議にもとづいて設立された工学寮は六（一八七三）年にはダイヤー以下のスコットランド系英国人教師団を迎えて大学校を開校し、工部大学校と名称を冠した一〇（一八七七）年には土木、機械、造家、電信、化学、冶金、鉱山の七科を配し、理・化学試験場、工作場、博物室、図書室を具備する当時欧米諸国においても数少なかった総合工科高等教育機関へと成長をとげたのである。例えば上記電信学科（後電気工学科）は英国においても有数の電信技術者であったエアトンに率いられ、当時電気学の研究の中心は英国から日本へ移ったとさえ言われたが、事実それは応用電気学の講義のための世界で最初の研究室（アーミティジ）だったのである。そして造船学科を機械科より独立させた後の工部大学校の学科構成は航空学科が出現する大正年間まで通用する総合性を備えるに至ったのである。

同校は後、明治一九（一八八六）年帝国大学令の制定によって東京大学工芸学部と併合され、帝国大学工科大学となるのだが、それまでに工部大学校より巣立った卒業生は二一三名にのぼり、第一回卒業生中一一名は欧州に留学した。また東京大学工学系諸科より巣立った五八名（化学科を含まない）、さらに開成学校時代の留学生らによって明治中期以降の技術と技術教育は担われることになったのである。

なお、工学系ではないが工部大学校と同様の系譜をたどった高等技術教育機関に開拓使所管札幌農学校（後の北大農学部）と内務省所管駒場農学校（後の東大農学部）があった。明治初期の高等技術教育の形成は殖産興業政策のもとで、組織的な留学とお雇い外人教師の利用を通じてのみ可能だったのである。

今、明治初期の高等技術教育を生み出させるに至った諸政策は一方で欧米列強に対して日本民族を自立へ導くものであったと同時に、他方崩れゆく封建社会体制のもとで、支配階級たる地位を失いつつある士族層内部での断末魔の自己変革の過程でもあった。今や下級士族から権力の座にのぼった近代天皇制官僚たちは自己の出身階級の解体に手を借す（廃藩置県、秩禄処分、徴兵令、廃刀令）後継者の養成を通じて反面、彼らが今や展開を開始した工業化社会において指導的地位に上昇するチャンスをも与えようとしたのである（士族授産）。

工部大学校の学生募集は明文において士族のみを対象としたわけではないが、実質において士族青年のうち能力ある者のみを選択し、天皇制技術官僚として、つまり自己の後継者として養成する機能を果たした。工部大学校は初期に官費制度によって貧困士族秀才を集め、卒業後はこれに奉職義務を課した。また卒業までの成績で三等に分け、一等卒集生のみに工学士の称号を与え、奉職時の給与にも格差をもうけるなど徹底した能力主義を貫徹したのである。

明治一四年より中級技術者の養成を目指して文部省の手で設立された東京職工学絞（東京工業大学の前身）もまた設立主旨には士族授産的性格が濃厚である。その主旨第一条には防貧教育をうたい、また初期の学生の大多数は士族出身者だったのである。

しかし工業化政策がそうしたいわば士族的性格を乗り越えることなしには、殖産興業政策は国内の基底的な生産活動から遊離したものにならざるを得ない。工部省の目指した大工業直営政策も西南戦争（明治一〇（一八七七）年）後さらに顕在化した財政危機の前に頓座せざるを得なかったのである。いわゆる官業の非能率、お雇い外人技師による直輸入技術の弊害はついに工部省事業の経済的基盤を失わせるに至る。その事業のうち軍事上、国家管理上官営を要するものを他省に移し、他を民間に払い下げることによって工部省は明治一八（一八八五）年内閣制度発足を機に廃止され、工部大学校は文部省の手にゆだねられたのである。

3　明治国家体制と高等技術教育

一　帝国大学工科大学の成立

前述したように工部大学校と東京大学工芸学部は明治一九（一八八六）年の帝国大学令により合併され、帝国大学工科大学となり、工学系高等技術教育機関は官立のこの一校のみとなったのであるが、それはいかなる意味をもっていたのであろうか。

明治一八（一八八五）年の内閣制度の発足より二三（一八九〇）年の大日本帝国憲法発布、さらに二三年の教育勅語の渙発、第一帝国議会の開設といった時期に明治国家体制はその基本的構造を固め、その機能＝政策の傾向性を確立した。いわゆる啓蒙期の政策主体内部での多面性の時代が去り（政変）、かつて明治一一（一八七八）年の教学大旨論争においては元田《もとだ》永孚《ながさね》ら宮中派の仁義思考、君臣父子のイデオロギーを退けていた伊藤博文も自由民権運動の高揚によって自己の地位の脅かされることを傍観するものではなかった。

彼は明治一五（一八八二）年の欧州視察でプロイセン国家体制に傾倒し、スタインより教育の掌握と官僚養成機関としての大学の重要性を学んで帰国して後、天皇直属の教育（教育の勅令主義）を明治国家体制の不可欠の一部として組み込むに至るのである。天皇制の権威にのみ自己の支配の正統性（主権在君、欽定憲法）を主張し得た天皇制官僚たちにとって教育政策は、工業化社会の真の担い手たる市民の形成に代えて臣民の形成をもってするものでなければならなかったのである。

この教育政策を体現したのが伊藤初代内閣のもとでの文部大臣、森有礼であった。彼は旧来の教育令に代わって帝国大学令、師範学校令、小学校令、中学校令の諸学校令を制定し、後昭和の敗戦まで続く教育体制の骨格を編むことになったのである。帝国大学はその目的とするところを「国家ノ須要ニ応スル学術技芸ヲ教授シ及其蘊奥ヲ攷究スル」ことと定め、工科大学はその一分科大学として専門七科（土木工学、機械工学、造船学、電気工学、造家学、応用化学、採鉱冶金学）を配し、修業年限三年で構成された。

この時の合併は単に同種学校の統合、合理化にとどまらない意味を持ったと考えられる。まず旧工部大学校は予科、専門科、実地科各二年で構成され、現場実習を重視し、予科における科学教育、製図教育に力を入れた今日でいえばサンドイッチシステムの、理論と実践の結合を重視した独特の学校であった。工科大学は教師の一部と学生とを引き継いだがこのシステムを引き継ぎはしなかったのである。さらに旧東京大学工学系諸科の場合は、理学部の内にあった時は四年間のうち第一年次が理学部共通の科学教育に当てられていた。この様に東京大学の方では工学を理学との有機的関連のもとにおこうとする指向性が見られたのである。こうしてみると後に浮かび上がって来る日本の科学技術の問題性——理学と工学の分離（それぞれが欧米よりの輸入）、専門蛸壺化、生産現場からの遊離、画一性の原因の少なくとも一端、その教育制度上の基礎がここに胚胎していることが知れるのである。

さらにこれらの問題性の原因は帝国大学が東京大学時代より一層、天皇制官僚養成機関としての性格を高めたことによって強められたと言えよう。森は大学自治的立場をとる加藤弘之を退け東京府知事であった渡辺洪基を初代総長として送り込み、法科大学長を兼ねさせた。さらに二〇（一八八七）年には文官試験試補及見習規則によって奏任官候補者である試補に法、文科大学卒業生の無試験登用の特権を与え、それにふさわしい統制を強化したのであった。同じく後その特権はゆるめられるが、ここに明治国家体制の高級官僚養成における法科偏重が顕在化したのである。同じく官僚養成機関と位置づけられながらも、工科大学卒業生他技術官僚達が法科万能のシステムに苦しむその構造もこの時に端を発していたのである。

二　学制改革論と専門学校令

帝国大学令はこうして大学そのものを官立一校のみに独占せしめたが、この時の中学校令では帝国大学への進学ルートである高等中学校を官立五校のみに限り、これに規定上は法、医、工、文、理、農、商の専門科を付置できることとしていた。しかし実際に設置されたのは各高等中学校の医科と三高の法科のみで工科は存在しなかったのである。こうした東京の帝国大学一校に高等専門教育を独占せしめる体制の矛盾は明らかであり、一方で帝国大学の増設の要求、他方で高等教育制度全般の改革要求が起こってくる。

帝国大学の東京独占に対しては、明治三〇(一八九七)年の京都帝大(理工科大学を持つ)の設立、同四〇(一九〇七)年の東北帝大(当初理科大学、工学部は大正八〔一九一九〕年)、四三(一九一〇)年の九州帝大(工科大学を持つ)とその独占は崩れたのであるが、こうした少数の帝国大学が高等教育需要のすべてを吸収できるはずもなかった。帝国大学の形成とは異なる過程をへて日本の高等教育の層を生み出していったのが官(公)立実業系教育機関と私立の専門教育機関であった。

明治二三、四(一八九〇、九一)年より伊沢修二らの国家教育社の運動を嚆矢としていわゆる学制改革論が沸騰する。これより大正七年の大学令発布まで徐々に論点を移行させながら高等教育制度の変革は常に教育制度改革問題の中心テーマとなるのである。当初学制改革論の論点は帝国大学の標準が高すぎること、そして高等(中)学校が大学予備教育に偏していること、つまり国民教育として下から築きつつある小学校と欧米レベルを目指して生み出した高等教育機関=帝大の間に繋がりを欠いているという点に集中した。いわゆる低度の大学の要請がここにはあったのである。

明治二七(一八九四)年に井上毅文相によってなされた高等学校令の制定はこの要請にこたえんとするものであっ

た。すなわち高等中学校を高等学校（つまりHochschule）と改称し、元来大学予科が主で専門科が従であったものを専門（学部）が主で予科をもうけることもできると逆転させたのである。しかしこの改訂によって実際に設置されたのは第二帝大の設立を見越していた第三高等学校（京都）の法、工学部と第五高等学校（熊本）の工学部のみであった。高等学校の大学予備教育的性格は高等学校令によって強められこそすれ弱められることなく、本質的な改革には繋がらなかった。こうして高等教育の変革力は地域産業あるいは財閥系企業の要求を担って高等レベルに上昇する官立実業学校と、社会の教育要求を敏感に吸収し得た私立専門教育機関の成長を待つことになったのである。

ここで政策の立案体制に目を向けて見るならば、井上の高等学校令の失敗にも見られるように多元化した教育要求の形成はもはや一文相の英断（独断）的改革では有効な政策を生み出し得ないものにしていた。明治二九（一八九六）年伊沢修二らを中心とする学制研究会等の圧力を背景に日本最初の文部大臣の諮問機関として高等教育会議が生まれる。当会議の答申を受けて（師範学校令）、高等女学校令、中学校令、実業学校令、小学校令があいついで改訂、あるいは制定され、ややおくれて菊地大麓文相時の明治三六（一九〇三）年、専門学校令が制定されたのである。これら三三（一九〇〇）年前後の改革によって初等義務教育段階のみを国民共通として、その上が普通または実業教育、性別等によって無数に分かれる、正系・傍系と俗称された諸系統を持つ学校体系がここに確立するのである。

この専門学校令の適用によって、程度の高い実業学校として実業専門学校が位置づけられ、すでに高等レベルと評価されていた東京・大阪の両高等工業学校および京都工芸学校（明治三六（一九〇三）年）に続いて明治年間に名古屋、熊本（五高工学部の改組）、仙台、米沢の各高等工業そして四三（一九一〇）年には秋田鉱山専門学校が生まれたのである。そして以上の官立校に加えて明治四〇（一九〇七）年にはわが国初の私立工学系高等技術教育機関である明治専門学校が誕生した。また四二（一九〇九）年には早稲田大学（法令上は専門学校）に理工科が設置され、ようやく私立の技術教育機関の成り立ち得る時代が来たのである。

官立では以上の他に、大正期にはいると桐生高等染織学校、横浜、広島、金沢の各高工、東京高等工芸、神戸、浜松、徳島、長岡、福井、山梨の各高工があいついで設立されるがこれらは後述する大正八（一九一九）年以降の高等教育機関大拡張計画の中で生まれたものである。ここで注意しなければならないことは、すでに明治期の官立専門学校は地方産業の要請のもとに、ある場合は中央の財閥系資本の要請のもとに地元の大きな財政負担によって設立されたということである。日清、日露戦争を槓杆としてようやく軽工業を確立し得た各地方産業の強い要請のもとにこれらの高工は生まれたのである。また秋田鉱専は藤田、岩崎、古河三家の中央資本の支持によって設立され、さらに九州・東北両帝国大学は鉱毒事件による鉱山資本への世論の非難をかわす目的で古河家の出した多額の寄付金によってようやく設立にこぎつけたのであった。

高等技術教育政策の担い手は啓蒙的天皇制官僚の手から財閥系、あるいは地方の産業ブルジョアジーの手に移りつつあったといえよう。

4　第一次世界大戦と高等技術教育政策

一　大学令と高等教育機関大拡張計画

大正政変を契機に、第一次世界大戦による世界的な自由―民主主義の高揚を背景として開花した大正デモクラシーのもとで学制改革の動向は新たな局面を迎える。大正二（一九一三）年のいわゆる閥首党身内閣・第一次山本権兵衛内閣によって高等教育会議に代わって教育調査会が設置され、はじめてブルジョアジーの代表が教育政策の諮問機関に参加する。

続く第二次大隈内閣の一木喜徳郎文相の「大学校令案」は帝国大学の体系には手をつけるものではなかったが、それでも公・私立大学と単科大学の設立を認めるものであった。教育調査会に提示された菊地大麓の「学芸大学案」はアメリカ型のカレッジとユニバーシティーの関係を下敷きに帝国大学の制度そのものの改革をも含めたラジカルなものであったし、一木の後に文相の座についた高田早苗の「大学令案」もこれに近いものであった。いずれにしても大学の帝国大学による独占は終焉しつつあったのである。

大正五（一九一六）年、大隈に代わって保守的な寺内正毅が首相の座につくと、岡田良平が文相に就任、明治中期以来懸案の高等教育の制度改革はこの岡田の手によって断行されたのである。岡田は教育調査会を廃し、新たに内閣総理大臣直属の諮問機関である臨時教育会議を設置、教育体制の全面的再編に着手した。臨時教育会義は小学校から大学まで、学校教育から社会教育までの教育全般にわたって諮問を受けたが、高等教育に関しては公私立大学および単科大学を認める答申を提出、これがついに大正七（一九一八）年の大学令に結実したのである。

しかし大学令は大学の目的として帝国大学令と同様の「国家ニ須要ナ学術ノ理論及応用ヲ教授シ並其ノ蘊奥ヲ攷究スル」ことに加えて「人格ノ陶冶及国家思想ノ涵養ニ留意スベキ」ことを求めた。臨時教育会議は他の答申においても、例えば高等学校教育に教育勅語の聖旨を体得し、国体観念の強固な質実剛健の中堅人の陶冶を、高等女学校教育にあえて国家道徳の養成と婦徳の涵養を求めた。ここに見られる教育政策の基調はブルジョア社会の教育要求を一定吸収しつつも、高まる階級対立と社会主義運動に対して、市民社会の強固な形成によりその矛盾の解決をはかるのではなく、絶対天皇を頂点とする臣民体系の強化再編によって対処する姿勢を明らかにするものであった。臨時教育会議の答申に現われたこの教育政策は、特権的ブルジョアジーが形成された歴史段階においては、天皇制イデオロギーに立脚した日本型ファシズム、全体主義の教育構造へと道を開くものとなったのである。

ともあれ寺内内閣の後をうけた初の本格的ブルジョア内閣、原敬内閣は四大政調の一つに教育の振興を掲げ、文部大臣に中橋徳五郎を任命した。中橋は大正八（一九一九）年から一三（一九二四）年までの六年間に高等学校一〇、高等工業学校六、高等農業学校四、高等商業学校七、外国語学校一、薬学専門学校一、さらに各帝国大学の学部（大正八〔一九一九〕年の帝国大学令の改正で分科大学は学部に改編）増設・五官立医学専門学校の医科大学昇格、東京高等商業学校の商科大学昇格といった官立高等教育機関の大拡張計画をたてた。

そしてこの期間に実に高校は八から二五校に、高工は八から一八校（名称は前記）に、高農は五から一〇校に、高商は五から一二校に拡大され、東京・京都両帝大に経済学部、東北・北海道帝大に工学部、北海道帝大に医学部が新設された。そしてさらに、いわゆる五校一一専攻科昇格、設置問題が起こり、これに対処して東京・大阪の両高工の工業大学への昇格、東京・広島両高師に文理科大学の設置、神戸高商の商科大学昇格、昇格もれの高等実業専門学校に二年の専攻科が認められ、関東大震災（大正一二〔一九二三〕年）の影響で遅れた部分も含めて昭和四（一九二九）年までに達成されたのである。

しかしこの高等教育機関の大拡張が完成したころ、日本は市民社会を形成し得ぬままに打ち続く恐慌の嵐にのみこまれていったのである。

二　科学技術時代への突入と高等技術教育

第一次世界大戦は二重の意味において日本に科学技術の自立を迫った。それは基幹部分を輸入技術、機械にたより、低賃金労働に依拠して運営されてきた日本の産業に輸入の途絶という形で、さらにはいわゆる科学戦（戦車、航空機、化学兵器等の出現）の展開による総力戦下の自主軍事技術確立の問題として自覚されたのであった。技術の世界では今や化学工業、電気・電子工業、航空機、自動車、精密機械工業等の本格化にともない、技術が科学の力を借りながらもそれを先導していた時代が終わり、専門化し、組織化された科学研究の成果を応用する科学先導型の技術の時代――科学技術時代――に突入していたのである。

こうした事態に対して高等技術教育機関、特に欧米科学、技術の水準を追うことを任務としていた帝国大学を中心に新しい対応が生まれた。その一つは大学付置の研究所の誕生である。工学系では大正五（一九一六）年の航空学調査委員会以来の伝統のもとに一〇年（一九二一）東京帝大に付置された航空研究所、同一一（一九二二）年東北帝大金属材料研究所、一五（一九二六）年京都帝大化学研究所の設定がそれである。さらに昭和にはいると東京工大建築材料研究所（九〔一九三四〕年）、資源化学研究所、精密機械研究所（一四〔一九三九〕年）、東北帝大電気通信研究所（一〇年）、選鉱製錬研究所（一六〔一九四一〕年）、大阪帝大産業科学研究所（一四年）、京都帝大工学研究所（一六年）、九州帝大流体工学研究所（一七〔一九四二〕年）と満州事変以降、さかんに設立されている。ようやく日本の大学も本格的な研究体制を整備し始めたわけであるが、これも次節で述べる戦時経済体制に組み込まれての事だったのである。

さらに大学令当時、科学と技術の結合の必要性の認識は学部段階や高専の教育改革の動向にも反映していたのである。日本の科学技術史上に数少ない創造的活動の場を提供した理化学研究所（大正六〔一九一七〕年設立）の所長大河内正敏は、自分が主任をつとめる東京帝大工学部の造兵学科で、大正七年より一般物理学を正課とし、さらに九（一九二〇）年からは応用物理学を開設したが、やがてこれらは工学部全体のものになった。実は大河内は理想案としては帝大を応用科学の大学・大学院にしようとさえ考えていたのであった。

また東京高等工業学校の昇格運動は工業化学の基礎として新興の物理化学を教えるためには学年の一年延長が必要だという年限延長論がそもそもの発端となっていたのである。

大正七（一九一八）年、帝大系、官立高工の教授、軍・官公庁さらに民間大企業の技師まで結集して創設された工政会、あるいは同九年宮本武之助のもとに若手技師が集まって結成された日本工人倶楽部等の出現は、工学者、技術者集団の社会的発言力の増大を象徴するものであったが、教育政策制度改革に関しては工学会の活動が注目される。

工学会は明治一二（一八七九）年工部大学校の第一回卒業生によって組織されて以来、日本の工業技術の展開と歩みをともにしてきたが、臨時教育会議と同時期の大正七（一九一八）年、連合工業調査委員会を組織して新時代の工業に対応する体制づくりを研究した。同調査会の第二特別委員会は大正九（一九二〇）年「工業教育刷新案」を作成し、企業内の技師、技手、職工の三階級に対応した学校制度の整備を提案した。この中で現高専教育が技師の養成としてははなはだ不十分であり、技師を養成するには高校卒二から三年の専門教育が適切であると提案しており注目される。この実は政策レベルでは理想にすぎるとしてしりぞけられたが、その後も工学関係者の支持を得続け、昭和一〇（一九三五）年の文部大臣の諮問「我国産業ノ趨勢ニ鑑ミ実業教育ノ振興ノ方策如何」に対する日本工学会（工学会の後身）の答申「工業教育制度改革案」の基礎になったと言われる。

しかしこうした技術の新段階に対応する動向も、技術教育体制を本質的に変革するまでには至らなかった。養成された技術者の受け皿である日本の産業の現実は、例えば科学研究と産業技術をつなぐ目的で設立された理研に対して寄付の集まりが悪く、政府の補助ものびず、またせっかく得た特許の多くも工業化されないという状態だったのである。さらに昭和初期に展開された熟練工養成問題における多能工養成論と単能工要請論との対立において露呈したごとく日本の技術の機械化比率は社会的制約によって著しく低く、昭和の恐慌の後、やがて戦時体制下で低賃金のもとでの労働力の逼迫が深刻になると労働力の強制的駆り出しによってこれを補うという体制（国家総動員体制）へと向かうのである。

5　戦時体制と高等技術教育政策

昭和初年の金融恐慌、さらに一九二九（昭和四）年以降の世界的大恐慌の嵐のなかで、市民社会の形成を抑え、国内市場を形成し得ず、主体的な技術の担い手を創出し得なかった日本は、従って平和体制のもとでは有効な経済政策を打ち出し得なかった。平時の政治力の結集体である政党は急速にその基盤を失ない、五・一五事件、二・二六事件を契機として日本の政策主体は軍部に移行する。それは同時に国内の市民経済の建設ではなく、中国を中心とする対外侵略によって経済問題と階級対立とを解決し、軍需のみを基礎に日本の産業の重化学工業化を果たそうとする政策の確立であった。

この方向性は昭和二（一九二七）年の田中義一内閣の満蒙進出政策に現われ、昭和七（一九三二）年五・一五事件による政党内閣の終焉、斎藤実による挙国一致内閣、昭和一一（一九三六）年二・二六事件後の広田弘毅内閣による広義国防国家の建設構想、そして第一次近衛文麿内閣における国家総動員体制の軍部による奪取によって、堅固なものになったのであった。

昭和初年以来の恐慌は必然的に失業を多発せしめ大正期に拡張された高等教育機関の卒業生は理工系も含めて激しい失業の波に巻き込まれた。こうした事態は学生の左傾化、マルクス主義運動を活発化させることになる。したがってこの時期の学制改革論は主として大正七（一九一八）年前後の改革で懸案として残された初等、中等教育の充実、義務年限の延長要求等に集中され、高等教育に関してはむしろ整理、縮小が唱えられたのである。工学系の高等教育機関に関して言えば、やがて日中戦争が勃発して理工系ブームが到来するまで、高等教育拡張計画の余波による改造が主であって、見るべき変化はなかった。しかしこの時期に私立の日本大学工学部（昭和三〔一九二八〕年）の設立、さらに大阪工業大学と大阪府立医科大学との統合によって大阪帝国大学が設立（昭和六〔一九三一〕年）されたことは産業界の新しい生産力に対応する努力の現われであった。またこうした不況の中で、改めて高専教育が技師=高級技術者の養成としてふさわしいかが大きな論点として浮かび上がったことに注目しなければならない。

さて満州事変から日中戦争への突入と急速に戦時経済のもとに重化学工業化を進め、不況から脱出した日本経済は科学技術政策の本格的な登場を必要とするに至る。しかし科学技術政策の主体作りは難航した。昭和一二（一九三七）年企画院設立――一三（一九三八）年興亜院技術部設置――一四（一九三九）年企画院科学部（第七部）の独立――一七（一九四二）年技術院設立とようやく対米開戦後に行政組織は一応整い、企画院科学部の手によって画期的と評される「科学技術新体制確立要綱」が作成されもするのだが、周知のように諸官庁、軍、企業、大学等の割拠性、さらに事態の切迫に災いされて、物動計画の一端を担った程度で科学技術政策としては機能し得ないで終わった。

一方こうした動向のもとで昭和初年の恐慌時にはもっぱら思想教化運動に力を入れていた文部行政も、軍の介入のもとに科学振興に乗り出す。昭和一三（一九三八）年近衛内閣の改造によって文相に就任した陸軍大将荒木貞夫は科学振興調査会を設置したが、この建議によって今日にまで続く文部省科学研究費交付金が生まれた。さらにその事務を取り扱うために生まれたのが文部省科学局だったのである。もっとも、文部省に科学振興の圧力をかける形となった陸軍も、昭和一四（一九三九）年のノモンハン事件におけるソ連軍機械化部隊による大惨敗によって始めてその装備の近代化に本腰を入れるといった水準にあったのだが。

さて、戦争経済による急速な工業化は今度はたちまち理工系技術者の逼迫を生む。昭和一三（一九三八）年には各社による理工系学生の奪いあいの激化に対して、制定早々の国家総動員法による学校卒業者使用制限令まで出され、これがまた混乱の原因となるといったありさまであった。こうした事態の中で政府は再び、今度は工科と医科に限定した高等教育機関の拡張を計画する。これにより高工七校（室蘭、盛岡、多賀、大阪、宇部、新居浜、久留米）と京城鉱山専門学校（植民地にはこれまでも工科大学、高専が設立されていた）が生まれた。また私立では一三（一九三八）年に平壌の大同工業専門学校が、一四（一九三九）年には藤原工科大学（慶応大学工学部の前身）が設立された。加えて九州帝大に理学部が設置され、名古屋帝大が名古屋医大に新設の理工学部を加えて発足した（一四年）のである。しかしこうした拡張は再び高等技術教育体系の持つ問題性を等閑視したままの量的拡大にならざるを得なかったのである。

もちろん大正以来の工学者、技術者の技術教育体系に対する意見は前記「工業教育制度改善案」や商工省生産管理委員会の「工業教育ヲ中心トシテ見タ我国教育制度ノ改善」（昭和一三（一九三八）年）などに一貫して現われているのだが、もはや事態は根本的な改革など問題にならない所まで来ていた。一七（一九四二）年設立の東京帝大第二工学部（海軍の支持による）の設立はともかくとして、高工夜間部の急設、学科定員の水増し、年限の短縮といった拙速主義的な政策が支配的となるのである。一八（一九四三）年の「教育ニ関スル戦時非常措置」によって国民学校令（昭和一六〔一九四一〕年）による義務教育年限の延長は延期され、中学校を四年に短縮、さらに文科系の理工系への転換がはかられる。この非常措置によって官立高商は高工あるいは工業経営専門学校に看板がえがなされ、さらに私立専門学校に対しては入学定員の削減と商学部の募集停止が命ぜられ、工系への半強制的転換がはかられたのである。そしてついに、二〇（一九四五）年三月の「決戦教育措置要綱」によって国民学校初等科を除く全学校の授業が停止され、組織的教育はここで完全に政策によって放棄されるに至ったのである。

6　戦後日本の高等技術教育——むすびにかえて

第二次世界大戦における敗北、アメリカ合衆国軍による占領をへて日本は市民社会形成の法体系上の根拠を得た。

戦後の科学技術の確立は臣民ではなく市民社会の形成の中で行なわれることになったし、技術教育もその形成の一端を担うことになった。再び全面的な技術輸入のもとで一九五〇年代後半から六〇年代にかけてのいわゆる高度成長が遂行された。科学技術政策が貧弱ながらも確立し、理工系ブームが巻き起こり、新興の石油・合成化学工業、原子力工業、コンピューター産業、宇宙産業等々をも加えて日本の産業は重化学工業化を達成した。そしてそこに生じた公害問題には市民運動が強力に立ち向かいもした。それはあまりにも大きな犠牲をともなってではあったが。

しかし今日においても日本の科学技術は自立していないし市民社会も強固に形成されてはいない。安保体制下の日本の特殊な地位、アメリカ合衆国の世界支配力の生み出した特殊な要因に支えられて展開した経済の高度成長、そして教育、高等技術教育の高度成長は今終わった。日本社会は今また歴史の大転換期に立たされている。その課題としての転換は可能なのか、いかにして可能なのか。そこにおける高等技術教育の位置を明らかにすることこそ、本章に与えられた課題だったのかもしれない。拙稿はそれにこたえることから余りにも遠い。試論として読者の寛容を乞うとともに御叱正をお願いする次第である。

注

紙数の関係上個々の箇所に注を付することはしなかった。主に参考にした通史的な文献のみをあげれば日本科学史学会編『日本科学技術史体系8〜9・教育1〜3』(一九六四―六六年)、国立教育研究所『日本近代教育百年史8〜9・産業教育1〜2』(一九七四年)、広重徹『科学の社会史』(一九七三年)等である。

第一二章　大学改革と日本の近代大学Ⅰ
近代大学の形成——ヨーロッパにおける成立の諸相

1　大学改革の史的展開

大学改革とは、学術の形態・機能と青年（成人）の状況との新結合を目的とする高等教育組織の意図的改革である。個々の学術——本論では、学問をその応用面までもふくめてこう呼ぶことにする——は、それぞれに、認識構造と実践過程における一定の形態と、それにともなう一定の社会的・教育的機能を有している。一方、社会はこうした学術に近づきうる青年の層を限定し、またそれへのかかわり方を規定している。したがって、新しい学術の形成があり、青年のおかれた状況に構造的変動があるところでは、つねにその両者の最適な結合が課題として潜在することになる。大学改革とは、そのことを認識し、その実現に努力する者たちによる、高等教育における組織変革である。

狭義における大学概念は、高等教育機関一般をさすものではなく、ヨーロッパ伝統社会における教師と学生が自治権をもつ団体（universitas）に、近代においてはそれに加えて研究機能をあわせもち、種々の学問分野を総合的に有する機関に限定されて用いられるのが普通である。したがって、大学改革と言ったばあいも、大学概念を universitas を語源とするものに狭くとれば、おのずからその対象は絞られたものとなってくる。しかし、歴史的には、必ずしもつねに、こうした意味での大学が高等教育組織として最適のものと考えられてきたわけではない。また同じく大学と言っても、その組織の内実は伝統大学と近代大学とでは大きくその構造を異にしているし、近代大学といってもその存在様式は、場所により、時代により実にさまざまである。したがって、あまり厳密に大学を定義して、それにのみ大学改革史の視点を絞ってしまうことは、いわゆる大学そのものの改革史を把握するばあいであっても、種々の矛盾を生みだすことになる。その意味で、本論の対象は狭い意味での大学改革史ではなく、高等教育組織の変革史である。

しかしそのことは、本小論が高等教育組織改革史全般を、あまねく概観しようとするものであることを意味しない。それどころか、本講座が日本の大学改革を対象とするものであるにもかかわらず、まず先に取り上げられるのは日本の伝統社会の大学寮でも、昌平坂学問所を筆頭とする幕藩校でもなく、ヨーロッパ伝統社会の大学であり、欧米における近代大学の形成史なのである。それは、けっして恣意的選択や、いわんや西洋かぶれにもとづくものではない。今日、世界に存在する高等教育機関の中心は、やはり大学型と分類されるべき機関なのである。そしてその起源は近代初期の西欧人自身によるそれにたいする否定的見解にもかかわらず、ヨーロッパ伝統大学のなかにあり、歴史上に画期的意義を有する近代大学の形成も、近代化しつつあるヨーロッパにしか起こりえないものだった。そして、ヨーロッパ以外の文化圏に属する社会は、たとえその組織風土は維持・革新しえたにしても、学術と制度については、ヨーロッパに学ぶことによってのみ高等教育の近代化をはたすことができたのである。

本章では、まずヨーロッパ伝統社会における大学の発生を語り、次に科学の出現によって決定的となった近代化現象と大学改革との関係を説明する。新学術としての科学の出現と、近代化による青年の状況の構造的変化は、高等教育組織に革命的変革を迫ったが、それへの適応は、ヨーロッパ文化圏内部においても、その近代化の状況や組織風土としての文化上の差異によってさまざまであった。日本が近代大学の移植を決意したとき、そのモデルは一つのヨーロッパ近代大学ではなく、さまざまな近代的高等教育機関だったのである。しかし、そのことの考察は次章の課題である。本章では、こうしたヨーロッパ文化圏内部での近代大学形成の諸相を把握するにとどめる。

2　近代化と大学改革

一　ヨーロッパ伝統大学

強力な統一的国家権力を持たず、しかし、キリスト教普遍教会によって精神的に統一されたヨーロッパに、主としてスペインのアラビア人学者をつうじて、「新しい」学術が大量に流れ込んだのは紀元一二世紀のことであった。それは、アリストテレスの『論理学』やエウクレイデスの『原論』、プトレマイオスの『天文学』やガレノス、ヒッポクラテスの医学書といった古代ギリシア人の諸著作――そのなかにはイブンスィーナー（アヴィケンナ）の『医学規範』のようにアラビア人による注釈書もふくまれているが――と『ローマ法大全』、そしてアラビア式の算術であった(1)。歴史学者たちが「一二世紀ルネッサンス（文芸復興）」と呼ぶように、これらは古代人の学術であり、同時代のアラビア人の学術――この意味では、ルネッサンスという語は不適切であるが――であったが、ヨーロッパ伝統社会にとってはまさに「新しい」学術そのものであった。

ヨーロッパ伝統社会の主導勢力である教会、国家・領邦、都市のいずれにとっても、これらの新学術は有用なものに思えた。世俗権力として機能の拡大をはかる国王や市政府にとっては、ローマ市民法が、精神世界の秩序をこの地上に現出しつつある教皇にとっては市民法に対抗して整備された教会法や、異端の哲学――アリストテレスの形而上学、自然学――を「奴婢」として構築された神学が、世俗、精神界のいずれの権力にとっても医学が求めるものであった。そして、これに、そのどの知識体系を学ぶためにも必要とされたラテン語学習と論理学・弁証法と哲学の課程を加えたものが、ヨーロッパ伝統大学の学術のすべてである。いわゆる神、法（市民法・教会法）、医、哲（学芸）学の四つの学問体系の組織化は、ヨーロッパ伝統社会の作品であり、神、法、医学という異なる専門学術が、同一の学芸を基礎として必要としたことが多くの伝統大学を諸学の複合体として構成させることになった。

さて、ヨーロッパ伝統社会の青年（成人）の状況を規定していた生産力の水準は、もちろん他の文明圏と同様に農耕・牧畜段階のそれである。しかし、それによって立つところの政治状況は、たぶんに特異なものであった。精神界の普遍的権力としての教皇、同じく形式化してはいるが世俗界の普遍的権力としての皇帝、そして地方的権力である国王、領邦君主、都市政府が、それぞれに絶対といった力を持ちえずに、あるいは対抗し、あるいは補いあって存在したことが、この社会の高等教育を大学（universitas）として組織させることになったのである。今日、大学と訳されているウニウェルシタースなる中世ラテン語は、元来、集団を、より専門的には合法団体を示すものであり、ほぼギルド（同業組合）と同義語であった(2)。つまり、ヨーロッパ伝統社会の高等教育は教師と学生の自治団体＝大学として組織されたのである。

偉大なローマ法学者イルネリウスを擁したボローニアに、弁証法の奇才アベラールが開講したパリに、学者は集中し、学生はヨーロッパ全土から集まりそして団結した。弱い国家権力は彼らが国境を越えることを容易にしていたが、同時に彼らを守ってくれるものは自分たち自身でしかなかったからである。パリでは、国王と教皇から種々の特権を認められた教師たちの強力な組合が生まれた。彼らは自分たちの代表を選び、授業を組織し、組合加入資格としての教授免許（学位）を発行した。大学は内部事件を自ら処理し、独自の会計と印璽を有する完全なる自治団体であった。一方、ボローニアでは、もちろん教師たちの組合も存在したが、より学生たちの組合が勢力を持っていた。そして、中世末までに約八〇を数えるにいたったヨーロッパの大学は、大部分がこの二つのタイプのいずれかを模倣してつくられたのである(3)。つまり——後に設立されたものの多くがそうだったのだが——大学が世俗あるいは教会の当局者によって建設されたばあいにおいても、そこには教師あるいは学生の自治団体が組織されたのであった。

しかし、ここで注意しておかなければならないことは、伝統大学の自治団体としての性格が、必ずしも学術機関としての特殊性から生まれたものではなかった点である。当時の政治状況のもとで、ギルドを形成してみずからの権利と安全を守ることは、他の職業人においても同様に必要であり、むしろ大学は一般のギルドにならって組織されたのだと言われている。伝統大学の自治権の強力さを示す例としてしばしば言及される裁判権さえもが、中世のギルドに特有な団体的裁判権の一種にしかすぎなかったのである(4)。当時の学術の形態は、スコラ的と称されるところのそれである。学ぶべき真理は権威ある著作のなかにあり、教授はその解説者であった。学生は講義を聞き、反復練習と討議によってそれを身につけた(5)。スコラ的学術にふさわしい教育組織は、はからずも一般職業ギルドにおける徒弟修業のそれがふさわしかったのである。

当時の学術は、その機能面からみても、神、法、医学の職業人養成に帰結し、伝統社会において世俗、教会双方の要職を占めるべき人物を生みだすにふさわしいものだったことはすでに述べた。また、青年のおかれた状況も、伝統社会的なものであった。大学は労働から政治的にも経済的にも解放された、ごく一部の者たちに適応すればよい組織であった。それは、全ヨーロッパ的という意味において超国家的(6)ではあったが、非国民的であった。大学は貧困学生を多少はかかえたし、そのために学寮（カレッジ）が生まれもしたが、それは伝統社会の身分制度に痛打を与える種類のものではなかった。ヨーロッパ伝統大学は、まさにヨーロッパ伝統社会の一部だったのである。

二　近代化と大学改革

近代化とは、科学革命以降の人間の存在様式における急激かつ全面的な変動過程をさす一般的な用語である。その変動過程は、知的、政治的、経済的、社会的および心理的といった人間活動のあらゆる側面において指摘できるが、その核心が知的領域において起こった科学革命にあることはまちがいない(7)。ヨーロッパ伝統社会における他の人間活動の存在様式の一部が、たとえば代議制度や個人主義のように、近代的とよばれるものの相似形としてすでに存在していたとしても、それが近代的なものとしての地位を確立したのは、それがよりよく科学と科学が生みだした諸変動に適合しえたからにほかならない。

科学という知の形態が必然的にもつ技術的側面は、産業革命をつうじて人間社会の生産力水準を飛躍的に高めることになった。文明は、農耕・牧畜段階のそれから工業・商業段階のそれへと革命的な移行を開始した。科学を生産力化した社会は、人類史上、類いまれなる生産力をその手中に収めた。一方、科学の技術的側面は、軍事革命をつうじて人間社会の破壊力水準をも飛躍的に増大させた。科学を破壊力化した社会は、その唯一合法的な行使者としての国家をつうじて強大な破壊力をも自家薬籠中のものとしたのである。科学の生みだしたこれらの技術的力と、それによって実証された科学の認識力としての卓越性への適応が、科学そのものを除いた人間の存在様式の諸側面において近代的と言われているもののすべてである――もっとも、芸術や心理の分野においては、そうした近代性への不適応もがより近代的と呼ばれるばあいがあるが――。科学はまさに「完全に新しいものであり」、従来の考え方のどれと比べても、より多数の人間の生活を規定する革命として出現したのであった(8)。

さて、近代大学の形成とは、こうした科学革命以降の学術と、近代化状況におかれた青年（成人）との教育的結合を目指した高等教育組織の変革過程の総称である。そして、それが大学史・高等教育史上のあれこれの大学改革に比べて最も本質的な大学改革であったことは(9)、それが伝統社会から近代社会への革命的移行過程の一部であったことにもとづいている。しかし伝統大学が適応を迫られ、あるいは大学以外の型の高等教育組織の出現が求められたのは、科学という新形態の学術そのものにたいしてのみではなかった。むしろ、よりクリアーなメルクマールとなったのは、科学の技術的側面の生産力（破壊力）化に力点をおいたところの学術ある技術学（工学）の出現であり、それが歴史上の高等教育組織変革の転回点をかたちづくったのである(10)。そのことは、科学革命の一七世紀ではなく、産業革命と軍事革命の一八世紀末から一九世紀が大学革命の時代であった事実が雄弁に物語っているのである。

科学は、ガリレオによって確立された実験による自然の研究↓結果の数学的相関づけ↓再実験による立証という方法において、自然の統御という技術的側面をその本質としてもっている。言いかえれば、自然を統御しうるもの、すなわち技術的に有効な知的体系こそが科学なのである。しかし、歴史的には科学のこうした本質は、後から発現した。科学革命の当初においては、科学はなによりも認識の問題であった。科学的認識の背景には絶対唯一神による完全なる創造というキリスト教信仰があり、その秩序は数学的なものでなければならず（ピタゴラス）、世界の中心は太陽でなければならなかった（プラトン）。科学革命当時のその担い手たちは、神の秩序を自然のなかに求め、また自己の確信する認識体系の正しさを自然によって証明しただけなのであった――このとき、アラビア式の数式がその能率を高めたことは言うまでもない。科学は、その認識構造と歴史的偶然において、まさにヨーロッパ伝統社会の産物である――(11)。

科学が認識のレベルの問題であるかぎり、科学と他の知的体系との闘争は必須であった。ガリレオ裁判は、その神学との闘争史としてあまりにも有名である。そして、学術機関としての大学にとっても、問題はまったく同じであった。それは、認識論として、学芸学部や哲学部に受け入れるかどうかという問題であり、それ以上のものではなかった。当時、すでに宗教改革の結果として、ヨーロッパにおける権力重層の時代は去りつつあった。大学はもはや、宗教化した国家や領邦からそれほど自律的ではありえなくなっていたから、科学の認識が自分たちの神学と矛盾しないと考える宗派の支配する大学では多少受け入れられ、それが矛盾すると考えるところでは完全に排斥された。そして、受け入れられたばあいでも、それがたんに認識の問題としてのみとらえられたかぎり、大学改革を引き起こすことはなかった。近代科学の創始者ニュートンを擁したケンブリッジ大学がその顕著な例である。ニュートンはそこで学び、のちにそこで教えた。しかし、ただそこにはニュートン主義的スコラ学が生まれたのみであった(12)。

科学は、イタリアに起源して、イギリス(ロイヤル・ソサェティー)で完全な成功を収めた、自由な研究交流組織としてのアカデミー(学会)に集う者たちによって担われた。科学の構成要素の多くは、前述のようにヨーロッパ伝統大学の育くんできた学術のなかに潜在したが、そのギルド的・徒弟的組織原理は科学の発生につながるものではなかった。その意味で、科学の発生は大学に負うところがなかったし、逆に大学にとって発生当時の科学は無視しうる存在でしかなかったのである。

しかし、科学が産業革命と軍事革命をつうじて、その強大な技術力を発揮しはじめたとき、科学的認識の勝利は明白なものとなった。それでもなお、人々が科学を信じない自由を持っていたことは事実である。しかし、そのことが彼らを政治的、経済的に被支配者の立場に追い込んだことも同じように事実である。科学の成功が他の学術の近代化を必須のものとし、近代化を開始した社会の諸要請に応ずべき新学術が陸続と生まれ出たとき、近代化によって青年たちがこれまでとまったく異なる状況のもとにおかれはじめたとき、もはや伝統大学はそのままの姿で存在することはできなかった。ここに、伝統大学の全面否定に発した、大学改革が始動したのである。
近代大学形成の過程は、ヨーロッパ文化圏内においても、さまざまな相をもって展開した。それを次節でみるわけだが、そこに現われ出た高等教育組織は、多様な相貌にもかかわらず、いくつかの類型に分類することが可能である。それらを、以下（本章第3節および次章）の叙述のために、左のように定義しておく。

高等教育組織
大学型……教育とともに研究が目的とされ、教師・学生の自治・自由の制度をもつ
　総合大学……形態の異なる学術分野を包含する
　単科大学……形態の共通する学術分野に限る
学校型……教育のみを目的とし、教師・学生に自治・自由の制度がない
　専門学校……形態の共通する学術に限る
　大学校……専門学校の複合体の形をとる

3　近代大学形成の諸相

一　スコットランド諸大学——伝統大学の適応

カルヴィニズムの制度が他のどの国におけるよりも完全に受け入れられ、教育にかんするジュネーブの理想が最も完全に実現されたと言われる⒀スコットランドにおいても、おこなわれた大学改革は、われわれの基準からすれば

革命と言えるようなものではなかった。一六世紀中葉にノックスらによって提案された大学案は、予科としての哲学部の上に神、法、医の上級三学部をおくという旧態依然たるものにすぎなかったのである。

しかしその後、近代化のエンジンはこのスコットランドで始動した。科学が機械の形をとって、それも生産手段として登場したのである。産業革命は、もちろん一時的例外はあるにしても、国民大衆を労働への完全な緊縛から解放するだけの物質的富の生産を可能とするものであった。そしてすべての人が、自然の力が神の意志ではなく、機械的仕掛け――この裏には数学的相関が隠されているのだが――によって制御しうるものであることを知った。伝統社会の農業生産にあっては、人々はその裏に神の力を確信せざるをえなかったが、近代の機械生産にあっては、人々は科学の力と人間自身の力を確信せざるをえない。

たとえ「ほんのわずかな役割をはたしたにすぎなかった」(アシュビー、注(12)、六九頁)にしても、スコットランド諸大学は近代大学形成史上の冒頭でとりあげられるだけの資格はある。エディンバラやグラスゴー大学の医学部の繁栄は、その予科課程における科学的科目の教授を不可欠とするまでにしていたが、それを担当する教授の多くは非常勤だったという。しかし、ジョセフ・ブラックはまぎれもなくグラスゴーの、またのちにはエディンバラの化学教授であった。その学識と人格とに慕いよった多くの若い人人は、思索と実験の方法に習熟せしめられ、それがやがて工業的目的に向けられるようになった。彼らのなかには化学工業および硝子工業の先覚者であるジェイムズ・キアがおり、蒸気機関の「発明」者ワットは、ブラックと親密な関係にあった大学出入りの器具製造職人であった(14)。

こうして、スコットランドの大学からは企業家や技術者が生まれた。ただし、この事実は、大学の組織構造に大改革がなされた結果ではなかった。グラスゴー大学に、イギリスの大学における最初の工学講座がおかれたのは一八四〇年のことで、これはお世辞にも早いと言えるものではない。しかし、スコットランド諸大学は、産業革命の息吹きとともに成長した。産業革命によって引き起こされた社会変動は、生まれ出る新しい社会にたいする新たな認識を要請した。それにこたえたのは、グラスゴー大学の道徳哲学教授アダム・スミスであったことは言うまでもない。伝統大学は、科学そのものの発生にはたいした貢献はしなかったけれども、その結果として引き起こされた政治、経済、社会の変動について、じっくりと理論化を試みようとする者にとって、必ずしも不都合な組織ではなかった。

伝統大学は、とりたてての革命的な組織変革もなしに、徐々にではあるが近代化に適応してみせた。一七四〇年以降の一〇〇年間にグラスゴー大学に在学した学生のうち、じつにその三分の一が労働者階級の出身であったと言う(15)。すべての階級中の優秀者を神政国家への奉仕者とするために大学へというカルヴィニズムの理想は、産業革命のエンジンによって、皮肉にも世俗化されたかたちで実現しつつあったのである。ここでは伝統大学が超国家性で失ったものを、国民性において取りもどしはじめていた。

二　フランス専門学校体制——大学の否定

フランス革命は、伝統社会の完全なる解体のもとに、人工的に近代社会を創出することが可能であると信じた一群の人々によって主導された。そして、彼らは高等教育史上に、明確に近代的なるものを生み落としたが、人工的に近代社会を創り出すことには失敗した。彼らの思想である啓蒙主義とは、いわば科学にたいする信仰（力学的世界観）と言うべきものであり、したがって自然にたいしては一定の有効性をもったものの、社会にたいしては直接的には無効という宿命をもつものであった。それは、ニュートンによってやっと天体と地上の力学の統一というかたちで出発したにすぎない科学が、あらゆる自然にたいして拡大可能であると信じていたし、社会の問題がすでに科学によって解決ずみだとも信じていた。イギリスの経験主義者ロックは成立してしまったところの立憲政体を弁証するために機械論的な『市民政府論』を書いたが、大陸合理主義の流れをくむ彼らは、逆に市民政府理論にもとづいて、機械的に市民政府が創り出せると信じ切っていたのである。

ともかく、革命による大学改革は破壊に始まった。一七九三年、かつては教皇、皇帝と並びヨーロッパ精神界の三大勢力と言われたパリ大学が廃止された。そして翌年には、この一連の変動過程の象徴であるエコール・ポリテクニク（総合技術学校）が設立されたのである。それは、以下の点で、完全に伝統大学の否定の上に立って建設された。第一に、伝統大学では異端の地位にあった学術形態である科学が、そこでは逆に唯一の組織上の基礎であり、そのうえ、科学は認識面の役割ではなく、完全に技術面での役割を負わされていた。それは、各種の工業技術への適用の見地からではあるが、数学・理化学を全体として合理的に組織した世界で最初の教育機関であり(16)、ここに近代工学が成立した(17)。工学（技術学）が、神、法、医学と並ぶ、あるいはそれらを凌駕する学術形態として高等教育の領域に登場した――その画期的意義については本章第2節の二で述べたが――のである。

第二に、その組織形態は専門学校型であった。前述のように、科学は大学の外で発生し、発達してきた。フランスでの中心は国立アカデミー（学士院）であり、科学研究はここでの仕事であった。エコール・ポリテクニクに求められたのは、技術的目的にそうように体系づけられた科学の組織的教育のみだったのである。第三に、この学校は完全に国家機関の一部であった。学生は競争試験によってフランス全土から集められ、学費の支給を受けた。さらに、この学校の軍関係技術学校の予備校としての地位がかたまると、学生は軍服を着て、下士官の給与を受けたのである。そしてそれは、当時のフランスが産業革命以前の状態にあり、軍事革命がそれに先行していたことと深く結びついている。

さて、ナポレオン帝政下のフランスでは、一方でエコール・ポリテクニクに代表される行政直轄型専門学校群が、各省庁の必要に応じて整備されるとともに、一般教育体系の構築が進められた。その中心機関がウニヘルシテ・インペリオール（Universite impériale）であるが、これを帝国大学と訳すのは誤解のもとである。このウニヘルシテは語源どおりの団体の意味であり、ウニヘルシテ・インペリオール（帝国教育団）は中央教育行政組織に当たる。大学に相当するのは各大学区におかれるファキュルテ（教授団体）であり、神、法、医、理、文の五種別――のちに薬学校が加わる――がその特徴であった。もちろん、この母体は旧大学であったが、かつての自治権のほとんどが失われており、その実態は専門学校に近かった。のちに、次に述べるドイツ大学の影響もあって、その総合性と自治権を多少強めたが、フランスは、こうして近代高等教育組織として専門学校と、きわめて大学校型に近い総合大学を生みだしたのである。

三　ドイツ新大学――大学の再生

一八〇九年のベルリン大学の創設は、その後のドイツのみならず世界の高等教育組織のあり方に、決定的な影響をおよぼす事件であった。ベルリン大学を筆頭とするドイツ諸大学の成功は、自治的性格をもつ総合的研究教育組織を、ふたたび高等教育界の中核へと押し上げることになった。したがって、この組織は、伝統社会での呼称である大学（Universität）と呼ばれた。

しかし、この大学は伝統大学のたんなる延長のもとにつくられたのではなかった。一八世紀末のドイツは、いまだに領邦分立の状態がつづき、大学の国家化どころか領邦化の状態にあった。これら領邦大学は、御多分にもれず科学技術とは無縁であったから、領邦君主がそれを必要とする範囲で鉱山専門学校や医学専門学校が設けられることになった。そして、フランス革命と革命軍のドイツ侵攻、ナポレオンによるドイツ諸邦の占領・支配のもとでは、むしろ大学の専門学校化が進みつつあった。たとえば一八〇三年のハイデルベルク大学の改革は、官職の必要に応じて教授科目を細分化して配するという、大学校化の方向でおこなわれたものだったのである。

一八〇六年の敗戦によって、エルベ以西の領土と、同時にその地域の六個の大学を奪われてしまったプロイセンにとって、新たな高等教育機関をベルリンに設立することが、緊急かつ国民的課題となったさいも、けっしてこれを大学とする計画のみがはじめから主流を占めたわけではなかった(18)。しかし、民族主義の高揚が、ドイツの大学に起こっていた独自の変化への支持を強めることに貢献した。それは、すでにハレやゲッチンゲン大学に起こっていた新しい試みの継承であり、その中心は、制度的にも内容的にも哲学部のものであった。ここでは、哲学部が神、法、医学部の予科としての地位を脱しており、その中心はヴィッセンシャフト（Wissenschaft）と総称される新形態の学術であった。ヴィッセンシャフトとは、科学（サイエンス）より広い概念であり、（自然）科学の成功によって認識能力の主席に立った批判的・実践的理性によって、自然ばかりでなく社会、人文にかんしても統一的に理解しようとする運動であった。ただそれは、啓蒙的科学主義と違って、機械的存在であることが判明した自然（力学的世界観）を社会、人文に当てはめようとするのではなく、方法としての批判的・実証的アプローチを対自然以外にも用いるというかたちをとった。たとえば、これらの大学は、古典の客観的分析で全欧的存在となっていたのである。

ベルリン大学は、ヴィッセンシャフト運動の中心にいたシュライエルマッヘルら人文主義者によって理念づけられた。伝統的な四学部制は、学問の統一的理解の思想のもとに、積極的な支持を得、教師や学生の自治団体性や、教授の自由、学習の自由の制度化が、理性にもとづくヴィッセンシャフトの本質から演繹された。そして、教師が批判的・実践的理性を行使してみせることがそのまま教育であると考えられた。すなわち、研究自身が大学の目的となった。大学は、国家によって設立されながらも、一定の独立性が保障されなければならないことが弁証されたのである。こうして、旧い名称と旧い組織形態のもとに、まったく新しい大学が生まれた。

しかし、ドイツ大学の成功は、多分にヴィッセンシャフトの理念を裏切ったところでもたらされた。ヴィッセンシャフトという「魔術的」(アシュビー、注(12)、三四頁)な理念は、雄大な歴史、社会理論を生みだしたが、それらは基本的には観念論的性格のものであった。しかし、大学を教師たちの勝手にまかせたことは、転換期の科学研究に絶好の組織的提供をおこなったことになったのである。いまや、科学のいくつかの分野では、基本的概念をめぐる天才たちの議論の時期をすぎ、多人数による組織的作業の時代にはいりつつあった。科学研究は、中央のアカデミーに集まる大学者たちの頭脳によるよりも、教師の統率のもとで組織的におこなわれる学生たちの作業に多くを負うようになっていたのである(19)。リービッヒによってギーセン大学に設けられた化学実験室が、たちまちドイツ諸大学のモデルになったばかりか、世界のモデルとされた理由はここにあったのである。しかし、こうした成功は、人文主義者たちの構想した、研究することで教育するという理念には合致していたが、世界の統一的理解というヴィッセンシャフト理念からは、実際の学術をますます遠ざけるものであった。

ともあれ、ドイツ大学の成功は、近代社会においてさえも、いや近代社会においてこそ大学型高等教育組織が有効であることを、世界に示すこととなった。一九世紀をつうじてみられた、ヨーロッパ諸国の大学改革の多くが、ドイツ大学的要素を自国の高等教育体制に組み込もうとした努力であったことが、このことを物語っている。しかし、そのことは、ドイツ大学が近代大学として完成したことを意味してはいなかった。産業革命前夜のドイツにとって、ギムナジウムという大学予科機関の整備は、一般国民にとって大学への道を遠いものにしていたし、化学を除く技術系の諸学術は、ヴィッセンシャフト理念のゆえに、かえって大学の外に追われることになった。テヒニッシェ・ホッホシューレ(技術高等学校)と呼ばれるこれらの機関は、総合大学体制の枠の外で、独自に専門学校型から単科大学型への道程を歩まなければならなかった。そのうえ、大学の自治・自由も、ことが政治問題に及ぶときは、重大な試練にさらされる運命が待ち受けていたのである(20)。

注

(1) C・H・ハスキンズ『大学の起源』法律文化社、一九七〇年、六〜七頁、参照。
(2) H・ラシュドール『大学の起源』上、東洋館出版社、一九六六年、四〇頁、参照。
(3) 同上、四七頁、参照。
(4) 島田雄次郎『ヨーロッパ大学史研究』未来社、一九六七年、二一頁、参照。
(5) ハスキンズ、前掲書、六二〜七一頁、参照。
(6) E. Ashby, Universities: British, Indian, African, London, 1966, p.3 参照。
(7) C・E・ブラック『近代化のダイナミックス』慶応通信、一九六八年、九、一五〜一六頁、参照。
(8) K・メンデルスゾーン『科学と西洋の世界制覇』みすず書房、一九八〇年、四頁、参照。
(9) 寺﨑昌男・成田克矢編『学校の歴史』第四巻・大学の歴史、第一法規、一九七九年、三七〇頁、参照。
(10) 舘昭「高等技術教育成立の歴史的意義」『大学史研究通信』9、一九七五年、四一〜四四頁、参照。
(11) 村上陽一郎『西欧近代科学』新曜社、一九七一年、三〇六〜三〇八頁、参照。
(12) E・アシュビー『科学革命と大学』中央公論社、一九七七年、二〇頁、参照。
(13) 梅根悟監修『世界教育史大系』26・大学史I、講談社、一九七四年、九四頁、参照。
(14) T・S・アシュトン『産業革命』岩波書店、一九七三年、二九〜三〇頁、参照。
(15) 寺﨑・成田、前掲書、二八〇〜二八一頁、参照。
(16) 小倉金之助『数学史研究』2、岩波書店、一九四八年、一〇頁、参照。
(17) 中山茂「エコール・ポリテクニクと近代工学の成立」『大学論集』2、一九七四年、七一頁、参照。

(18)　梅根、前掲書、一七五頁、参照。
(19)　J・ベン‐デービッド『科学の社会学』至誠堂、一九七四年、一四五頁、参照。
(20)　本章の主題に関係する最近の研究動向については、成定薫編訳『一九世紀における科学の制度化と大学改革』広島大学大学教育研究センター、一九八二年、の解説がくわしい。

第一三章　大学改革と日本の近代大学Ⅱ
戦前日本の大学改革

1　近代大学の選択

一　伝統「大学」の崩壊

戦前日本の大学改革は、ヨーロッパに発生した近代学術が、日本の伝統学術にかわって、国家の手によって、一気に採用されたことに端を発している。すなわち、前章でみたさまざまな近代大学が、選択され、移植された対象であった。この移植の道程が、維新期の社会変革における高等教育人口の形成とともに進み、やがて帝国大学が日本の近代大学として成立すると同時に、日本の高等教育体制がかかえる構造矛盾もまた、明らかなものとなった。そのことの解明と、ここから生じた大学改革の動向を、敗戦の時点まで追跡することが本章の課題である。そして、前章において確立した諸概念が、そのまま本章における分析の主たる用具である。

明治三（一八七〇）年七月の太政官達によって大学本校に閉鎖の命が下った。その達には「当分本校被止候事」とあったにもかかわらず、林羅山が幕府の保護のもとに家塾を開いてから二世紀半、幕府直轄学校の地位を得て昌平坂学問所と称してからでも七〇余年の歴史をほこったこの学校がふたたび興ることはなかった。そして、この事実は、明治日本の政権担当者たちが、自らの経営する高等教育組織として、伝統「大学」を否定し、近代大学を選択したことを意味した。国家の設立する大学において、伝統的学術が捨てられ、近代的学術が取られた。長年にわたって中国伝来の諸著作から学び、発達をとげてきた伝統的学問は、高等教育の組織要素としての地位を追われ、欧米から陸続と移植される諸学術がこれにとってかわった。しかし、このことは伝統的学術の死を意味しはしなかった。伝統的学術は、形を変えながらも日本の初・中等教育に磐石の根をはり、たびたび高等教育への浸透をはかり、またそれに一定の成功をおさめた。大学改革を、学術の形態・機能と青年の状況との新結合ととらえる本章において、これは忘れることのできない事実である。

そもそもここで伝統「大学」と呼んでいるところの幕校、藩校は、総数約二五〇校中の二〇〇校近くが幕末一〇〇年間に創建されたものであることからも知られるように(1)、旧幕府体制にとっては革新的構成要素として登場したものであった。その中心的学術であった儒学（教）は、その出自こそ古いが——朱子学のばあいは宋代——、日本社会にとっては、この時期ようやく社会状況に適合するものとして受け入れられはじめた——いわば儒学ルネッサンス——新興学術であった。この学術の生命力は多くの分派を生んだが(2)、そのうちの水戸学や、通常は信条的に自らを儒学と区別するところの国学が、実際上の政治変革をも展望したことはよく知られている。その実現としての明治政権下の大学建設に、伝統「大学」の革新が目指されたのは、けだし当然のことだったと言えよう。

しかし、伝統「大学」革新は失敗に帰した。京都に設立された皇学所・漢学所が廃止されたことは、遷都によって、政府機構が東京に集中されたことにともなうやむをえない処置だったとしても、東京で旧昌平坂学問所の遺産をひきついで建設された大学本校もまた、崩壊の運命に遭遇してしまったのである。もともと、東京で開設された大学（校）は、「漢土西洋ノ学ハ皇道ノ羽翼」という国学派のイデオロギーにもかかわらず、旧昌平校に国・漢両学者を集めて本校とし、旧幕府の洋学機関＝開成所を南校、同じく洋式医学機関＝医学所を東校として並列的に配した、名ばかりの統一組織であったが(3)、そのことからまず本校における国・漢両学派間の抗争が生じたのである(4)。そして、その内容たるや、聖堂において孔子にかえて皇国学神を祭るかどうかを争点としたように、きわめて政治的・宗教的色彩の濃いものであった。そのことは、国・漢両学派ともに、学的判断を理性よりも信仰におくという、伝統学術の形態をよく示している。ともあれ、この抗争は、国・漢両派の地位の下落を結果し、ここに大学を近代大学に近い形に再編しようとする洋学者系の案が法令化されるにいたる。明治三（一八七〇）年二月の大学規則がそれであり、ここでは大学は教科、法科、理科、医科、文科に分かれ、もはや学術を国別に、すなわち政治的に区分することをやめている。これにたいして国・漢両学派が共同で抗議を開始したとき、すでに明治政権の実質的担当者たちは、伝統的学術の能力に見切りをつけ、近代学術の全面的移植をはかるべく決意を固めていた。大学本校は廃止され、南校と東校には、さらなる育成への道が開かれていたのである。

二 帝国大学への道程

近代大学建設の初動には、その母体となった南校・東校によった洋学者たちの努力と、日本の近代化投資を国家レベルで担った実務官庁の牽引力に負うところが大きい。そして、前者の存在が日本の近代高等教育機関を総合大学型に近づけることに寄与し、後者の存在が日本の大学にいちじるしい近代性を付与した。

まず、南校、東校において目標とされたのは欧米水準の学術そのものである。この時期の明治政府は、輸入兵器による軍事革命に一定の成功をおさめ――戊辰戦争の勝利――、ようやく本格的な軍事革命の基礎となる殖産興業政策――政府主導の産業革命――と、国家体制の近代化に着手した段階にあり、学術政策と言えるようなものを持っていなかった。そこで、学校側からの近代学術移植の働きかけは大きな意味をもった。学校側が構想したのは大学規則に示されたように、法、理、文、医のフランス型学部構成による総合大学であったが、南校ではとりあえず英、仏、独語の外国人教師の招聘が実り、大学予備教育が開始されたのである。一方、東校側の事情は違っていた。西洋医学の需要は軍事革命をともなった内戦時にあり、すでにイギリス人医師による専門教育が開始されていた。しかし、蘭学の蓄積にもとづく東校教師たちの判断によって、科学研究に基礎をおく組織的教育の面ですぐれていたドイツ医学の移植が、明治四（一八七一）年の段階でスタートしたのであった。

明治四年に文部省が設立されても、事態はあまり変わらなかった。当時、文部省の政策上の重点は初等教育体制の確立にあり、日本の近代教育制度の端緒とされる学制においても、大学は「高尚ノ諸学ヲ教ル専門科ノ学校」と簡単に規定されたのみで、実際には南校を第一大学区第一番中学、東校を第一大学区医学校と改称する以外の処置がとられたわけではなかったのである。

そうこうするうちに、近代的高等専門教育機関としての実態を備えはじめていたのは、実務官庁直轄の諸学校であった。近代国家機能を担当することとなった諸官庁はどこでも、当初から速成の訓練機関を持っていたが、明治五（一八七二）年の司法省明法寮における法律生徒の募集（司法省法学校正則科）と、同六（一八七三）年の工部省工学寮における大学校（工部大学校）の発足は、これらの官庁が本格的な高等教育機関を自前で建設しようとする意志を示すものであった。この類には、ほかに内務省（のちに農商務省）付属の農学校（駒場農学校）と山林学校、開拓使付属の農学校（札幌農学校）などがあったが、これらはフランスに発達した行政直轄型専門学校に類する(5)。学生たちは、官費を支給される一方、授業出席の義務を負い、外泊さえ禁じられたのである。

こうした、専門学校群の出発が、南校（第一番中学）生徒の流出を招いたこともあって、危機感をいだいた学校側の強い要請で、第一番中学が（東京）開成学校に改組されたのは明治六（一八七三）年のことであった。しかし、発足当時の開成学校は、大学というより、むしろ典型的な大学校型の機関として組織された。それは文部省所轄の「官立大学校」であり、法学校、化学校、工学校、諸芸学校、鉱山学校の五個の「専門学校ヲ合併シ成ル者」（明治八（一八七五）年『東京開成学校一覧』）とされたのである――このうち諸芸学校と鉱山学校は、教授用語を英語に統一したため、それぞれ仏語および独語学生のために臨時に設けられた――。ここではいったん、大学規則に示された総合大学構想が放棄されたかに見える。しかし、これは開成学校の発足が、こうした専門科構成からも知られるように、前述の司法、工部両省の学校に対抗したものであったことによる。開成、医学両校の当事者たちが目指したものは、あくまで総合大学型機関にあったのである。

明治一〇（一八七七）年の東京大学の設立は、そうした事実の明確な現れであった。東京大学は東京開成学校を母体とした法理文三学部と東京医学校を母体とした医学部よりなり――医学部との実質的統合は、明治一四（一八八一）年の職制改正からであるが――、大学規則の構想の実現をみている。ただ同規則中にあった教科（神学部）を置かなかったのは、明治国家が国教政策を放棄していたこと、国・漢両学が紛争によって信用を失墜してしまった一方で、政府、洋学者ともにキリスト教神学を移植する考えをまったく持たなかったことによると思われる。法学部中に日本古代法律の講義が、新設された文学部中に和漢文学科が置かれた点が注目されるが、これらは教学として導入されたのではなく、あくまで東洋古典の近代学術形態による研究と教育が目指されたのであった。

東京大学の大学化は、管理運営組織の面でもなされた。明治一四年の諮詢会の設置がこれである。同会は総会と部会に分かれ、総理（学長）の諮問機関としての総会は各学部長と各学部教授若干名で構成され、学部に置かれた部会は部長を会長として当該学部の教授によって組織されたのである。

こうして、東京大学の整備が進む一方で、行政直轄型諸学校は、逆に危機の時代をむかえつつあった。それは、行政直轄型学校がまさに行政上の都合に、直接的に影響されるものであることを示していた。工部大学校のばあいは、産業政策が工業官営から民業育成へと転換することによって、工部省自体が廃省の運命に遭遇し、司法省法学校も一定の司法省官吏を供給するとすでに役目を終えつつあったのである。そのうえ、日本の青年のおかれた状況は、この間に大きな変化をこうむっていた。秩禄処分の断行は、膨大な数の士族青年を潜在的失業者の立場に追い込み、彼らを学校へと殺到させることになった。産業革命の力によることなしに、日本では高等教育を目指す大量の人口が創出されることとなったのである。もはや、財政困難をおして、官費を給してまで学生を集めなければならない条件は存在しなかった。

帝国大学の設立に先立って東京法学校（旧司法省法学校）が東京大学法学部に合併され、その設立にさいしては工部大学校と東京農林学校（旧駒場農学校と山林学校）が併合された――それぞれ、工科大学と農科大学。農科大学の併合は明治二三（一八九〇）年――背景には、こうした事態の進行があったのである(6)。

2　帝国大学の成立と矛盾

一　帝国大学の成立

帝国大学は、帝国大学令の制定によって生まれた。しかし、それは帝国大学令作成者の構想したとおりにではなかった。帝国大学内部の諸制度が帝国大学令の条文に負うところが大きかったとしても、それが機能しえたのは、すでに東京大学においておこなわれていた実態に適合する範囲内においてであり、のちに、さらにその実態に適合するよう修正されなければならなかった。帝国大学の顕彰さるべき近代性は、言われるほどには(7)初代文部大臣森有礼個人の政策によってはおらず、むしろ前述の帝国大学設立にいたる道程における蓄積に負っている。森は、高等学校制度の創出には多大な貢献をしたが、大学制度そのものにおいては意図せざる結末のみを招いたと言わざるをえない(8)。

明治一九(一八八六)年の帝国大学令の公布にともない、東京大学および工部大学校が廃止され、帝国大学が生まれた。同令によれば、帝国大学は「国家ノ須要ニ応スル学術技芸ヲ教授シ及其蘊奥ヲ攻究スル」ことを目的とし、大学院と法医工文理(農)の分科大学から構成される。ここでは、大学の目的として研究を加えた点が画期的であると指摘され、また帝国大学のドイツ大学モデル説の根拠ともされているのであるが、この解釈は森の意思を超えている。ここでは、研究機能が大学院のみに限定され、分科大学がたんなる教育機関としてのみ位置づけられている点のほうが重要である(「大学院ハ学術技芸ノ蘊奥ヲ攻究シ分科大学ハ学術技芸ノ理論及応用ヲ教授スル所トス」)。

つまり、教授以下の教師たちが所属する分科大学は、たんなる教育機関であり、東京大学当時の諮詢会部会に相当するような合議機関は置かれず、完全に自治権を剥奪されていた。教育課程の編成権は帝国大学総長を議長とする評議会にあり、その構成員たる評議官は文部大臣が分科大学教授より「特選」するものとして、それが分科大学の代表としての性格を持つことをさけてもいる。では、研究機能を担うとされた大学院とはなにか。それは、結局、その実態からグラジュエート・スクール(graduate school)の訳語と考えられているが——それならば東京大学で用いられた学士研究科や、工部大学校の卒業生徒修学という呼称のままのほうがぴったりである——、その名称からうかがえるように、本来、学術研究、行政機関としての国立アカデミー（学士院）をイメージしていたと考えるほうが自然である。じじつ、帝国大学令の草案段階では、大学院の名称は評議会に相当する機関（大学院学事会議）までもふくんでいたのであり、その機関には「国家ノ須要ニ応シ学術技芸ノ種類及程度ヲ討議」する権限が付与される予定だったのである。このように、帝国大学令自体は、その名称が示すとおりフランスの帝国大学令体制下の大学制度にきわめて近いものであった。森が企画したのは、大学（学部）への研究機能の付与ではなく、むしろ研究（大学院）と教育（分科大学＝学部）の分離であった。

しかし、日本の現実は、森の構想を打ち砕いた。なぜなら日本のアカデミー（東京学士会院）は、厳密な近代学術の形態においては最高水準のものではなく——それが森に、これと別に大学院を構想させたのであるが——、その水準は皮肉なことに、教育機能しか担わないとされた分科大学の教授たち——日本での修学ののち、留学によって近代学術を身につけた者たち——のなかにしかなかったからである。そのうえ、世界的な近代学術の水準も、もはや、単一の国立アカデミーによって研究・管理しうる時代をすぎていた。前章で考察したように、学術研究は組織的作業を必要とする段階にきており、それに一番に適応しえたのはドイツ型大学であって、専門分化を強めた諸学術には専門学会が設立される必要があったのである。

こうして、大学院といういささか大仰な名称のもとに、学士研究科が継承され、その修了者には学位（博士）が授与されることになった。評議会のみによる学内運営は困難をきわめ、まず帝国大学令に抵触しない範囲で月次集会なるものが構想され、結局は分科大学教授会が黙認されるようになる。そして明治二五、二六（一八九二、九三）年の帝国大学令の改正は、帝国大学令制定によって生じた歪みの最小限の矯正であった。教授会が法制上の地位を得て、評議員は教授の互選によって選出されるようになった。教授会は教育課程編成権を握ったばかりか、学位授与資格の審査権も持ち、これによって大学院は実質上、各分科大学に付属するものとなった。ようやくにして帝国大学令の法文は、帝国大学の実態に近づいたのである。

さて、帝国大学への再編にともなって、最大の変化をこうむったのは法科大学である。それは、この法科大学がきたるべき明治憲法体制下において、国家の経営にあたる行政官の養成所として、明確に位置づけられたことによっている。法科大学長は総長の兼任たること、同大学卒業生は文官試験補及見習規則によって高等官試補に無試験登用されること、私立法律学校特別監督条規によって総長（法科大学長）に都下法律学校監督の任を負わせたこと、同大学の規模を一挙に拡大したことなどは、すべてこうした政策の結果であった。明治二六(一八九三)年までにこうした制度面での処置は、すべて廃止または修正されるが、法科大学が政府から期待された地位には、なんの変化も起こらなかったのである。

次に、帝国大学にとっての高等（中）学校制度発足の意義についてみておかなければならない。旧制の高等学校は、いわば日本の近代大学形成の必然的産物として生まれてきた。森有礼が、東京大学予備門を改組した第一高等中学校に加えて、第五までの高等中学校を全国に分散させた意図が、帝国大学への進学ルートの拡大とともに、それを母体として地方に小大学をつくりだすことにあったとしても、また井上毅によるその高等学校への改称（明治二七〔一八九四〕年）が後者の路線を強化する目的でなされたものだったにしても、日本の近代大学の学術形態が、この種の機関の存在を必須のものとしているかぎり、逆にこうした処置は、前者の機能をより確立する方向で作用するしかなかったのである。つまり、日本の近代学術は、当面ヨーロッパからのその移植によってのみ成立しえたのであり、そのためには高度な外国語の修得が要請された。一方、植民地にあらざる日本にとって、幼児の時代から一貫して外国語環境に置かれた階級が存在したわけではなく、それは意図的、組織的な努力によらなければならなかった。そして、ヨーロッパ人の成人が駆使する内容の外国語の理解には、青年期におけるその修得が、どうしても必要なものだったのである。それは、大学における教授用語が、徐々に日本語でなされるよう努力が進んでからも基本的には変わらなかった。なぜなら、その日本語は外国語の翻訳語にしかすぎず、より深いこと、すこしでも新しいことにその学習が及ぶとき、原語の理解力のみがそれを可能としてくれたからである。

二　帝国大学の矛盾

帝国大学の制度的定着は、非ヨーロッパ社会における欧米水準の近代大学の成立として、世界史的意義をもつ事件であった。それはたった一つの大学の成立にしかすぎなかったけれども非ヨーロッパ文化圏社会においても、近代学術と自国の青年層との教育的結合を、その社会内部のものとしておこなうことが可能であることを、はからずも実証してみせたのである。そして、帝国大学令は明治二六年を最後に、本節の対象時期である大正七（一九一八）年まで、一度も改正されないという、高い法的安定性を示した。それは、帝国大学の包含した学術分野が、その形成過程で日本の軍事革命と並行し――たとえば造船学科や造兵、火薬学科は軍部の要請によって生まれた――、産業革命にはこれを先導する規模を備えていたことによっていた。しかも、士族青年層という大量の潜在的高等教育人口に適応するものとして整備された帝国大学への進学ルートとしての高等学校制度は、やがて産業革命の結果として生ずる士族以外の青年の高等教育人口の増大に対応できる機能を、すでに備えていたのであった。しかし、それだけの制度的定着にもかかわらず帝国大学は、それ自身で多くの改革課題をかかえていたし、帝国大学という一個の機関を、唯一の大学とする法体制も、種々の矛盾構造を胚胎していたのである。

帝国大学がかかえていた問題の第一は――それは、当時必ずしも改革課題として認識されていたわけではないが――、その学術の形態にあった。そして、それは、一口に言って、日本の伝統的学術形態である儒学と異質の学術形態であったにもかかわらず、それを乗り越える力を持っていなかった点にある。その理由は、以下の諸点にある。まず、近代的学術形態を生みだす根源的要素となった(自然)科学は――帝国大学の主要な構成要素であったが――、すでに啓蒙思想の母体である時代をすぎ、組織的作業と専門分化の段階へとはいっており、この担い手たちは科学の本来の対象(自然)以外には無関心でいることができた。次に、当時の新学術としての進化論も、キリスト教文化圏においては、伝統学術としての神学にとどめの一撃をくわえる効果をもったが、その根拠を奇蹟の存在に負うところのない世俗道徳体系である儒学にたいしては、なんら破壊効果をもたらすものではなかった。さらに、帝国大学が意図的・重点的に摂取を開始したヴィッセンシャフト(前章3節三)のうち、実証主義は儒教との対決を回避し――回避しなかった者は即座に大学を追われた(久米邦武事件)――、観念論は儒教の前提した人間関係の上下秩序を、別の形態で弁証してみせただけであった。帝国大学は、明らかに儒教の学術形態が大学に侵入することを拒否した――帝国大学創設直後の行幸の折に、修身科が設けられていないことが問題となったにもかかわらず、帝国大学ではこれを置かなかった(9)――が、それは初中等段階においてこの学術形態にもとづく教育が体制化すること――明治二三(一八九〇)年、教育勅語渙発――をさまたげるものではなかったのである。

第二の学術形態上の問題点は、それが近代学術であるとは言っても、輸入・翻訳品であることからくる形態変化に由来していた。ちょうど、ニュートン科学が、伝統大学のなかではスコラ学化したように(前章2節二)、産地においては創造的思考の産物であった学術も、輸入・翻訳されて教えられるさいには、たんなる暗記の対象と化することができたのである(10)。帝国大学においては、教授会による自治は生まれつつあったが、学生の受講形態からみれば、それは今なお完全に学校型に属していた。そして、それが官吏養成の試験システムのなかに組み込まれた法科大学では、だれの眼にも弊害と写るほどに深刻化してゆくことになるのである。

こうした問題性のうちの多少は帝国大学の学術水準の向上によって和らげることができたが、帝国大学の増設――

帝国大学令はそのことを予定してはいなかったが、また妨げるようにもできていなかった——がより良い機会を提供した。明治三〇（一八九七）年の京都帝国大学の設立は、学生の自発性の尊重と学年制の廃止という、学生の自由の制度化に試みの場を提供したし、明治四〇（一九〇七）年設立の東北帝大では、その理科大学のなかに研究機能という実態を出現させることになったのである。

一方、教官の自治権の拡大の面でも、東京帝大の戸水事件（明治三八（一九〇五）年）や、京都帝大の沢柳事件（大正二（一九一三）年）における文部省、あるいは官選総長との対決をつうじて、教授会による教官人事権の獲得と総長公選、分科大学長互選の要求が明確化し、また明らかにドイツ大学に学んで、その正当性が主張されたのであった。また、明治二六（一八九三）年の帝国大学令改正時に制度化された講座制は、大学の組織的安定性をいちじるしく高め、明治四〇（一九〇七）年の帝国大学特別会計法の成立は、大学の財政面での自律性強化に役立った。この時期をつうじて、帝国大学は、出発点での大学校型に近い状態から、総合大学型機関へとその相貌を変えていったのである。

3　大学令体制への移行

一　帝国大学令体制の矛盾

ところで、帝国大学自体のなかで徐々に進行したこれらの改革は、必ずしも帝国大学令体制そのものの矛盾の解決にはつながらなかった。帝国大学は、当時、高等教育の要素としての水準に達していた近代的諸学術を、その発生地における歴史的いきさつ抜きに吸収して成立した——その意味できわめて近代的であった——が、それでも「国家ノ須要ニ応スル」という性格から、社会・人文系の学術には一定の傾斜——ドイツ学術の重視——がかけられることが避けられなかったし、新興の学術――たとえば商学、経済学――まで早期に受け入れたわけではなかった。さらに、帝国大学の組織要素から排除された日本の伝統学術――国学・儒学・仏教――が、その旺盛な生命力を失ったわけではなく、また、日本社会の近代化にともなって、ヨーロッパ伝統学術――キリスト教――もまた、その活動の場を得ていたのである。

さらに、帝国大学は、前述のように、設立時点から高い選抜的性格を把持しており、初期には高等教育を目指す士族青年全員の、産業革命の始動後には、より広範な職業と教養を指向する青年層全体の需要を満たせるものではなかったのである。そのうえ、東京帝国大学は意識的に――評議会による入学不許可慣行の確立――、他の帝国大学も実質的に――高等学校は男子のみの機関――、女子の入学を排除または制限していたのである。

こうした需要を満たしたのは、官公私立の、いわゆる「専門学校」と総称されたところの学校群であった。これらの学校は、明治三六（一九〇三）年の専門学校令によって統括されることになるが、その内実はじつに多様であった。前述の学術分類に従えば、ドイツ学術傾斜と異なる道をとるものとして東京専門学校（早稲田大学）――イギリス立憲制に傾斜――、慶應義塾――物理的世界観に基礎をおく功利主義――、新興の学術機関として高等商業学校群、日本の伝統的学術の維持・革新の場としての國學院、神宮皇學館や哲学館（東洋大学）、ヨーロッパ伝統学術の移植として立教学院、青山学院や同志社等を例としてあげることができる。さらに、青年の状況面での需要から言えば、初期には士族青年の法律学指向を受け入れた東京法学院（中央大学）、明治法律学校（明治大学）、日本法律学校（日本大学）、産業革命後の状況に適応するものとしては先述の高等商業学校のほか、工業、農業等のいわゆる実業専門学校群、そして女子の高等教育需要にこたえるものとして、高等・尋常の女子師範学校やミッション系私学に加えて、日本女子大学校や、女子英学塾（津田塾大学）、東京女医学校等を、例としてあげることができる。また、帝国大学におけるドイツ学振興を補助するものとして設けられた独逸学協会学校（独協大学）のような、特殊な学校も存在した[11]。そして、そのなかには予科を配して数個の学部を持ち、すでに大学と称したものから、小規模なリベラルアーツ・カレッジまでがふくまれていたのである。

こうした、多様な高等教育状況を整序する法制体系のモデルとされたのは、じつは帝国大学がその改革のたびに念頭においていたドイツの大学制度ではなく、新興国家アメリカのそれであった。学制改革論と総称される教育制度改革論議（運動）の過程で、高等教育体制全体のアメリカ型への移行を明確な形で打ちだしたのは、菊池大麓によって教育調査会に提出されたいわゆる学芸大学案[12]であるが、それ以前でも、帝国大学の程度が高すぎるとか、「低級大学」を認めるべきだと言った議論の裏に、アメリカにおける高等教育の状況がイメージされていたことは疑いもない事実である。

新興アメリカの高等教育組織は、ヨーロッパ諸国から、伝統的・近代的高等教育の諸要素を移植する過程での長い混乱の末に、多様性のなかに一定の秩序を生みだしつつあったのであるから、同じく多様性と混乱の渦中にあった日本の高等教育改革が、そのモデルをここに求めることはけだし当然であった。一般に、アメリカ大学の起源は、ハーバードに代表されるような、イングランド型カレッジ（学寮制の学芸学部）にあると考えられている。しかし、アメリカ大学の出自には、二重の意味でスコットランド的伝統が影響をもつ。まず、ハーバード・カレッジさえもが、イングランドにおけるようには、上流階級の独占物ではなかった[13]。たとえば一七世紀末の二五年間に在学した約三〇〇人の学生のうち普通の農民、職人、船員、雇人の子弟が四二人もいたのである。これはカルヴィニズムの影響であるとともに、アメリカが伝統的な社会構造を母国におき去った社会[14]であることによっていた。また独立革命期からはスコットランド型大学——科学ばかりでなく技術も組み込んだ——が多数発生していた。これらは、ヨーロッパにおけるようには、当初は自治権を持たず専門学校か大学校型に属する、それも小規模な高等教育組織であったが、ここでも軍事革命と産業革命がすべてを変えてしまった。南北戦争後の産業勃興期には、フランスのエコール・ポリテクニクを模した本格的技術専門学校が生まれ、ドイツ型の大学の移植が企てられたのである。そして、そこには選択科目制を導入したリベラルアーツ・カレッジをへて入学する文理系の大学院（グラジュエート・スクール）と職業専門課程（プロフェッショナル・スクール）を統合したアメリカ型総合大学が出現した。そこでは、厳密な意味での科学研究に加えて、「問題解決科学」と呼ぶべき新形態の学術が原生し、工学、農学に加えて、社会学や教育学がそのジャンルに加わった(15)。ドイツでは哲学的思考の対象とされたこれら学問は、ここでは調査され、統計的に処理されたのである。そして、こうした学術形態の発生と、それを担う組織の出現は、きたるべき大規模組織研究——たとえば原子力や世論調査——の時代における、アメリカ大学の成功を保障するものだったのである。

二　大学令体制の構造

その当事者によって「最後の学制改革」(16)と豪語された大正七（一九一八）年の大学改革は、しかし、この方向でなされたものではなかった。この改革において、帝国大学制度に根本的な変革が起こらなかったことから知られるように、大学令は逆に他の官・公・私立の大学が帝国大学の似姿をもってつくられるよう強いるものだったのである。たしかに、これを機に帝国大学は懸案の教官人事権とともに総長公選、学部長互選権をも慣行上のものとして手に入れたし、分科大学は学部に改められ、大学院は正式に学部に接続された研究科の総称となった。また、このころから、航空研究所など学部から独立の研究組織が帝国大学に附置されるようになり、その研究機能の充実に一役を買うことになった。さらに、帝国大学の拡充・増設に対応して、高等学校が大幅に増設されたが、そこには官立に加えて公・私立の存在が認められ、裾野を広げた。そして「昇格」をはたした官・公・私立の大学がそれに続いたのである。

しかし、この「昇格」という表現に示されるように、この官・公・私立の専門学校の大学化が、制度的に帝国大学に近づくことによってなされた結果として、それらの担ってきた学術や組織形態もが帝国大学のそれに近づくことが求められた。新興の「問題解決科学」は、大学内に組織的な宿り場を見いだしえず、少数教師の試みの段階にとどまらざるをえなかったのである。さらに、女子大学の存在が認められなかった一方で、新高等学校令のもとでも女子は正規の大学予備教育の場から排除されたままであった（「高等学校ハ男子ノ高等普通教育ヲ完成スルヲ以テ目的トシ」）。また、大学と高等専門学校という高等教育の二元体制は、これによってかえって強固なものとなってしまった。

こうして、日本の大学制度に、目一杯ドイツ大学的要素を入れ込むことに努めてきた帝国大学の、そしてそこへの「昇格」を目指してきた官・公・私立大学の改革史は、一つの頂点を迎えた。学制改革論議のなかに現れていたアメリカ型大学組織への移行の企ては、「安直大学」(17)の主唱としてしりぞけられたのである。しかし、この直後から大学は重大な試練にさらされなければならなかった。学生思想問題に続く左翼教授の、さらには自由主義的教授の大学からの追放、そして不合理な、勝ち目のない戦争への協力である。

反体制的機能を有すると考えられた新興の「社会科学」――新設の経済学部は、その中心的担い手であった――のみでなく、現行の日本型立憲体制を弁証するために生みだされた美濃部達吉の天皇機関説さえもが、ドイツ観念論との結合によって強化された日本の伝統学術の攻撃の的となった（国体明徴問題）。昭和戦前期の「大学革新」は、近代学術の殿堂である大学への、革新された伝統学術の侵攻を意味した。帝国大学内に、日本思想講座が堂々開講され、憲法学では惟神（かむながら）の道が唱えられたのである。

もちろん、これによって、大学は近代学術の機関たることをやめてしまったのではない。理工系の学術は戦時にあっては死活のものとして、跛行的にではあるが、前にも増して振興された。社会、人文研究においても、こうした状態であるがゆえにかえって理性にもとづく批判と実証の方法を研ぎすますばあいがあった。しかし、期待される水準の学術はついに顕在化しなかったし、なによりも戦争が青年の状況を、その種の学術との組織的結合を不可能とするまでにしてしまった。昭和一六（一九四二）年以来の修業年限短縮、学徒動員、そして決戦教育措置要綱にもとづく大学教育の停止によって、戦前日本の大学改革史は幕をとじたのである。

注

（1）石川松太郎『藩校と寺小屋』教育社、一九七八年、二八頁。

（2）儒学（教）に関しては、朱子学と陽明学の相違やそれらの日本的変容、さらには国学との関係などが問題となる。しかし、本章では、日本的伝統学術形態の総称として、広義に用いている。

（3）舘昭「文部省設立以前の大学」『大学史研究』1、一九七九年、八九頁。

（4）大久保利謙『日本の大学』創元社、一九三四年、二三八～三九頁。

（5）このことは、個々の学校の教育がフランス的だったことを意味しない。工部大学校のそれはスコットランド的、駒場農学校はドイツ的、札幌農学校はアメリカ的であった。

（6）本節の記述については、『東京帝国大学五十年史』上（一九三二年）、および、中山茂『帝国大学の誕生』（中央公論社、一九七八年）、参照。

（7）たとえば、永井道雄『日本の大学』中央公論社、一九六五年、一二一頁等の評価が代表的である。

（8）舘昭「帝国大学令と帝国大学の矛盾」（『大学史研究』2、一九八一年）、および「帝国大学形成期の保守と革新」（同上、3、一九八二年）、参照。

(9)『東京帝国大学五十年史』上、前掲書、一〇六四頁。
(10)舘昭「確立期の高等教育と大西祝」『講座日本教育史3』第一法規出版、一九八四年。
(11)天野郁夫『旧制専門学校』日本経済新聞社、一九七八年、第Ⅱ章。
(12)「明治以降教育制度発達史」5、一九三九年、一一八七頁所載。
(13)寺﨑昌男・成田克矢編『学校の歴史』第四巻・大学の歴史、第一法規、一九七九年、二五一頁。
(14)C・E・ブラック『近代化のダイナミックス』慶応通信、一九六八年、一六四頁。
(15)J・ベン－デービッド『科学の社会学』至誠堂、一九七四年、一九四頁。
(16)松浦鎮次郎「最後の学制改革」『教育五十年史』一九三六年、三一六頁。
(17)「明治以降教育制度発達史」4、一九三八年、六四〇頁の用語。

タ行

ナ行

ハ行

マ行

ヤ・ラ・ワ行

事項索引

人名索引

著者紹介

舘　昭（たち　あきら）

1948年、東京生まれ。
1972年、東京大学教育学部卒業、1977年、同大学院博士課程満期退学。
奈良教育大学助教授、放送教育開発センター助教授、大学評価・学位授与機構教授を経て、現在桜美林大学教授。

主要編著書

『原理原則を踏まえた大学改革を』（東信堂、2013年）『改めて「大学制度とは何か」を問う』（東信堂、2007年）、『原点に立ち返っての大学改革』（東信堂、2006年）、『学士課程教育の改革』（東信堂、2004年）、『短大からコミュニティ・カレッジへ』（東信堂、2002年）、『短大ファーストステージ論』（東信堂、1998年）、『岐路に立つ大学』（放送大学教育振興会、2004年）、『現代学校論―アメリカ高等教育のメカニズム』（放送大学教育振興会、1995年）、『子供観』（放送大学教育振興会、1991年）、『大学改革 日本とアメリカ』（玉川大学出版部、1997年）など。

東京帝国大学の真実――日本近代大学形成の検証と洞察

2015年1月15日　初　版第1刷発行　〔検印省略〕

＊定価はカバーに表示してあります

著者 © 舘昭　発行者 下田勝司　印刷・製本　中央精版印刷

東京都文京区向丘 1-20-6　郵便振替 00110-6-37828
〒113-0023　TEL 03-3818-5521(代)　FAX 03-3818-5514　発行所 株式会社 東信堂

E-Mail tk203444@fsinet.or.jp　URL http://www.toshindo-pub.com/
Published by TOSHINDO PUBLISHING CO.,LTD.
1-20-6, Mukougaoka, Bunkyo-ku, Tokyo, 113-0023, Japan

ISBN978-4-7989-1268-4　C3037

東信堂

- 転換期を読み解く——潮木守一時評・書評集　潮木守一　二六〇〇円
- 大学再生への具体像〔第2版〕　潮木守一　二四〇〇円
- フンボルト理念の終焉?——現代大学の新次元　潮木守一　二五〇〇円
- いくさの響きを聞きながら——横須賀そしてベルリン　潮木守一　二四〇〇円
- 大学教育の思想——学士課程教育のデザイン　絹川正吉　二八〇〇円
- 国立大学法人の形成　大﨑仁　二六〇〇円
- 国立大学・法人化の行方——自立と格差のはざまで　天野郁夫　三六〇〇円
- 高等教育における視学委員制度の研究——認証評価制度のルーツを探る　林透　三八〇〇円
- 転換期日本の大学改革——アメリカと日本　江原武一　三六〇〇円
- 大学の責務　D・ケネディ著　立川明・坂本辰朗・井上比呂子訳　三八〇〇円
- 大学の財政と経営　丸山文裕　三二〇〇円
- 私立大学マネジメント　(社)私立大学連盟編　四七〇〇円
- 私立大学の経営と拡大・再編——一九八〇年代後半以降の動態　両角亜希子　四二〇〇円
- 大学事務職員のための高等教育システム論〔新版〕——より良い大学経営専門職となるために　山本眞一　一六〇〇円
- 新自由主義大学改革——国際機関と各国の動向　細井克彦編集代表　三八〇〇円
- 新興国家の世界水準大学戦略——世界水準をめざすアジア・中南米と日本　米澤彰純監訳　四八〇〇円
- 東京帝国大学の真実——日本近代大学形成の検証と洞察　舘昭　四六〇〇円
- 原理・原則を踏まえた大学改革を——場当たり策からの脱却こそグローバル化の条件　舘昭　二〇〇〇円
- 改めて「大学制度とは何か」を問う　舘昭　一〇〇〇円
- 原点に立ち返っての大学改革　舘昭　一〇〇〇円
- 戦後日本産業界の大学教育要求——経済団体の教育言説と現代の教養論　飯吉弘子　五四〇〇円
- イギリスの大学——対位線の転移による質的転換　秦由美子　五八〇〇円
- 新時代を切り拓く大学評価——日本とイギリス　秦由美子編　三六〇〇円
- 韓国大学改革のダイナミズム——ワールドクラス〈WCU〉への挑戦　馬越徹　二七〇〇円
- 韓国の才能教育制度——その構造と機能　石川裕之　三八〇〇円

〒113-0023　東京都文京区向丘1-20-6　TEL 03-3818-5521　FAX03-3818-5514　振替 00110-6-37828
Email tk203444@fsinet.or.jp　URL:http://www.toshindo-pub.com/

※定価：表示価格（本体）＋税